伦理视阈下的
佛教平等观

欧顺军 著

湖南师范大学出版社

图书在版编目（CIP）数据

伦理视阈下的佛教平等观／欧顺军著．—长沙：湖南师范大学出版社，2012.12

ISBN 978－7－5648－0963－8

Ⅰ.①伦…　Ⅱ.①欧…　Ⅲ.①佛教—平等观—研究　Ⅳ.①B948

中国版本图书馆 CIP 数据核字（2012）第 277260 号

伦理视阈下的佛教平等观

欧顺军　著

◇责任编辑：何海龙
◇责任校对：张　腻
◇出版发行：湖南师范大学出版社
　　　地址/长沙市岳麓区　邮编/410081
　　　电话/0731－88873071　88873070　传真/0731－88872636
　　　网址/https：//press. hunnu. edu. cn
◇经销：湖南省新华书店
◇印刷：天津画中画印刷有限公司
◇开本：710mm×1000mm　1/16
◇印张：14
◇字数：236 千字
◇版次：2012 年 12 月第 1 版
◇印次：2024 年 8 月第 2 次印刷
◇书号：ISBN 978－7－5648－0963－8
◇定价：49.00 元

摘 要

佛教从创立开始，就是以一种争取根本平等的宗教而出现在人类历史上。佛教平等观是佛教根本教义之一，也是佛教伦理的伦理原则之一。《佛学大辞典》解释为“无高下浅深等之别曰平等”，也即是说佛教的平等意指“无差别”，因而这种平等最具彻底性和最广泛的涵盖性，其具体内容主要包括人与人的平等、众生平等、众生与佛的平等、众生与无情的平等等方面。

佛教平等观在不同的历史时期其内容呈现出不同的时代特色。原始佛教时期，主要表现为“四姓平等”、“一切众生悉皆平等”，到大乘般若学阶段，主要表现为强调“性相平等”、“怨亲平等”，再到中观学派时，平等观主要表现为“不二平等”；佛教传入中国后，随着佛教中国化的完成，中国佛教各宗的平等观主要在佛性思想中体现出来，将不二平等发展到极致，表现出“圆融无碍”的平等境界。

本书从缘起论、性空论、佛性论、业力果报论四方面对佛教平等观的合理性进行了论证。佛教平等观最根本的理论前提是“缘起论”，空论是其本体论依据；佛性论是其心性论依据；业力因果论是其现象论依据。

佛教伦理思想中处处贯穿着佛教的平等原则和平等理念。如果把伦理关系归结为人与自身、人与人（含社会）、人与自然的关系，那么，对人生真实的揭示并由此得出佛教的独特的人生观体现出佛教的平等理念的运用，或者说，没有平等观，就无法识破人生的各种幻象而得出“无我”及提炼出“苦”的价值判断；人与他人、与社会的关系中，没有等视人我的平等原则，也就不会有大乘佛教的自利利他、自觉觉他的菩萨伦理情怀；在人与自然的关系上，佛教的护生理念、净土（环境）观念离不开众生平等、一切众生佛性平等、果报平等等佛教平等观的理论前提。

从伦理视阈考察佛教平等观，可以发现佛教平等观具有独特的伦理特性，具体表现为三个方面：一是世俗性和超越性的统一，二是自律性和他律性的统一，三是生命观、自然观和理想价值观的统一。

佛教平等观作为佛教伦理的重要原则在今天仍然具有重要的理论资源价值。今天时代虽远别于古代及近代，但佛教平等观作为一种道德规范和伦理准则，对于处理各种人际关系直至人类与自然的关系依然具有重要意义。

当然，不可否认的是，佛教平等观作为一种宗教教义，其宗教出世的终极价值追求决定了它不可避免地具有荒谬性、软弱性和抽象性等负面价值。对此，我们应该以马克思主义的科学平等观理论为指导，采取“扬弃”的态度分析对待。

目 录

绪 论

一、问题的缘起

作为世界三大宗教之一的佛教，成为亿万信徒的精神信仰，已经延续了2500多年，在中国的留存发展也有2000多年的漫长历史，这充分表明了佛教的持久活力与恒久价值。众所周知，印度是佛教的发源地，但是，佛教之于中国，其重要性，血脉联系，生存攸关之感，安身立命之所系，却是印度所远远不能相比拟的；哪怕是后来同样崇奉佛教乃至于以其作为“国教”的日本、朝鲜和东南亚各国，在这方面，也只能望尘莫及，更何况佛教从印度到中国是佛教本身的“起死回生”，这算得上是世界宗教史和文化史上的一个不解之谜，也是中华民族宗教和文化史上的奇迹。佛教何以能够既胎生于但又夭折于印度呢？佛教何以能够在中国争得生存的权利并发扬光大得如此辉煌呢？这些疑惑使得笔者很想走近佛教探讨佛学。同时，据史料记载，传入我国的外域宗教远不止佛教一家，比如基督教就曾几次试图进入我国，为什么基督教没能融入而成我国传统文化的一部分？为何佛教能够在中国立足并延续发展？不可否认当然与传入时机有关，但基督教在中国传播的过程中，挟基督教文化优越感和欧洲中心论以自居，视西方以外各国传统文化为低劣的异教文化，而高高在上的文化心态，恐怕是更重要的原因。而佛教文化则有更多的平等包容精神，佛教传播过程中始终贯穿着平等原则。始终坚持既不动用武力、也不公然冲撞传入国母本文化的原则。佛教之所以传播到哪里就能在哪里很快扎根发展，最重要的就是靠它的平等精神，正因为这种平等精神，因而它能以宽容的姿态、因时度势地主动靠拢传入国母本文化。佛教初传入中国时，就曾通过它在中国的信徒（主要是信佛的儒生）积极宣扬佛门和儒家伦理思想的一致。我之所以选择“佛教平等观”作为研究课题的原因，此为其一。

其二，一直以来，在人们的观念里，中国是一个没有宗教的国度，中国人是不信宗教的。这一点自近代以来的许多知识分子都有过明确的表达。如梁漱溟就曾指出："世界上宗教最微弱的地方就是中国，最淡于宗教的人是中国人，而此时宗教最式微，此时人最淡于宗教；中国偶有宗教多出于低等动机，其高等动机不成功宗教则别走一路，而此时便是别走一路，其路还即是中国要走的那路。"①胡适认为，"中国知识分子独立于宗教"，"中国是个没有宗教的国家，中国人是个不迷信宗教的民族"②。但在现实中，"在中国广袤的土地上，几乎每个角落都有寺院、祠堂、神坛和拜神的地方。寺院、神坛散落于各处，比比皆是，表明宗教在中国社会强大的、无所不在的影响力，它们是一个社会现实的象征。"③ 这种复杂尴尬的事实又怎样解释呢？尤其是佛教寺庙，前往朝圣的人一直络绎不绝，香火极旺。这种现象也让笔者对佛教佛学产生浓厚的兴趣，并想一探究竟。佛法认为万法皆为因缘和合而成，那么造成这种现象的因缘是什么？何为因？何为缘？

"就现代人而言，能否进入天堂或极乐世界并不是信仰的核心，通过信仰这种或那种宗教从事一种高尚的生活，使社会充满和谐与友爱，善良和正义，这才是信仰的根本。……现代社会的宗教复兴有诸多因素，需要进行系统的分析。但是，人们期望通过宗教复归于传统的宗教生活而拒斥社会转型所引发的社会生活秩序与道德的混乱，恢复一种和谐的伦理生活，成为相当一部分人复归宗教的心理——精神动因。"④ 学者为其研究结论提供了充分的论证。果真如此的话，佛教义理中哪些方面更有益于现代人们的精神需求呢？

其三，在看《印顺佛学思想研究》（中国社会科学出版社，1993 年版）一书时（印顺是当代台湾著名学者，同时又是享有盛誉的佛教大师），书中谈到印顺大师认为"宗教的价值"表现在两个方面：一是强化自己，二是净化自己。所谓强化自己，就是借助神力的庇护，以增强信心，加强力量。因为个体往往是怯弱的，如发起宗教信仰，即能坚持自己，不再受惰性的支配与环境的牵累，印顺大师认为"这是宗教对于人类的一种重要

---

① 梁漱溟：《东西文化及其哲学》，商务印书馆 2003 年版，第 198 页。

② HuShi，The Chinses Renaissance，Chicago，1934，p78，胡适："名教"，《胡适文存三集》，第一卷。转引自杨庆堃、范丽珠译：《中国社会中的宗教》，上海人民出版社 2007 年，第 23 页。

③ 杨庆堃、范丽珠译：《中国社会中的宗教》，上海人民出版社 2007 年，第 24 页。

④ 高长江：《宗教的阐释》，中国社会科学出版社 2002 年版，第 101 页。

贡献”。从某个意义上说，人确实是一个很软弱、很卑微的生命，人的坚强、自信和自我主宰是不易达到的，所以无论人获得多少物质的保障仍然会有恐惧，仍会缺乏安全感。为了获得更多的安全感，就会感到自身力量的不足，必须借助外力，如求神拜佛或向耶稣祈祷等。所谓净化自己，是说宗教有一种能够净化人们心灵的力量。“宗教于人类，有净化自己的力量，这特别是自我宗教，着重于超脱的宗教”① 印顺大师在将佛教与基督教作了比较之后，得出结论说基督教是靠“祈求、忏悔”，虽然可以“多少净除内心的秽染，而到底不够彻底”，而佛教是“从人的内心，净除烦恼”，从而达到净化自己、完善自己的目的，因而是“净化自己”最彻底的宗教。印顺大师关于宗教价值的观点有其合理性，在一定程度上能解释我们现实生活中佛教寺庙香火兴旺的现象。

为什么佛教能“从人的内心，净除烦恼”从而达到净化自己的目的呢？由此又让人不得不联系到佛教的教义、思想，特别是佛教的平等观。正是由于佛教倡导“一切众生悉皆平等”、“一切众生皆有佛性”，因而能够认识到众生本质上的平等无二，从而去除自心中傲慢、轻视的观念，超出高低、亲疏的分别，也就能破除“我执”，做到“无我”，也就不会产生对诸如权力、名誉、金钱等的贪欲，从而净化人们的心灵。佛教认为“我执”是人类一切烦恼的根源，强烈的“我执”必然认为一切都要为我所用。这不仅导致了人与人之间的争斗，也导致了人与自然之间的冲突。“我执”不仅带来了烦恼，也带来了暴力和毁灭。工业文明导致现代文化畸重物质，佛教思想与此形成鲜明对比，特别注重人心，佛陀甚至以疗治众生心病的大医王自任。因此佛教对人心有细致入微的考察，对心识的结构、层次和多种功能，以及烦恼生起的过程都有详细的解析，并在此基础上提出了一系列自知其心、自净其意、开发自心潜能的操作技术。佛教这种对人心的细致透彻分析认识，对当代心理学等多门研究人自身的学科可以提供深刻启迪。② 陈兵先生肯定借助于佛教智慧“人类有自治其心的性能，可以制伏乃至断除烦恼，一切伦理教化、道德修养、心理治疗和心理锻炼，皆教人制伏、克服属于负面情绪、人欲的烦恼，而且皆颇有成效，自古以来，有不少人由自治其心，臻于崇高的精神境界。烦恼乃因缘所

---

① 郭朋：《印顺佛学思想研究》，中国社会科学出版社 1993 年版，第 309 ~ 311 页。

② 关于佛教这方面的知识，可以阅读陈兵：《佛教心理学》，南方日报出版社 2007 年版。

生，非本来实有的实体，故可以断灭，而人自治其心的能力及智慧的发展，是不可设限的”①。

其四，中华民族是一个有着悠久文化传统的民族，构成我们民族文化主体的有儒佛道三大理论体系。在新的历史时期，我们提出了构建和谐社会的伟大目标，但是在这个进程中，我们遇到了全人类性的一系列问题，这些问题的解决，当然有赖于政治的、经济的、法律的手段，但是更需要价值观念上的、文化意识上的转变。费孝通先生曾提出“文化自觉”的问题：“文化自觉只是指生活在一定文化中人们对其文化有‘自知之明’，明白它的来历、形成过程，所具有的特色和它发展的趋向，不带任何‘文化回归’的意思，不是要‘复古’，同时也不主张‘全盘西化’或‘全盘他化’。自知之明是为了加强对文化转型的自主能力，取得决定适应新环境、新时代文化选择的自主地位。”为了“和谐社会”目标的实现，我们有必要提高对自己民族文化的“自知之明”。和谐，涉及诸多方面，既有物质生活层面、制度层面，也有思想观念层面，当前我们生活中存在的信仰危机、道德堕落、良心丧失等负面现象，表明人文精神的严重失落。佛教作为对人类终极关怀提供的解脱之道，既是一种宗教信仰体系，同时也是一种价值体系，作为价值体系，佛教所具有的整体理念、追求生命超越的人文精神，对于人的心灵调整、人际关系的和谐富有实践意义。可以肯定的是，佛教文化作为我国传统文化的有机组成部分之一，其中的许多因素，尤其是佛教的平等观思想对于今天的许多全人类性问题的解决不无裨益。当今全人类性问题归纳起来无非是三大问题：人与自然的矛盾，人与人（人与社会）的矛盾，人自身的矛盾。佛教的平等观也许可以为我们解决上述三大矛盾提供宝贵的思路和重要的思想资源。

最后，选取“佛教平等观”作为本书探讨的问题，也算得上是与佛教“契理契机”的精神相一致。一方面，佛教平等观是佛教的根本教义之一，也是佛教伦理的伦理原则之一，在佛教伦理思想中占有重要地位，这算得上是“契理”。另一方面，今天所处的时代，正好是构建和谐社会的伟大时期，和谐社会要求各种社会资源（民族、宗派、党派、阶层都是国家重要的社会资源）兼容共生、人与自然友好相处，也就是社会各种要素之间的平等、包容和尊重。这算得上是“契机”。对契理契机的佛教平等观思

① 陈兵：《佛陀的智慧》，上海古籍出版社2006年版，第68页。

想进行认真思考，“让佛教伦理价值充分发挥出来，裨益于社会，这不仅是对优秀文化遗产的一种负责任的态度，也是对社会文明负责的态度。”①同时，正如国家宗教事务局局长叶小文所说：“我们的社会在对待佛教问题上基本上是健康的，但也有的是‘人见佛就拜，俗见僧就捧’，其实根本不明佛法大意，佯为信士，形似虔诚，实则将佛教视为谁都可以剐一刀的‘唐僧肉’，求名求利，借佛敛财。”② 由此可见，对佛教义理及其基本精神进行探讨，也具有现实意义。

今天中华民族正在中国共产党的领导下走向伟大复兴，明确提出了构建社会主义和谐社会的战略目标。构建和谐社会，依靠科学技术的进步满足人们日益增长的各种需要是必要的，但更主要的是要改造人的心灵，提升人的精神境界，只有这样，才能真正实现人的全面、自由的发展，以此来达到社会和谐。自古以来“佛治心”就是国人对佛教社会功能作用的定位，因此，发掘佛学改造心灵、提升精神境界的作用，探讨发挥佛教促进社会和谐的积极作用是一个具有现实意义的话题。佛教所以能传承几千年而不败，根本原因在于其所具有的特质，一方面，它的律己精进精神，有利于完善人格；另一方面，它的慈悲利他精神，有利于社会和谐。这些特质对今天时代同样能发挥重要作用，尤其是佛教所提倡的平等理念，当今社会尤其需要，因为，如前所说，当今社会的主要矛盾归根结底不外乎是人与自我的矛盾、人与人之间的矛盾、人与自然的矛盾。而造成这些矛盾的根源就在于人们精神境界的过于以自我为中心。佛教的平等观有助于人们破除对物欲和事相的执迷，追求圆满的人生境界；有助于人们觉悟到地球上所有的众生乃至环境都是相互依存的共同体，从而维护良好的人际与生态环境；从世界关系和社会关系的全局来看，也有助于建立一种国与国之间、民族与民族之间、人与人之间平等相待的和谐秩序。

当今我国乃至世界时代一个突出的现象是：物质生活的丰富和精神生活的匮乏形成强烈的反差，这种反差给人们带来精神的困惑、使人们陷入心灵的困境。如现实生活中许多人，尤其是年轻人不同程度地存在政治信仰迷茫、理想信念模糊、价值取向扭曲、诚信意识淡薄、社会责任感缺

---

① 李远杰：《佛教的伦理价值》，《宗教学研究》，1999 年第 1 期，第 113 页。

② 叶小文、一诚等：《“以戒为师”与中国佛教的未来》，《中国宗教》2007 年第 1 期，第 39 页。

乏、艰苦奋斗精神淡化、团结协作观念较差、心理素质欠佳等问题，这些问题的存在归根结底是缺乏一种强有力的精神支撑，从而导致在“何以为人”问题上的迷失。人类迫切需要一个赖以安身立命的伦理基础作为精神支撑，传统儒家文化无疑是宝贵的精神资源，这已成共识。其实，宗教亦有不可忽视的作用。正如马克思·韦伯从基督教伦理中解读出资本主义精神，凸显出宗教伦理精神对资本主义发展的重要性，我认为社会主义和谐社会的构建也可以从佛教伦理尤其是其平等观中找到可资利用的资源。

二、佛教平等观研究现状

佛教发源于古代印度，自两汉之际，开始传入中国，隋唐时期我国佛教进入繁盛阶段。对于佛教的研究自佛教传入中国以来已经逐渐兴起，清代以前就已经有许多学者的论著，直至今日，已经取得了非常丰硕的成果，并且还在不断丰富和发展。

佛教传入中国的2000多年中，虽然在中国内地，佛学研究曾几度差点中断，但是，因为始终有高僧大德的努力，保持了宗风不堕，特别是20世纪80年代起，国内学术界和宗教界人士对于佛教的研究工作再度重视起来。发行的佛教刊物有《法音》、《佛学研究》等20余种，专门从事佛学研究工作的学者近百人，出版各类佛教研究的专著近千册。与此同时，随着改革开放和祖国统一大业的进展，海峡两岸和中外学术交流也日益频繁，我国台湾和国外（尤其是日本）学者的研究专著也大量地被译介过来，为现代国内佛学研究提供了许多可资借鉴的宝贵资料。

目前国内在佛学研究方面的主要成果集中在以下几个方面：1. 佛教史研究；2. 文献的整理与阐释；3. 佛教在当代社会的意义和价值。但是，专门论述佛教伦理的专著并不多见。其中有代表性的主要有：张怀承著《无我与涅槃——佛家伦理道德精粹》（湖南大学出版社，1999年版），业露华著《中国佛教伦理思想》（上海社会科学院出版社，2000年版），王月清著《中国佛教伦理研究》（南京大学出版社，1999年版）。这三本著作依各自的体系安排各有侧重地对佛教伦理特别是中国佛教伦理思想的主要内容和范畴体系进行了深入的剖析和系统的阐发。其中《无我与涅槃——佛家伦理道德精粹》对佛教伦理思想的研究更是全面系统，既有关于佛教伦理的总论性阐述，包括佛教伦理与中国传统文化的关系、佛教伦理道德的总体构建、佛教伦理道德的理论基础等，也有关于佛教伦理道德的基本观点的具体阐述，包括佛教的人生态度、价值观念、理想人格、佛教的心性论、修持论、慈悲观、处世论等。国外学者的研究著作有：Hammalawa Saddhatissa：Buddhist Ethics，Wisdom Publications，Inc. 1970，（中文翻译版：英国哈玛拉瓦·萨达提沙著，姚治华、王晓红译《佛教伦理学》，上海世纪出版集团，2007 年版）。萨达提沙在书中试图以西方读者能把握的方式解释传统的佛教伦理理论，介绍了佛教伦理的几个主要问题："至上知识的源泉"、"伦理行为的律令"、"从标准或理性型的角度看拥有价值的道德原则"、"可作为终极标准的最终目标"。此外，觉真法师著《和谐人生——佛教伦理观》（宗教文化出版社，2006 年版）以浅显、简单、新颖的表达方式对佛教伦理思想进行了现代化阐释。蒲正信著《佛教道德经典》（巴蜀书社，2001 年版），书中收录了佛教道德经典《善生经》、《佛说父母恩重难报经》、《佛说十善业道经》、《佛说业报差别经》，每部经文均包括题解、译者简介、注释三部分，通俗易懂。夏金华著《黑黑白白：佛教善恶观》（宗教文化出版社，2002 年版）探讨了佛教的善恶标准、为善为恶的果报等问题。

佛教平等观是佛教基本教义之一，也是佛教伦理原则之一。佛教平等观研究属佛教专题研究，对此佛教理论的核心思想的专门研究，学术界比较欠缺。从目前所能搜集到的资料显示，对此进行系统研究的专著，主要有年轻学者唐中毛的《月印万川——佛教平等观》（宗教文化出版社，2003 年版），该书立足于佛法的现代弘扬，以平等观念为题，从不同角度入手，通过对一些艰深的佛学命题的专门探讨，突出佛教关注社会、关注人生的本怀，对传统佛教在新的历史条件下做出现代化阐释。主要包括佛教平等观要义、一切众生悉皆平等、怨亲平等、性相平等、出世入世不二、凡圣不二、生死不二、圆融无碍、平等与觉悟等内容。该书是《觉群丛书系列》之一，其编写原则是浅显、简明、新颖，因而通俗性、趣味性、可读性特点明显，但同时相对的其理论性、系统性也就有所减弱。

王利耀、余秉颐主编的《宗教平等思想及其社会功能研究》（安徽大学出版社，2006 年版）一书对世界各大宗教的平等思想，包括佛教、基督教、伊斯兰教、道教以及随着世界现代化出现的各种新兴宗教的平等思想进行了概括性介绍和简单比较。其中用一章的篇幅对佛教平等思想作了简要论述。主要包括佛教平等观念产生的原因和人性依据，佛教平等思想的简要历史发展，佛教平等思想的社会功能，并简要比较了佛教平等思想与一般平等理念的异同。

此外，张怀承著《无我与涅槃——佛家伦理道德精粹》（湖南大学出版社，1999 年版）第 5 章中以“众生平等的价值观念”为题设立了一节的篇幅介绍了佛教平等思想，认为佛教平等观念表现在道德价值观上，就是性智平等、众生平等、怨亲平等。陈兵在《佛陀的智慧》（上海古籍出版社，2006 年版）第 6 章“慈悲平等，利乐众生”中以一节的篇幅论述了佛教创始人释迦牟尼的“从四姓平等到众生平等”的平等思想及其身体力行。方立天在《中国佛教哲学要义》（中国人民大学出版社，2002 年版）一书中，在其“实践论”一编中将“平等慈悲”作为三大伦理原则之一进行了简要论述。此外，觉真著《和谐人生——佛教伦理观》（宗教文化出版社，2006 年版）也以“慈悲平等”为题对佛教平等观有所涉及。周仲秋著《平等观念的历程》（海南出版社，2002 年版）一书中在第 3 章“宗教的平等观念”中设立了“佛教平等观念”一目，认为“众生平等”是佛教平等观念的主要内容，并分析了“善恶报应”和“生死轮回”的学说中包含的平等思想。

此外还有几篇学位论文对佛教平等思想进行了探讨。如陕西师范大学党斌的硕士学位论文《中古时期佛教平等观念的传播》（2005 年）专门对中古时期的佛教平等思想进行了分析，文章对比了中古时期中印佛教平等观念的差别，说明了佛教中国化后平等观念在佛教理论体系中地位的改变，并分析了原因。

福建师范大学越南籍的武氏莉—释心美的硕士学位论文《〈法华经〉中的“平等思想”之研究》（2006 年版），着眼于经中的宽容思想展现了《法华经》的平等思想。作者认为《法华经》综合大小乘佛教的对立，以一切众生皆可成佛的平等思想为其基本精神。作者将《法华经》的平等思想主要归纳为：强调三乘圆融，平等归于一佛乘，提倡二乘声闻皆得成佛的平等思想；一阐提人、女人都能得到平等授记、平等成佛的平等思想；并探讨了《法华经》的平等思想对中国历史、佛教宗派以及对后代佛教僧尼、信徒的影响。

关于佛教平等观方面的研究论文目前在学术界也不太多，主要有：

方立天先生的《佛教平等理念对和平与发展的启导意义》（《中国宗教》，2004 年第 1 期），论述了佛教平等的含义与特质的基础上，强调了佛教平等理念对和平发展的启导作用。

唐中毛的《佛教平等思想的现代意义》(《法音》，2006 年第4 期) 将佛教平等思想的现代意义归纳为三方面：从今日世界关系和社会关系的角度来看，佛教平等观有助于建立一种国与国之间、民族与民族之间、人与人之间的平等相待的和谐的人间秩序；从现代民主精神的角度来看，佛教平等观尤其是“佛性平等”思想能给我们提供丰富的思想资源；从当代“全球化”的背景来看，佛教平等观有助于人们处理全球化背景下的各种困境和挑战。

洪德仁所著《佛教平等观》分析了古代印度的社会背景、佛教平等观的理论说服力及释迦牟尼对平等主张的身体力行等。

李怀春的《佛教的平等观》(《世界宗教文化》，2005 年第 4 期)，认为平等思想贯穿于佛教整个思想体系中，是佛教智慧的重要内容。作者认为佛教提出“八正道”改造人的身心为平等的实现提供了内在的保证，从改造内心来实现平等正义是现代伦理所缺乏的内容，佛教提倡修行解脱上的平等，在最大范围内保障了个人选择权力和努力成果，佛教提倡以觉悟之心平等对待万事万物的“平等智”能促使制度的平等及制度执行的平等。

四川大学宗教研究所的杨荔薇所著《佛教的“众生平等”思想及其现代意义》(河北大学学报哲学社会科学版，2005 年第 2 期) 分析了“众生平等”的内涵、理论依据及实现途径。四川大学宗教研究所的龚晓康的《“无情有性”与“众生平等”——佛教与当代生态伦理学的比较》(《自然辩证法研究》，2003 年第 8 期) 通过与当代生态伦理学的对比，探讨了佛教“无情有性”和“众生平等”理论所蕴涵的保护自然、尊重生命的思想。真觉的《用佛教慈悲平等理念构建和平和谐社会》(“首届世界佛教论坛”征文，佛教世界佛教论坛网站 http：//www. wbf. net. cn) 认为只有依照佛教所讲的慈悲平等的人生智慧，去掉贪欲等烦恼，而只有没有贪欲的世界，才是和平的世界、和谐的社会、幸福的人生。

亦有文章从佛教平等观对近代学者平等思想的影响角度进行论述，如：南京大学哲学系的许颖所著《论佛学对康有为、章太炎和太虚平等思想的影响》(《中州学刊》，2007 年第 5 期)，认为康有为、章太炎、太虚大师是近代中国平等思想发展史上具有代表性的三位人物，而佛教平等观念在他们的理论构建和社会实践中占有举足轻重的地位。作者认为佛学本身蕴涵可供挖掘的丰富的思想资源，能够纠传统文化之偏，并适应时代的需要，尤其是其平等思想，即使在全球化的当代背景之下，仍然具有不可忽视的积极意义。

平等问题是当代西方政治哲学主题，西方从政治哲学角度对平等问题的探讨研究非常深入，且成果丰硕、影响广泛，如罗尔斯、诺齐克、德沃金等人的研究。在我国，近年来对平等问题的理论和实践研究也呈上升的趋势，出版了一批著作如王海明著《公正　平等　人道——社会治理的道德原则体系》（北京大学出版社，2000 年版），周仲秋著《平等观念的历程》（海南出版社，2002 年版），张书琛著《社会主义市场经济中的社会公正问题》（2002 年版）等。尤其是学位论文选择平等问题作为研究方向的越来越多，如近年的博士论文有：吉林大学王立的博士论文《平等的范式》（2006 年），复旦大学刘宏斌的博士论文《认真对待平等——德沃金政治哲学思想探要》（2004 年），华东师范大学丰向日的博士论文《"教育平等"观念在中国》（2008 年），天津师范大学陈士军的博士论文《自由与平等视角下的中国特色社会主义》（2008 年），天津师范大学李冬俐的博士论文《社会主义本质与社会平等》（2006 年），中共中央党校王钊冀的博士论文《民族平等论》（2006 年）等。硕士论文有：西南政法大学郝爽的硕士论文《平等之路——平等的理论与社会主义实践》（2007 年），东南大学温丽萍的硕士论文《伦理学视野下的平等》（2005 年）。

这些著作和论文显示出时代对平等问题的关注和呼唤，也可以从一个方面衬托出佛教平等观研究的理论价值和实践意义。

毫无疑问，上述研究成果为笔者"伦理视阈下的佛教平等观"研究提供了丰富而有价值的材料和思想观点。本人正是在对以上研究成果的学习中得到启发，特别是唐中毛的《月印万川——佛教平等观》，王利耀、余秉颐主编的《宗教平等思想及其社会功能研究》，方立天先生关于佛教平等观是佛教伦理原则的观点，张怀承著《无我与涅槃——佛家伦理道德精粹》等给笔者提供了思维视角的启发，使笔者力图在这些研究成果的基础上，挖掘佛教平等观理念的伦理价值，使其平等精神超越其宗教束缚，发挥出现世伦理作用。

三、本书的基本思路和研究方法

佛教平等观是佛教的根本教义之一，从根本上讲是为佛教的宗教出世目的作论证的。但是，抛开其宗教出世的外衣，佛教平等观富有丰富的伦理思想价值。本书试图立足于佛教经典的基础之上，从伦理视阈对佛教平等观进行分析探讨。首先，在考察平等观历史发展的基础上，揭示出佛教“平等”概念的独特内涵，并进一步分析说明其平等观独特性的理论前提。其次，论证佛教平等观在佛教伦理体系中的重要地位，说明佛教平等观是佛教伦理的不可或缺的重要内容，分析佛教平等观的伦理特质，并阐述其现世伦理价值。最后运用马克思主义的科学平等观理论对佛教平等观进行简要分析，主要阐明我们对待这种宗教理论的应有的正确态度，既承认其历史地位和现世伦理意义，又看到其作为宗教教义和宗教伦理原则的局限性。

本书具体包括绪论、内容主体五章和最后的结语，共七个部分，详细思路如下：

绪论：主要介绍笔者选题的缘起，实属有感而发。

第一章，佛教平等观要义。平等是人类永恒的追求，但对平等的理解却多种多样、见仁见智，佛教认为“无高下浅深之别曰平等”。其具体内容包括四个方面：人与人的平等、众生平等、众生与佛平等、众生与无情平等。佛教平等观随着佛教的发展变化在不同时代有不同的侧重。概括地讲，在原始佛教时期，主要强调“四姓平等”、“一切众生悉皆平等”；大乘般若学阶段，同般若性空思想相适应，主要体现为强调“性相平等”；到大乘中观学派则同“中观”原则对应强调“不二平等”；佛教进入中国以后，经过与中国本土传统伦理文化的冲突融合，到隋唐时期完成了佛教的中国化，创立了一系列中国特色的佛教宗派，中国佛教各宗的平等观主要是在“佛性”思想中体现出来，将不二平等思想发展为一种强调“圆融无碍”的平等境界。

第二章，佛教平等观的论证。佛教平等观的理论基础包括缘起论、空论、佛性论、业力因果论等四个佛教理论。首先缘起论是佛教最根本的理论，也是佛教平等观的最根本的理论前提；其次，空论是佛教平等观的本体论依据；再次，佛性论是佛教平等观的心性论依据；最后，业力因果论是佛教平等观的现象论依据。

第三章，佛教平等观的践行。本章在对佛教伦理基本精神概述的基础上，分别从人我身心关系、人与人（社会）的关系、人与自然的关系三个方面分析了佛教平等观的体现和贯彻。在人我身心关系中透过“性相平等”，识得“无我”；因“果报平等”故“人身难得”。在人与人（社会）

关系中因“自他不二”故“自利利他”；因“凡圣不二”故“人圆佛成”。在人与自然关系中，因“依正不二”故强调建设生态“净土”；因“众生平等”故应“惜生护生”。

第四章，佛教平等观的特性。主要表现为三个方面，首先，世俗性与超越性的统一，从两个方面进行论证，一是佛教平等观既具世俗性又具超越性，二是诸多平等命题本身就是世俗性和超越性统一的直接体现。其次，自律性与他律性的统一，主要体现在两个方面，一是实现平等终极目标的自律性和他律性的统一，二是业力果报平等内蕴自律性和他律性的统一。最后，佛教平等观是生命观、自然观和理想价值观的统一。从三个方面分别论述了佛教平等观的生命观、自然观和理想价值观。

第五章，佛教平等观的现世伦理价值。对佛教平等观的现世伦理价值的考察从伦理关系的三方面进行探讨。首先，佛教平等观关于自我身心关系的伦理启示，表现为三个方面，其一，“生死不二”：生死双遣的豁达人生观；其二，“果报平等”：德行与幸福一致的道德观；其三，“生佛不二”：现实性与超越性统一的理想观。其次，佛教平等观关于人我关系的伦理启示，表现为三个方面，其一，处理人际关系乃至人与世界关系的关键是“自净其心”；其二，正确看待个人利益与他人利益的关系；其三，有效协调个人与他人的矛盾。最后，佛教平等观关于人与自然关系的伦理启示，其一，正确认识人在宇宙中的地位；其二，正确认识自然万物的价值；其三，改进人类生产和生活方式，促进人与自然的协调发展。

结语：对待佛教平等观的应有态度。佛教平等观在历史上发挥过重要的作用，在现代社会中依然有其可以倚重的伦理价值，但是必须看到，无论是作为一种宗教教义还是宗教伦理原则，佛教平等观都有其荒谬和消极的一面，因此正确的态度应该是坚持唯物辩证法的原则，采取扬弃的态度：既克服又保留，克服其消极面，保留其积极面。

在研究方法上，本书在坚持以马克思主义宗教观为指导思想的基础上，以马克思主义唯物辩证法为根本方法，运用理论与实际相结合的方法、逻辑和历史相统一的方法、比较方法、史论相结合的方法等进行探讨，同时吸收汤用彤先生提倡的宗教研究所应有的“同情之默应、心性之体会”的方法，运用于佛教平等观的探讨。具体来讲，主要运用了以下几种重要原则和方法。

首先，研究宗教思想必须有正确的指导思想，研究佛教平等观必须以马克思主义宗教观为世界观和方法论的指导。因此，历史唯物主义的方法是本书最基本的研究方法。恩格斯给宗教下了一个经典的定义："一切宗教都不过是支配着人们日常生活的外部力量在人们头脑中的幻想的反映，在这种反映中，人间的力量采取了超人间的力量的形式。"① 在对佛教平等观的考察中，笔者始终坚持马克思主义宗教观的基本原则，从佛教产生发展的客观实际出发，从中引出固有的结论来。研究学习中，笔者深刻体会到历史唯物主义的理论与方法有助于我们正确地对待佛教伦理资源，去伪存真，去粗取精，进而深入地推进佛教伦理研究。

其次，关于宗教研究，汤用彤先生在《汉魏两晋南北朝佛教史·跋》中有一段极富启发性的话："佛法，亦宗教，亦哲学。宗教情绪，深存人心，往往以莫须有之史实为象征，发挥神妙之作用。故仅凭陈迹之搜讨，而无同情之默应，必不能得其真。哲学精微，悟入实相，古哲慧发天真，慎思明辨，往往言约旨远，取譬虽近，而见道深弘。故如徒于文字考证上寻求，而乏心性之体会，则所获得者其糟粕而已。"② "同情之默应，心性之体会"，这是汤先生致力于研究中国佛教史的心得体会，也是他所强调的一种治学态度。我以为对于从事佛教思想研究的学者们，更是一条值得学习和遵循的原则方法。"同情之默应"，"即与佛经撰著者的心灵相通，与教内修学信众的心默然相应，体会、感受信徒的宗教需要、宗教心理、宗教情结、宗教情绪，只有这样才能体察到佛教的真谛。这绝不是简单地搜集、研究过去的史实所能达到的"③。因为感情和心理因素在宗教中扮演着非常重要的角色，所以同情默应的态度对宗教研究非常重要。"心性之体会"，即"要求研究者有心性的磨炼和体认，通过内在心性的修养，生命智慧的升华，精神品格的净化，去体会佛教哲学的精华，提升人生境界和生命品质"④。因为佛法精深微妙、言约旨远，只有通过心灵的直觉，设身处地与古人处于同一环境、氛围，感受其愿望，思索其行动，体会其经

---

① 恩格斯：《反杜林论》，见《马克思恩格斯选集》，第3卷，人民出版社1972年版，第354页。

② 汤用彤：《汉魏两晋南北朝佛教史·跋》，《汤用彤全集》第一卷，河北人民出版社2000年版，第655页。

③ 方立天：《中国佛教哲学要义》（上卷），中国人民大学出版社2002年版，绪论第9～10页。

④ 方立天：《中国佛教哲学要义》（上卷），中国人民大学出版社2002年版，绪论第9～10页。

历，以此达到与古人的视野融合，从而得到其行动、精神之真相。

再次，以哲学分析与归纳综合为主，辅之以一般思想史的研究方法，对佛教平等观的演变、发展及其理论进行了阐释。

最后，理论与实际相结合的方法。佛教作为一种传统的精神和文化资源，在当今社会不仅弦歌不绝，而且还越来越成为敏感而热点的话题，这固然与当今时代错综复杂的社会政治因素息息相关，但也必然有其内在的理由和根据，有其现代性的价值与意义。笔者对佛教平等观的理论分析正是立足于挖掘其宗教出世目标外衣下的现代伦理价值，佛教平等精神凸显出在现代社会中仍须倚重的伦理价值，虽然对这种伦理价值的借助不可能是直接的，还需把其从宗教形态中剥离出来，改造整理。

第一章　佛教平等观要义

平等观是佛教的根本教义之一，“可以说，自从创立开始，佛教就是以一种争取根本平等的宗教而出现在人类历史上。佛教的伟大之处在于，佛教是一种‘智信’，它靠信众自己的内心信仰，凭借自身的修行而最终‘即人而成佛’达到与佛平等的地位。”① 也就是说，平等观同时也是一条很重要的伦理原则，在佛教伦理思想中占有重要地位。方立天先生在谈到佛教伦理为中国世俗伦理提供的新因素时就强调了佛教的平等观思想，认为儒家强调尊卑上下、长幼亲疏，“与这种消极的等级观念不同，佛教主张众生平等……这种平等观念无疑是对儒家伦理的一种巨大冲击，在民间产生的影响是极为深远的”②。即使在今天时代，佛教平等观对我国伦理建设仍然有其启发意义和借鉴作用。

第一节　佛教平等观的含义

一、平等：一个备受关注的永恒话题

平等一词，是现代社会人们最常用的一个词，也是一个最为普遍的人类价值观念。人类的平等思想有着悠久的历史和丰富的内容，但平等是一个并不明确的概念，人们对它的理解是极不相同的。（美国政治学家乔·萨托利基于平等问题的复杂性甚至把它称为“迷宫”）。究竟何谓“平等”？从古至今，学者们给“平等”所下的定义林林总总。

“在平等理论的视角中，整个人类文明的发展就是一部不断追求并逐

① 唐中毛：《月印万川——佛教平等观》，宗教文化出版社 2003 年版，第 10 页。

② 方立天：《中国佛教哲学要义》（下卷），中国人民大学出版社 2002 年版，第 893 页。

步实现平等的历史。这就是说，人类社会告别了原始平等状态之后，便进入了持久的不平等状态。与此同时，人类也随之展开了追求平等、争取平等的艰难历程，前赴后继，谱写出无数可歌可泣的悲壮篇章。”① 可以说，平等是人类自古以来梦寐以求的理想。

柏拉图的平等观在古代西方平等观念中具有代表性，他从社会分工的角度看待平等问题，在他设计的理想国中，将人依据其本性划分为哲学家、武士、自由民三个等级，认为此三等级恪守本分、各尽其力就是正义，柏拉图试图通过社会结构的合理构建达到社会的和谐，实现正义，其平等观就是为此目的服务的。亚里士多德的平等观与老师有相似之处，但他也表达了自己独特的平等思想，如提出“平等是一种美德”，把“平等”和“正义”联系起来，认为正义就是“关于事物之间平等的观念”，就是“相等的人就该配给相等的事物”，强调平等不是绝对的，绝对的平等不仅不现实同时也是不平等的。② 我国古代诸子百家的学说都表现出强烈的追求平等的色彩。如：儒家的“不患寡而患不均，不患贫而患不安，盖均无贫，和无寡，安无倾”③。道家的老子针对社会生活中富者愈富、贫者愈贫的不平等现实，提出“天之道，损有余而补不足”，把平等上升到“天道”的高度，这种带有鲜明的愤世性和反剥削、反压迫的平等思想成为中唐之后各次农民战争的思想旗帜，并直接发展为“等贵贱、均贫富”的平等纲领。墨子甚至被中国资产阶级革命派视为古代追求“平等博爱”的先哲而受到敬重，因为他提出了“人无贵贱、有能则举”的平等观念，在《墨子·尚贤上》中有这样一段话：“古者圣王之为政，列德而尚贤，虽在农与工肆之人，有能则举之，高予之爵，重予之禄，任之以事，断予之令……故官无常贵，而民无终贱，有能则举，无能则下之，举公义，辟私怨。”在墨子所处时代，这显然只能是一种美好的设想，但这种思想实在是难能可贵的，表达了人类对平等的向往。

近代资产阶级学者们更是把平等视为人的天赋权利。“自由、平等、博爱”的口号随着法国大革命的焰火传遍欧洲、播及世界，“平等”的观念自此而深入人心。人们几乎一致认为：“平等和自由是近代民主思想的

---

① 周仲秋：《平等观念的历程》，海南出版社 2002 年版，第 1 页。

② 亚里士多德：《政治学》，吴寿彭译，商务印书馆 1965 年版，第 148 页。

③ 《论语·季氏》。

两大基石。”自从1789年法国大革命产生了《人权和公民宣言》（简称《人权宣言》），平等与自由就被正式确定为人类两个最基本的政治要求。宣言规定，平等首先是“财产神圣不可侵犯的权利”，是“在法律面前公民人人平等的权利”和公共赋税平均分摊的权利。在我国近代资产阶级革命家如孙中山、康有为等的思想中平等思想亦有着极为重要的地位。如在孙中山的三民主义学说中，平等观就占有核心地位。请看他的阐释：“民族主义是对外人争平等的，不许外国人欺负中国人；民权主义是对本国人争平等的，不许有军阀官僚的特别阶级，要全国男女的政治地位一律平等；民生主义是对于贫富争平等的，不许全国男女有大富人和大穷人的分别，要人人都能够做事，人人都有饭吃，这就是三民主义的大意，诸君要详细研究。”① 康有为的平等思想则在他的大同理想中得到充分体现，提出了经济平等、政治平等、男女平等的平等思想，认为“人类平等是几何公理”。

现代学者们对平等问题的论述更是多种多样，见仁见智。具有代表性的理论主要有美国罗尔斯的平等观、萨托利的平等理论（主要体现在其《民主新论》一书中）、德沃金的自由主义式平等观。王利耀、余秉颐在《宗教平等思想及其社会功能研究》② 一书中把学者们对“平等”的定义归纳为两大类：其一，把“平等”作为一种道德标准和价值信念，例如有人认为，平等是关于人与人之间的关系和社会地位的一种观点和信念，是人与人之间关系发展的某种状态。它包括机会平等、条件平等、过程平等、结果平等、政治平等、经济平等、人格平等等多方面的内容。其二，是在政治、法律领域界定“平等”，例如有人提出，平等“指人与人之间在政治上经济上处于同等的社会地位，享有相同的权利”。也有人提出，平等是以兄弟般的情谊相亲相爱，是现代社会唯一的基础；平等是一项神圣的法律，一项先于其他一切法律的法律，一项派生其他法律的法律；平等被认为是一切人都可以享受的权利和正义；平等是不同社会主体在一定历史阶段的交往过程中处于同等的社会地位，在社会领域享有同等权益、履行同等义务的理念、原则和制度。

---

① 孙中山：《孙中山选集》，人民出版社1956年版，第903页。

② 王利耀、余秉颐：《宗教平等思想及其社会功能研究》，安徽大学出版社2006年版，第3页。

我以为以上归纳是恰当的，无论是西方学者还是我国学者对平等问题的讨论基本上都不出人类社会的政治法律和道德领域。西方学者如威廉·葛德文[①]认为人人是生而平等的，这种平等可以分为肉体上的平等和精神上的平等，由于财产私有制导致了这种平等的丧失；约翰·罗尔斯[②]在其著名的《正义论》一书中，提出了保证人与人之间平等的两个正义原则，一是平等自由原则，二是差别原则和机会公平原则，其中强调的平等也是指经济平等、机会平等；阿德勒[③]认为，人们有权拥有的平等即正义要求的平等，是环境平等而非个人平等，是地位、待遇和机会方面的条件平等，人人生而平等就是指在共同的人性方面是平等的，这种“共同的人性”赋予了人类某些不可剥夺的权利，如自由选择权、获取满足生存需要的生活资料的权利、追求幸福的权利等。美国政治学家乔·萨托利认为，平等是唯一可以同时用“相同性”和“公正”来表述的概念。他解释说，两个或更多的人或客体，只要在某些或所有方面处于同样的、相同的或相似的状态，那就可以说他们是平等的。他将平等划分为四种形式，即法律—政治平等、社会平等、机会平等和经济平等。罗纳德·德沃金提出了一个在西方社会引起巨大反响的“自由主义式的平等概念”。他对平等概念的诠释包含如下几点：一是平等概念是权利理论的核心，应该对每个人予以平等关心和尊重，二是只有“每个人都有受到关注和尊重的平等权利”才是公正所要支持和保障的平等权利，主张每个人有权得到平等的关系和尊重，即强调人们在支配资源方面的平等，三是通过市场机制，对资源进行平等分配，四是认为代议式的民主政治最能体现平等的关注与尊重的根本权利。[④]

我国从上个世纪90年代开始，理论界研究平等问题明显升温，发表的论著、论文颇多，究其原因，与我国经济和社会发展中不平等问题日益突出，从而导致对公平、公正与正义的价值追求受到普遍关注直接相关。其

---

① 威廉·葛德文：《政治正义论》，商务印书馆1980年版。

② JohnRawls：ATheoryofJustice，Cambridge，Massachusetts，The Belknap Pressof Harward University Press，1971。约翰·罗尔斯著：《正义论》，何怀宏等译，中国社会科学出版社1990年版。

③ 摩狄曼·J. 阿德勒：《六大观念：真、善、美、自由、平等、正义》，陈珠泉、杨建国译，团结出版社1989年版。

④ Ronald Dworkin，Sovereign Virtue，Harvard University Press，2000。德沃金：《至上的美德——平等的理论与实践》，冯克利译，江苏人民出版社2003年版。

中王海明关于平等的观点比较有代表性。王海明先生认为，平等是人们相互间与利益获得有关的相同性，这种相同性既可以是获得的利益本身相同，又可以是所获得的利益之来源相同。平等分为自然平等和社会平等，平等作为一种应该如何的道德原则只能是社会平等，而社会平等实质上是权利平等。①

在人类由来已久的平等思想中，还有一类平等思想没有涉及，那就是宗教平等思想，不可否认，宗教平等思想也是人类平等思想中一个十分重要的组成部分，同样体现了人类对于平等的向往和追求。从根本上说，“一切宗教都不过是支配着人们日常生活的外部力量在人们头脑中的幻想的反映，在这种反映中，人间的力量采取了超人间的力量的形式。”② 因而可以说任何宗教都具有某种程度上的精神麻醉作用，但是几乎所有宗教教义中都包含有一定的平等思想，这也是不可否认的。如，基督教的“上帝面前人人平等”的基本原则，其中就包括有信者皆亲、男女平等、种族平等、贫富平等、贵贱平等、爱人如己、平等待人等；伊斯兰教的“真主面前人人平等”的基本原则，涵盖了信仰平等、民族平等、性别平等、职业平等、贫富贵贱、强弱平等。在所有宗教的平等思想中，佛教平等思想最深刻、彻底和广泛，同时也最具包容性，正如宋代高僧清远（1067—1120）所言：“若论平等，无过佛法，惟佛法最平等。”③ 这绝不是妄下结论。

二、佛教平等观的基本内容及特点

如前所述，平等是一个指向性非常广泛的范畴，内涵丰富而复杂，也是现代生活中出现频率极高的一个概念。但和佛教的平等观相比，人们对平等这一观念的理解有偏颇和不全面之处，有时甚至是狭隘的。从前面的考察，可以看出，我们通常所说的平等，主要局限于人与人之间的平等，无论经济的、政治的、法律的、道德的平等，莫不如是。甚至和人类息息相关的自然界，很多人视之为人类的对立面，被作为人类征服的对象。自然界、生物、环境都没有进入人的平等视阈，相反被认为是可以由人肆意

---

① 王海明：《公正平等人道——社会治理的道德原则体系》，北京大学出版社 2000 年版。

② 《马克思恩格斯选集》第 3 卷，人民出版社，1972 年版，第 354 页。

③ ［宋］赜藏主编：《古尊宿语录》卷三十三，萧萐父、吕有祥、蔡兆华点校，中华书局，1994 年版，第 620 页。

妄为，任意破坏、随意掠夺的。与此相比，佛教的平等观则涵盖了一切众生，因而是最广泛意义上的平等。也许正是在此意义上，古人认为“惟佛法最平等”。

佛教的“平等”一词，是梵文 Upeksa 的意译，简称“等”。《佛学大辞典》[①] 将“平等”解释为：“对于差别之称。无高下浅深等之别曰平等。”任继愈主编的《宗教辞典》[②] 解释说：平等“意谓无差别，或等同。指一切现象在共性或空性、唯识性、心真如性等上没有差别”。方立天先生解释说平等“是指一切现象均平齐等，无本性、本质，乃至高下、浅深的差别”[③]。“平等与差别相对举，是无差别的意思。”[④] 陈兵先生也说：“平等，即均平齐等、没有差别之义，其反义词为‘差别’。”[⑤] 佛教认为，宇宙本质皆同一体，一切法、一切众生本无差别，故称“平等”。

“平等”一词是佛教的常用名词，在佛教经典中使用得非常广泛，是佛教经典的基本术语之一。《往生论》注：“平等是诸法体相。”宋普济编《五灯会元》曰：“天平等，故常覆。地平等，故常载。日月平等，故四时常明。涅槃平等，故圣凡不二。人心平等，故高低无诤。”《金刚经》曰：“是法平等，无有高下，故名无上正等菩提：以无我、无众生、无寿者，无更求趣性，其性平等。”

佛家经常将“平等”和“差别”两个词同时使用，也就是说佛教的平等就是“无差别”的意思。所谓“差别”，用唯物辩证法的话来讲，就是指的事物的特殊性，是一事物区别于他事物的各种规定性的总和，也就是我们日常生活中随时接触到的各种现象的特点，如：人和动物不同，男人和女人有异，张三不同于李四，大自然的山川草木、河流湖泊各有特色，佛教称此“差别”为事物的“自相”。但佛教的平等观认为一切事物在本质上都是“无差别”的，是“平等一如”的，因为根据佛教的基本理论，万物都是“缘起”的。所谓“缘起”，用《阿含经》的表述就是“此有则彼有，此无则彼无；此生则彼生，此灭则彼灭”。意谓一切现象皆依相互依从的条件而成立，依赖一定的条件而产生、存在，随所依赖条件的消灭

① 丁福宝编纂：《佛学大辞典》，文物出版社 1984 年新一版，第 429 页。
② 任继愈主编：《宗教辞典》，上海辞书出版社 1981 年版，第 249 页。
③ 方立天：《佛教平等理念对和平与发展的启导意义》，《理论》2004 年第 1 期，第 1 页。
④ 方立天：《中国佛教哲学要义》，中国人民大学出版社 2002 年版，第 870 页。
⑤ 陈兵：《佛陀的智慧》，上海古籍出版社 2006 年版，第 201 页。

而消灭。因为“缘起”，万事万物都是因缘和合而生，所以“诸法无我”，万事万物既不能自主，也不能独立存在，这样，森然万象虽然形形色色，变动不居，但一体相连。所以佛教的平等观认为一切事物在“缘起”的本质上都是“无差别”的，“差别”只是现象界的特征，而且，一切有差别的现象都不过如梦幻泡影，是变化无常的，因而是不真实的。

在佛教的发展过程中，平等观一直是佛教的根本教义之一。只不过同佛法的契理契机原则相适应，平等观在不同时代有不同的理论表现形态。在原始佛教时期，主要表现为“四姓平等”“一切众生悉皆平等”。因为针对当时婆罗门教宣扬的“梵天造人”而形成的不平等的种姓制度，佛陀深感怀疑，在菩提树下悟道后，洞察了万物的本性，从“业感缘起”的真理出发，揭示出万物在本性上都是相同的、平等的、无差别的，从而提出了“四姓平等”“众生平等”的平等观。到大乘般若学阶段，平等观主要表现为“性相平等”“怨亲平等”。因为按照般若智慧进行般若观照，能够体悟到宇宙人生一切现象都不过是因缘和合而成，因而都是假名而无自性，“一切有为法，如梦幻泡影，如露亦如电”“凡所有相，皆是虚妄”，一切有为法都无自性因而是“空”，即万法都是空性的，觉悟到万法性空，就不会为事物的现象所迷惑，从而对一切现象生起平等的觉悟。这就是“性相平等”。体证到性相平等，就能破除“我执”，等视怨亲。般若学发展到中观学派时，平等观主要表现为“不二平等”，[1] 佛教传入中国后，随着佛教中国化的完成，平等观又有了新的发展，中国佛教各宗的平等观主要是在“佛性”思想中体现出来，天台宗、华严宗、禅宗莫不如是，特别是到华严宗那里，将不二平等思想发展到了极致，“一切诸法都相互为体，相互为用，举一尘即亦理亦事，谈一事即亦因亦果，缘一法而起万法，缘万法而入一法”，表现出“圆融无碍”的平等境界。此外，极具中国化特色的禅宗那里，佛教平等观更是表现为“佛性平等”和“心、佛、众生三无差别”。

虽然不同时期，佛教平等观有不同的表现形态，呈现出不同的特色，但佛教平等观的具体内容基本上包括以下几个方面：[2]

---

① 唐中毛：《月印万川——佛教平等观》，宗教文化出版社 2003 年版。

② 关于佛教平等观的具体涵义可以有不同的归纳，本书参照方先生的观点。见方立天：《佛教平等理念对和平与发展的启导意义》，《理论》2004 年第 1 期，第 1 页。

第一，人与人之间的平等。释迦牟尼创教时，正是印度社会等级森严的时代，针对婆罗门教宣扬的梵天造人的“种姓制度”，佛教提倡“四姓平等”的观念。其理论依据则是“业感缘起”。不管什么种姓，他们都是“业感”而起，都没有恒常不变的自性，不管是婆罗门还是首陀罗，他们在本质上是没有差别的、平等的，他们不同的现实状况只不过是因为各自所造的“业”的差异，他们也都要经受生命的轮回之苦。并指出一切自视自身独具优越性的想法、一切不平等的观念，都不过是“无明”妄念。佛教有佛、法、僧三宝，“僧”是梵语“僧伽耶”的简称，意谓“和合众”，根本点在“和合”。佛陀创设僧团，就是要破除古印度婆罗门、刹帝利、吠舍、首陀罗四种姓的不平等，而提倡“百川如海，同一咸味；四姓出家，同为释氏”，这就是佛陀的平等观。在佛教僧团内，释迦牟尼用行动践行这种平等原则，主张宗教生活和宗教修行上的平等，宣称无论出身什么阶级和阶层，从事什么样的职业，在宗教实践和觉悟佛道方面，人人都有平等的权利。《长阿含经·小缘经》中说：“汝今当知，今我弟子，种姓不同，所出各异，于我法中出家修道，若有人问：汝谁种姓，当答彼言：我是沙门释种也。”① 另外，在佛教僧团里一反印度歧视女性的传统，强调男女平等。赋予女性同等的教育机会，认为女性和男性均有闻法、受教的资格和权利，也有说法、教育他人的能力和义务。在《法华经》的“提婆达多品第十二品”中，就明示女人也能成佛。

佛经里记载了这样一个故事：佛陀曾经度化了一位名叫陀罗尼达的女乞丐。有一天，佛陀在频婆娑罗王的陪同下，准备前往他地布道。半路上，王宫庞大的象车队被拦住了。拦车者居然是一位女乞丐。佛陀尽管为不能及时赶往布道地而焦急，但仍耐心地听这位不速之客吐露心声。原来，这是一位被迫堕落风尘并沦为乞丐和小偷的下层女子。她出生在恒河下游的一个小山村，自小父母双亡，在幼年就被强盗劫去，并被卖入妓院，在里面苦度苦挨过了二十来年，终于逃离魔窟。但她在外面因饥饿难忍偷吃了一碗米饭而被投入大牢。在大牢里春秋三度，再度出来后仍无以为生，只好请佛陀指点迷津。② 其结果是这位风尘女子没有被拒之佛门外。这故事充分表明了佛教僧团没有贵贱之分、男女之别。

---

① ［日］高楠顺次郎、渡边海旭监修：《长阿含经》，《大正藏》第1册，第37页。

② 陈世珍：《众神的起源》，东方出版社2001年版，第136～137页。

第二，众生平等。“众生”，这是一个佛教名词。所谓“众生”，《金刚经》说：“若卵生、若胎生、若湿生、若化生、若有色、若无色、若有想、若无想、若非有想非无想……此皆名为众生。”众生，为梵语萨埵（sattva）意译，又译“有情”，指一切有情、有心识的生命形类，陈兵先生认为①，佛教中常说众生无边，不可计量，并非仅居于地球，各类众生的共同特点一是皆有生有死，二是“皆依食住”——都要通过各种方式吸收食物、能量、符号、信息、心意等以维持自身的生存。佛教中对形形色色的众生按其生存形态进行了复杂的划分，比如有三界、六道、四生、九有等类别。三界即欲界、色界、无色界。欲界众生的共同特点是有饮食、男女、睡眠的需求，地球人和动物属此类；色界众生有物质身体，却无饮食等需求；无色界众生则没有固定形态的物质身体，当然也就无需饮食等。最常讲的就是“六道”众生。佛教把宇宙间的生命体分为十类，称“十法界”，即佛、菩萨、声闻、缘觉、天、人、阿修罗、鬼、畜生、地狱，通常以十法界中从天到地狱的六道为众生。所谓“众生平等”，上自诸佛菩萨，下至有情含识，都有生命的尊严，都有生存的权利，都是平等的。人与众生没有本质区别，区别的只是外部形态的不同，而且这种区别只是暂时的，在轮回中随时会转变。因此，护生、惜生、关怀生命，或夺取人类及其他众生的生命，成为佛教中最大的善恶，也成为佛教与其他宗教相区别的重要标志。昭慧法师在其《佛教伦理学》中指出“护生论是佛法中一切伦理规范的终极精神”，佛教戒律中“不杀生”是最根本的戒律，十善业，以不杀生为第一，十恶业以杀生为首。反之，救人一命胜造七级浮屠，如果保护人或其他的生灵免遭屠戮，就会得到相应的报酬。佛教强调众生平等，颂扬人与自然的和谐统一，无论是卑微的蚂蚁还是纤弱的小草都应该得到人类的尊重。可见，佛教的众生平等是建立在尊重自然、爱护自然的基础上的，不同于“人类中心主义”的“以人为中心”。这种以慈悲、平等、宽容为核心的护生精神自始就是佛教文化和佛教文明最宝贵的伦理观念。

不过，值得注意的是，佛教平等观虽然强调众生平等，将人类与其他一切生命体平等对待，但却认为“众生”中人类是重点，佛经中的许多经典都强调“人身难得”。佛经中用“盲龟值浮木孔”的比喻说明人身之难

---

① 陈兵：《佛陀的智慧》，上海古籍出版社 2006 年版，第 41 页。

得，认为生而为人道极为难得，就好像一只瞎眼的海龟，漂流在茫茫大海之中，这时大海有一块不知从何而来的木头，上面正好有一个不大不小的空洞，得以做窝栖身，这只乌龟想找到这块木板，而又要能穿过那块木板的小孔，登上木板，可想而知，这在波涛汹涌、茫茫无际的大海是多么困难！因此，佛经上说，失人身如大地土，得人身如爪上泥，足可见得人身的难度。当然必须明确的是，佛教强调人身难得，讲人类殊胜，最主要是从生为人类最适合修行成道，也就是出于其宗教信仰的目的角度而言的，但这对于我们生为人道的每一个体的精进向上不失为一种正面的启发。佛教认为一切贤圣道果，皆依于人而能修证。正如佛所说："诸佛世尊，皆出人间，非由天而得也。"因此，身处人道的我们，如果不觉悟，真是太可惜了！

第三，众生与佛平等。这是佛教平等观区别于其他宗教平等观的最显著的一点，体现了人与人最高意义上的平等。其他宗教也强调平等，如基督教坚持"上帝面前人人平等"的原则，因为人类是上帝用同一种物质创造的，同出一源，因而在上帝面前没有尊卑贵贱之分、优劣厚薄之别，每个人都有上帝所赋予的尊严、地位和不可剥夺的基本权利。但基督教的"平等"是一神之下的"人人平等"，只有进入天国的灵魂才配享有，不是现实的人类社会中真正存在的。同时，基督教的平等，只存在于人与人之间，人与上帝之间绝无平等可言，上帝是至高无上的，人是渺小的，上帝是给予的，人是接受的，因而二者永远在不同的层面上，正是有了这种差别，人再怎么修炼，也无法达到上帝的地位，人永远不可能成为上帝。佛教宣扬生佛不二、生佛一如的思想，认为众生与佛在本质上都具足真如佛性，迷妄的众生并不灭其真如佛性，觉悟的佛也并不增加其真如佛性。就同样具有成佛的可能、基础这一意义来说，众生与佛是平等不二的。所谓"心佛与众生，是三无差别"，而之所以有凡圣之异，乃在于迷悟的不同。迷即佛是众生（此时佛性微而不显著），悟则众生是佛（此时佛性现而不遗）。佛的真正含义是觉者的意思，佛教中，释迦牟尼不是创造世界的神，而是一个觉悟了的人，觉悟的大师。释迦牟尼创教的初衷之一就是反对婆罗门教的"大梵创世说"，因此，他不承认创世的神灵。佛教所讲的"悟"，也是人修行的结果，也不是来自神灵的启示。释迦牟尼在菩提树下悟道，所悟之道是悟出了"缘起论"，发现了世界上一切事物都依赖一定的条件而存在，条件具备，事物就生起、存在；条件消灭，事物就崩坏、灭亡，即所谓“诸法因缘生，缘灭法亦灭。”也就是说佛法不承认在世间之外有一个非因缘所生的、独立存在的、常一不变的，而又能生世间万法、成为宇宙人生初始的第一因。

作为中国化佛教典型代表的禅宗凭借直觉体悟式的非理性思维，更是认为佛就在每个人的心中，“若识本心，即是解脱”①，把对佛的信仰转变为对自心的信仰，把人的觉悟从佛寺和佛教经典的束缚中彻底解放出来，变外在的解脱为内在的超越，所谓见性成佛，融佛与众生为一体。

第四，众生与无情平等。“无情”，通常指无情感意识、不具有精神性的事物。佛教认为无情亦有佛性，即“无情有性”。“无情有性”说主要在中国佛教宗派——天台宗那里得到阐发和强调。天台宗认为，草木花卉、山川大地也有真如佛性，大自然的花香树绿、风动水流，都是佛性的体现。因此，在同具佛性这一点上，无情之物与有情众生并无本质区别，彼此是平等无二的。这是随着佛性说在中国的发展实现的最重大的突破：不仅提倡一切众生都有佛性，而且将佛性扩大到一切无生命的物体。《涅槃经》上说：“非佛性者，所谓一切墙壁瓦石无情之物，离如是等无情之物，是名佛性。”可见，《涅槃经》只是承认有情众生具有佛性，而否认无情众生具有佛性。天台宗的湛然大师在“一切众生皆有佛性”的基础上，融合《大乘起信论》中的真如说与天台教观，明确提出了“无情有性”说。这样，佛教的平等观得到全面彻底的贯彻，真如佛性“囊括宇宙，统贯人天”，“应当说，这是对自然界生物和无生物的尊严的确认，是对自然界万物的敬重、悲切和摄护”②。但另一方面“无情有性”说显然也贬低了“佛性”的神圣性，破坏了佛性至高无上的尊严。这不能不说是宗教理论本身的一个无法解决的矛盾。

从以上佛教平等观的基本内容分析中，可以得出结论：之所以“惟佛法最平等”是因为佛教平等观具有如下特点：

第一，佛教平等观有最宽广的涵盖性。佛教平等观强调众生平等，众生不只限于人类，而且涵盖一切有生命之物，佛教以普度众生同得解脱为最高目标。“众生”（梵文 sattva）是佛教的一个重要概念，在佛教经典中

① 《坛经》三十一，郭朋校释《坛经校释》，中华书局 1983 年版，第 60 页。

② 方立天：《佛教平等理念对和平与发展的启导意义》，《中国宗教》2004 年第 1 期，第 1～2 页。

sattva 被译成“众生”或“有情”，在佛教的一般意义上指的是具无明烦恼，流转生死于迷界的凡夫，包括人类、诸天、饿鬼、畜生、阿修罗和地狱这些三界六道的有情识之生物，也称作六道众生。[①] 在佛教看来，平等不仅仅是人与人之间的平等，人与动物、植物等其他一切万物生灵之间都是普遍无差别的平等，平等同时还包括心与物之间的平等，所谓“心、佛、众生三无差别，平等平等。”强调宇宙间的生命同体共生，所以才有真正的平等。根据佛教的缘起理论，六道众生本质上是相同的，一切有生命的物种在本性上是相同的，没有高下贵贱之分，《长阿含经》明确指出：“尔时无有男女、尊卑、上下，亦无异名，众共生世故名众生。”[②] 可见，在对待生命的问题上，佛教的视野更为开阔，并没有仅仅局限于人类本身。世俗平等理论把平等仅仅局限于人与人之间，从而导致了现代人类处于一系列灾难性关系之中，尤其是人与自然万物之间。从伦理关系角度看，世俗平等观念把伦理关系局限于人类之间，而佛教平等观所指涉的伦理关系则更广，涵盖了一切生命之间的关系，如前所述，“护生论是佛法中一切伦理精神的终极精神”，“护生论”在强调护持生命，珍惜生命，尊重生命的背后，蕴藏着众生平等不二、共生一体的法则，因而护生也意味着要关怀万物众生赖以生存的大自然，所以护生与爱护环境、保护生态环境也是一致的，这是一种美德，更是一种生命智慧。正是由于有这种美德和生命智慧，所以在 2500 多年的佛教史中，从没有过如“十字军东征”那样的宗教血腥，也找不到佛教迫害他教的例子，佛教是最和平的宗教。在生态环境日益恶化、物种日趋减少、人类因利益而争端不断、战争阴影笼罩的今天，显然，佛教平等观的这种美德和生命智慧对人类更具现实针对性和启导意义。

第二，同世俗平等观相比，佛教平等观既强调起点上的平等，同时也追求终点上的平等。而无论起点的平等、终点的平等对于众生来说都是一种内在诉求，不是被赋予的，因而这种平等是一种究竟彻底的平等。相比之下，人类由传统社会向现代社会迈进的过程中产生的现代平等诉求，如“生而平等”、“法律面前人人平等”等，具有外在性和形式性，因而从佛

---

① 林伟：《佛教众生概念及其生态伦理意义》，《学术研究》2007 年第 12 期，第 35 ~ 40 页。

② 《大正新修大藏经》（第一册），《长阿含经》（卷二十二），CBETA 版电子佛典集成，feb，2004。

法的角度看，世间所谓平等的意义是枝末的、狭小的。因为它所强调的无非是政治地位的平等、经济地位的平等、教育机会的平等、男女权利的平等。

起点上的平等体现为，佛教平等观的理论基础是“缘起论”，一切现象的存在都是基于同一个原因——“缘起”，依据缘起的立场，整个世界处于重重关系网络当中，是一个不可分割的整体。每一单位都是相互依赖的因子，是关系的而非独立的存在。任意割裂事物间的关系，就不能对其本性有正确的理解。从缘起的角度看，任一物都不能凸现出特殊的重要性，任一物在余物的缘起中都不可替代，不可或缺。同时“一切众生皆有佛性”，也体现出起点的平等。既然一切众生都有佛性，也就是说，谁都有成佛的可能。佛与众生的差别只在于迷与悟，众生因为“迷”所以为凡夫，佛因为“悟”所以为圣，而迷与悟没有绝对不可逾越的界限，只在一念之间，所谓一念迷，则佛就是众生；一念悟，则众生即是佛。佛教超越了圣凡尊卑的对立，在佛教看来，众生没有高低贵贱之分，都具有成佛的潜能。同时佛教强调，人所具有的佛性，不是佛赏赐给众生的，而是众生原本就具有的，不在外，而在众生内心。所以只要发心修道，人人可以成佛，处处可以有佛。净慧法师在《佛教的特色》一文中指出，众生与佛平等的理念如同暗夜的一盏明灯，照亮了千千万万苦难灵魂提升人格、开发智慧的道路。人类渴望平等、追求平等，佛教的平等观是人类平等思想的重要组成部分，对于现代人类不无借鉴意义。

终点上的平等体现为，佛教追求的最终结果是众生皆成佛果。“佛教伦理以追求人生解脱为起点，以达到解脱境界为终极目的”。佛的含义就是自觉、觉他、觉行圆满。《大智度论》卷五云：“以是众生等无边无量，不可数，不可思议，尽能救济令离苦恼，着于无为安隐乐中，有此大心，欲度多众生故，名摩诃萨埵。”菩萨就是发菩提心，起大慈悲，行菩萨道，普度众生，利益他人。“不为自己求安乐，但愿众生得离苦”。观世音菩萨寻声救苦、普贤菩萨十大行愿、地藏王菩萨“地狱未空，誓不成佛”、消灾延寿药师佛十二大愿、阿弥陀佛四十八愿，大乘菩萨的“众生度尽，方证菩提”，这种精神的实质，就是要让普天之下所有众生，都得到关怀，都得到自在解脱。

并且人人皆可成佛，人人都是自己的主宰，这也是佛教平等观反复强调的精神。世上没有更高的存在物来主宰自己的命运，命运决定于自己，人是自己的主宰。释迦牟尼当初在菩提树下，豁然证悟时曾感叹说：“奇哉！奇哉！一切众生，皆具如来智慧德相，但以妄想执着，不能得证。”①这是指出众生皆有佛性，皆可成佛。佛陀本人也是一个历史人物，是乔达摩·悉达多王子经过自己的艰苦修证，实践了当时婆罗门教和诸沙门集团最高超的两大修行方法——禅定与苦行而未能找到解脱之道后，凭借自己的智慧另辟蹊径，终于了彻宇宙人生的本面，悟道而解脱成佛的。“从心理学、伦理学的角度看，涅槃的修证，完全具有可能性、现实性：人类有自治其心的性能，可以制伏乃至断除烦恼，一切伦理教化、道德修养、心理治疗和心理锻炼，皆教人制伏、克服属于负面情绪、人欲的烦恼，而且皆颇有成效，自古以来，有不少人由自治其心，臻于崇高的精神境界。烦恼乃因缘所生，非本来实有的实体，故可以断灭，而人自治其心的能力及智慧的发展，是不可设限的。”②

第二节　佛教平等观的历史形态

黑格尔认为，思想与时代既具有不可分性又具有超时代性。佛学的发展也不例外。佛教平等观作为佛教的根本教义之一，平等观的具体内容随着佛教的发展变化在不同时代有不同的侧重。概括地讲，在原始佛教时期，主要强调“四姓平等”“一切众生悉皆平等”；大乘般若学阶段，同般若性空思想相适应，主要体现为强调“性相平等”；到大乘中观学派则同“中观”原则对应强调“不二平等”；佛教进入中国以后，经过与中国本土传统伦理文化的冲突融合，到隋唐时期完成了佛教的中国化，创立了一系列中国特色的佛教宗派，中国佛教各宗的平等观主要是在“佛性”思想中体现出来，将不二平等思想发展为一种强调“圆融无碍”的平等境界。

一、佛教的演变发展概况

佛教的发展，在印度大致经历了由原始佛教（佛陀及其亲传弟子）到

① 大正新修大藏经（第一册），《长阿含经》（卷二十二），CBETA 版电子佛典集成，feb，2004。

② 陈兵：《佛陀的智慧》，上海古籍出版社 2006 年版，第 68 页。

部派佛教（公元前5世纪—公元前1世纪）再到大乘佛教（公元前1世纪—公元6世纪）最后变为密教（公元7世纪以后）的演变过程。

释迦牟尼创教及其弟子传教的阶段，属于原始佛教阶段。这一时期佛法的弘传主要是师徒口头相授。随着僧徒日众、流传地域渐广，各人各地所传佛法难免出现各种歧义，于是就有了佛教经典的结集。在佛灭后100年左右，由长老耶舍比丘主持，召集700名比丘进行了佛教经典的第二次结集。在这次结集中，由于僧众对佛教戒律的理解有很大分歧，便产生了两个不同的派别，出现了佛教史上的所谓根本分裂。由此，佛教的发展由原始佛教进入部派佛教时期。最初分化出来的两个部派，一个是上座部，一个是大众部。上座部僧侣主要是佛教僧团中的长老，他们固守原始佛教的教义，较少变通；大众部则主要由僧团中的普通僧侣组成，他们主张对原始教义进行义理的变通和发展。后来的400年间，这两大派又继续分化，形成了众多的部派。

一枝独秀不是春，只有百花齐放才是春。理论的发展也是一样，只有百家争鸣才能迎来理论的创新。部派佛教的理论分歧，成为佛教理论发展的内在动力，对于佛教的发展起着重要的促进作用。发展的结果，大众部逐渐向大乘佛教特别是大乘空宗转化，而上座部除其中的说经部衍生出大乘有宗外，其余各部较多地保持了早期佛教的风格，佛教史上，称为小乘佛教。

大乘是梵文（Mahāyāna）的意译，音译为“摩诃衍那”，它与小乘（梵文为Hinayāna，音译为“希那衍那”）相对而立。“乘”（梵文yāna的意译，音读“衍那”）指运载工具，比喻佛法济度众生，像舟、车能载人由此达彼一样。“乘”即是乘载之意，如以车船乘载。大乘佛教认为，早期佛教只追求个人的证悟与解脱，而大乘佛教则能解脱众生，超度众生从苦海的此岸达到菩提涅槃的彼岸，成就佛果。在此意义上，称自己为大乘，而把早期佛教贬为小乘。事实上，大乘、小乘佛教在精神和实质上也存在着较大区别。方立天先生把这种区别归纳为四个方面。①

第一，在对佛的看法上有差别。小乘一般视释迦牟尼为唯一的佛，看成是觉者、教祖，看成一个历史人物；而大乘则认为十方三世有无量无数诸佛，并且有将佛神化的嫌疑。第二，在追求的理想上有差别。小乘偏重

---

① 方立天：《佛教哲学》，中国人民大学出版社1986年版，第24～26页。

于个人解脱，以追求成就阿罗汉果为究竟（因为小乘认为佛只有一个）；大乘则提出要普度众生进入常乐我净的涅槃境界，修行以成佛为最高目标。第三，在修持的方法上有差别。小乘主张遁世禁欲，通过苦行获得解脱。大乘则强调入世，积极参与现实社会，坚持在现实生活中求解脱。第四，在理论特点上有差别。小乘固守传统，囿于佛说，反对变通，如坚持人空法有说；大乘则主张积极创新，提出不仅人空，法也空，“一切皆空”。

印度佛教从5世纪开始即出现衰败迹象，密教的出现和主宰教坛，反映印度佛教神秘化已达顶点，理论创造和宗教思维都已枯涸，到13世纪，佛教在印度本土基本消亡。大约在两汉之际佛教开始传入中国①，传入中国后的佛教，经过与中国本土文化的交融碰撞，不断使佛教义理和中国传统文化相结合，从而获得了新生，佛教成为中国传统文化一个不可或缺的重要组成部分。

佛教在中国的发展大约可以分为三阶段：一是汉、三国、两晋、南北朝阶段，是佛教由传入到日趋兴盛的阶段；二是隋唐阶段，这是中国佛教的鼎盛时期，佛教宗派纷纷创立，标志着佛教中国化的完成；三是宋元明清阶段，是佛教走向下坡路，日趋没落的时期，此时一方面佛教被吸收进理学，一方面又与儒家伦理道德学说相调和。

二、原始佛教的平等观：“一切众生悉皆平等”“四姓平等”

宗教伦理虽然都以超现实的姿态出现，以追求精神解脱为伦理的目的，但说到底，社会存在决定社会意识，它同世俗伦理一样，也是现实社会关系的反映。佛教平等思想的产生发展同样是对社会现实的反映。释迦牟尼创设佛教时的平等意识和平等思想，是对当时印度社会现实中的不平等（如出身、种姓、性别和宗教拯救上不平等）的反映和反抗。随着时代的发展，平等理论也呈现出不同的特色和表现形式。

原始佛教平等观是对古印度社会的经济政治生活和阶级关系的理论反映。释迦牟尼生活的古印度时代社会状况的最大特点就是等级森严，思想理论界则是婆罗门教占统治地位但各种反婆罗门教的沙门思潮开始兴起。

---

① 佛教传入中国的准确时间难以确定，但学术界一般公认在两汉之际。对此的考察论证可参见张怀承教授的《无我与涅槃——佛教伦理道德精粹》，湖南大学出版社1999年版，第13页。

佛教属于各种沙门思潮中的一种。因此佛教平等观首先是古代印度经济政治关系的反映和思想文化传统的逻辑发展。

先看古印度社会的经济政治生活状况。

佛陀在世的时候，印度社会是一个极不平等的“种姓制度”盛行的社会，共有四种姓：婆罗门、刹帝利、吠舍和首陀罗。印度种姓制度的形成要追溯到雅利安人，源出于雅利安人侵入印度后形成的征服者与原住民之间的尊卑之分，后来演变为职业、阶级之分，定为世袭，等级森严，不容混淆。雅利安人（Aryan 亦译阿利安）约在公元前 1500 年间入侵印度，建立了雅利安政权后，将当地被征服的土著视为奴隶（即首陀罗）。雅利安是高贵的意思，因为雅利安人作为征服者是胜利者，故以此自称，显示他们比别人尊贵。雅利安民族本居于中、小亚细亚一带，是尚武的游牧民族。他们的宗教文化特色是：重视祭祀，认为通过祭祀可以得福；祭司掌管祭祀，是人与神唯一的沟通媒介，备受重视，是特权阶级。雅利安人自身亦分三阶层（从高到低依次是婆罗门、刹帝利和吠舍），所以加上被征服的土著人，就有了古印度的四层种姓制度，为了给种姓制度进行辩护，提出了“梵天造人”的宗教依据，使其合理化。

（1）婆罗门，为最高种姓，是专掌祭祀的僧侣，亦负责教育，第一代婆罗门人被认为是从梵天之口出生。

（2）刹帝利，是国王及武士阶级，他们执掌政权，地位比婆罗门略次，第一代刹帝利人被认为是从梵天之臂膀出生。

（3）吠舍，是从事工商业的市民，第一代吠舍被认为是从梵天的大腿出生。

（4）首陀罗，是从事农耕、理发、屠宰等贱业者，第一代首陀罗被认为是从梵天的脚下出生。

其后，《摩奴法典》更将各阶级的社会地位、责任及义务明确列明。这样种姓制度有宗教神话的支持，加上法律的规定，因此根深蒂固，在印度人心中牢不可破，据学者研究甚至到现在仍然存在着无形的影响。[①]

这就是佛教诞生的社会背景。正是在这种背景下，释迦牟尼创立了佛教公开对抗婆罗门教，提倡“四姓平等”“一切众生悉皆平等”。因此可以说，佛教平等观的提出首先是针对当时印度社会盛行的不平等的种姓制度

---

① 霍韬晦：《现代佛学》，中国社会科学出版社 2003 年版，第 194～195 页。

而设想论证的一种人与人之间关系的应然状态。它所追求的平等正是饱受种姓制度折磨的古印度人们所渴望的理想境界。

再来看古印度的思想文化传统。

不同的文化传统，会对不同的问题特别重视。一般来说，西方文化比较关心对自然的认知，中国文化更加注重人伦秩序和道德人格的成就，印度文化则认为自我的解脱才是人生的终极方向。据霍韬晦先生的研究[①]，印度自古代起，就形成了一个文化传统，认为人生有四大目标：（1）境：即追求丰裕的物质生活；（2）欲：即追求感情（爱情）生活的满足；（3）法：即履行群体生活制定下来的道德和社会规范；（4）解脱：即追求生命的绝对自由。前三个目标仅是成就了世俗生活，只有第四个目标“解脱”才是根本，是人生追求的终极目标。同时，霍韬晦先生研究认为，印度人的生活方式也凸显出对自我的关注。印度人通常将他们的生活分为四个时期：（1）修学期：主要指少年阶段，此时期到婆罗门僧侣处接受教育，学习知识；（2）家住期：娶妻生子，负担家庭责任；（3）森林期：子女长大成人后，父亲便可从家庭退出，入森林修行，思考人生奥秘；（4）游行期：修行有所体验，达到一定境界后便不再执住森林，而去云游四方，追求进一步的精神解脱。

以上是佛教诞生的文化背景。从这种文化背景出发，可以说，深奥繁琐、体系庞大的佛教其实又很简单，从原始佛教到大乘佛教可以说都只是在讲一样东西，即怎样实现人生的解脱。佛教通过教人们如实了解世界、了解自我，参透宇宙人生的真实本性，用佛陀的话说即“如实观”，认为如果能够做到“如实观”，人生便不会再有痛苦，也就不会再有“执著”：执著自我、执著外物，也就可以获得解脱，从而精神上得到自由。这就是佛教的实质：为众生实现解脱提供的一种宗教理论。这种解脱理论给了普通老百姓一个伦理承诺：一切众生都可以通过去除无明妄念平等地享有解脱机会。从这个意义上可以说，佛教平等观就是解脱上的平等，它既是一种如实观的结果，也是一种如实观的方法途径。

佛教的创始人乔达摩·悉达多太子因“觉”而成为释迦牟尼佛，为万世景仰，“觉”了什么呢？就是觉悟到了万法因“缘起”而平等。

面对婆罗门教鼓吹的不平等的种姓制度，释迦牟尼深感怀疑，为了寻

① 霍韬晦：《现代佛学》，中国社会科学出版社2003年版，第203页。

求众生解脱的大智慧，毅然出家，经过艰苦修证，在实践了当时婆罗门教和诸沙门集团最高超的两大修行方法——禅定与苦行而未能找到解脱之道后，凭借自己的智慧另辟蹊径，终于在菩提树下悟道，创立了佛教。提出了“业感缘起”的佛教真理，指出，从“业感缘起”角度看，一切自视自身独具优越性的想法、一切不平等的观念，都不过是“无明”妄念。种族观念主要起源于人们对自己出身的优越性的固执的确信，并由此上升为一种特权的享受。印度的种姓制度起初就是雅利安人坚信自己的肤色比达罗毗荼人好，于是觉得自己比其他肤色的人优秀。很显然是一种“无明”妄念。

“缘起”即“依缘而起”，指借种种条件而产生之意。依佛经中的说法，缘起可表述为“此有故彼有，此生故彼生”，“此无故彼无，此灭故彼灭”，依据缘起的立场，整个世界处于重重关系网络当中，是一个不可分割的相互联系的整体。每一单位都是相互依赖的因子，是关系的而非独立的存在。人与自然，如同一束芦苇，相互依持，方可耸立。任意割裂事物间的关系，就不能对其本性有正确的理解。

从缘起的角度看，任一物都不能凸显出特殊的重要性，任一物在余物的缘起中都不可替代，不可或缺。人、动物、植物乃至一切生命、非生命体，皆一体平等，和谐无碍。据此，佛陀提出了“四姓平等”和“一切众生悉皆平等”的思想，从理论上推翻了婆罗门教关于梵天造人的荒谬，为当时的印度大众指明了一条通向平等和觉悟之路。因为不管什么“种姓”，他们都是“业感”而起，都没有恒常不变的自性，不管是婆罗门还是首陀罗，他们在本质上是没有差别的、平等的。况且他们都要经受生死的轮回之苦。之所以造成他们不同的现实状况只是因为他们各自所造的“业”不同罢了。

所谓“业”，梵文为 Karma，意思是行为、造作。“业”通常分身、口、意三方面，称为三业，其伦理性质有善、恶、无记三种，佛教认为善恶行为的潜在力量可以在时间空间中存续下来，成为一种“业力”，从而带来或善或恶、或苦或乐的果报。这样，佛教认为人们在现世的善恶作业，决定了来生的善恶果报，今生的伦理境遇取决于前世的善恶修行，人要摆脱在六道轮回中升降浮沉的处境，必须尽心佛道，勤修善业，以便证得善果，避除恶报。从伦理学眼光看，这种理论强调道德行为的主体与道德存在主体的一致性，同时实质上也对人们的苦乐处境作出了宗教伦理的解释：今世苦果是前世的恶业，今世的善业可感后世善果。

当时的印度社会，极其歧视女性，印度作家黑摩禅脱曾比喻妇女为“照亮通往地狱的火炬”。妇女不能参加宗教祭祀典礼（印度有重视祭祀的传统），更不能出家修行。佛陀打破这一传统，表现出超前的男女平等思想，他接收姨母大爱道及弟子阿难的请求，允许女性出家，建立了比丘尼僧团。这在当时诸宗教中是唯一的。在佛陀看来，修道证道，特别是在心性、佛性上，男女完全平等，佛的许多出家、在家女弟子皆证得道果，受到佛的称赞。

在古典印度宗教中有这样一个传统的共同观念：“无论妇女的种姓如何，她们都永远不能获得解脱，除非她来世再生为男人，更为可怕的是，他们还认为，在此世的轮回中，妇女是无权获得解脱的，渴望解脱而不能解脱，这是多么痛苦的事情。”① 而释迦牟尼创立的佛教，一方面从众生佛性一如的理论出发，论证男性和女性的信仰、智慧、德行在佛法中毫无差别，亦即“形有男女，性无彼此”，实现了解脱上的男女平等主义。既打破了古印度的种族和性别的区分，为容许女性出家提供了理论依据，同时以实际行动在佛教僧团内奉行男女平等。如，在僧团里男女教育机会均等，女性和男性均有闻法、受教的资格和权利，也有说法、教育他人的能力和义务。同时，尼众僧团内部也开放平等，不管女性在世间高低贵贱如何，出家女性皆享有同等地位。佛经显示佛陀接受了不少女性作为弟子，佛的弟子中甚至还有妓女。佛经记载，有一次，佛谢绝了国王的邀请，而到一个不幸的堕落的女人那里去接受供养。在《法华经》的“提婆达多品第十二品”中，佛陀明示女人也能成佛。经中说八岁的龙女，凭着修行法华经而迅速成佛。在佛教历史上，出现过无数优秀的比丘尼、优婆夷，她们在修行解脱、弘法利生、福利社会等方面做出了贡献，甚至奉献了生命，同时也证实了在佛教教团中女性与男性具有同等作用。在《杂阿含经》《增一阿含经》等诸经中，均载有佛陀时代比丘尼活跃的状况及弘法卫教的卓越风姿。

当然不可否认的是，佛教特别是原始佛教有着修行上的女性厌恶主义情形，但是其目的在于对治听法比丘修习禅定和梵行时欲心的生起，从而突显“女垢”一面，实属权宜之教，而非究竟意义。

---

① 刑莉：《观音：神圣与世俗》，学苑出版社 2001 年版，第 10 页。

原始佛教的平等观不仅强调男女平等，还针对等级制度强调地位平等。佛教认为，人的高低贵贱并不取决于人的出身，而是取决于人的行为。出身卑贱的人一样能成为贤人。如《别译杂阿含经》卷五中说：

> “不应问生处，宜问其所行，微木能生火，卑贱生贤达。”①

《长阿含经·小缘经》中说：

> “汝今当知，今我弟子，种姓不同，所出各异，于我法中出家修道，若有人问：汝谁种姓，当答彼言：我是沙门释种子也。”②

所以，在接收出家弟子时，佛陀从不问其属何种姓、地位尊卑，对四姓一视同仁，一进僧团，皆令去其表示族姓、种姓的俗家姓氏，同称“沙门释种”。《增一阿含经》卷三七佛言：

> “我法中有四种姓，于我法中作沙门，不承前名，更作余字。犹如彼大海，四大江河皆投于海，而同一味，更无余名。”

在佛教僧团中，刹帝王孙难陀、阿难与首陀罗贱民出身的优波离，得到同等的尊重。佛教的这种种姓平等、地位平等深刻影响到佛教僧团，以致后来形成了佛教丛林制度中的民主精神，因而佛教教团的出家人一般都要过集体的生活，而僧团的组织原则也往往是平等的和民主的，如“六和”原则。“六和”即：戒和同遵、见和同解、利和同均、身和同住、口和无诤、意和同悦。

三、大乘般若学的平等观：“性相平等”“怨亲平等”

大乘佛教形成的标志是早期大乘经的出现。而在早期大乘经中，般若类经占有重要地位。“初期大乘佛教‘兴起的原动力’之一，‘乃是般若思

---

① 《别译杂阿含经》，《大正藏》第 2 册，第 9 页。

② 《长阿含经》，《大正藏》第 1 册，第 37 页。

想’。般若亦即最能吸引知识分子的智慧和理性。”① 在大乘般若学阶段，佛教平等观主要表现为“性相平等”、“怨亲平等”。这种“性相平等”“怨亲平等”的思想是建立在“缘起性空”的基础之上的。

原始佛教的核心是阐发佛教的人生观，其内容主要包括对人生价值的判断，指出解脱人生痛苦的途径和结果。佛教对人生价值的判断是“一切皆苦”，而造成人生之苦的最后根源，原始佛教归结为“无明”。所谓无明就是不懂得人生“无常”“无我”的道理。为了论证人生无常、无我，原始佛教提出了三个命题：“诸行无常”“诸法无我”“一切皆苦”。这就是佛教的“三法印”②。诸行无常、诸法无我的论证都是基于“缘起说”的理论。

诸行无常的“行”，本是迁流转变的意思。佛教基于缘起说，认为世间一切事物都是因缘和合而生，无一不是迁流转变，所以用“行”泛指世间一切由因缘和合而生的事物和现象。“无常”，即不恒常，是变化的。诸行无常就是说世间一切现象都是变化无常的，没有永恒不变的事物。因此执著于某物谋事都是不应该的，都是“无明”的体现。

诸法无我的“法”，既包括有为法，也包括无为法。“我”是主宰和实体的意思。诸法无我就是说一切存在都没有独立的不变的实体或主宰者，因为一切事物都是因缘和合成的，因而是相对的、暂时的，世界上没有独立存在的、自我主宰的永恒事物。

万物的本来面目是诸行无常、诸法无我，但是众生由无始以来的“无明”遮盖不懂得这个道理，因而妨碍了对佛教真理的理解。去除无明妄念就必须破除我执，包括人我执和法我执，也就是要达到“空”境。印顺法师曾说：佛教“表示遮妄离邪的否定，可以有种种的名称，而最适当的就是‘空’。从悟解与证入说，‘空’不但为虚妄戏论的遮遣，也就是如实寂灭的开显，遮情与显理统一。遮情，显理，不是徒托于名句的论辩，而是

---

① 邓子美：《超越与顺应——现代宗教社会学观照下的佛教》，中国社会科学出版社 2004 年版，第 120 页。

② 佛教“三法印”也有一个发展过程，最初是指诸行无常、诸法无我、一切皆苦，后来又加上“涅槃寂静”，合称为“四法印”，后来人们认为无常、无我里逻辑地包括着“一切皆苦”，所以又变成为三法印，即：诸行无常、诸法无我、涅槃寂静。

要从笃行中去实践体验的。”[①]

大乘佛教的般若智慧是通达空性的最好工具。般若类经典主要就是谈空性，比如我们熟悉的《心经》《金刚经》等就属于典型的般若学佛经。大乘般若学主张万法性空，认为世界上的一切现象都是因缘而生，没有独立自存的实体或主宰，没有质的规定性，因而都是虚幻不实的，是假有。假有性空，非有非无，是名诸法实相，即宇宙的真实相状。在般若类经中，“性空”的具体表现就是所谓无作、无为、无生、无相、无说等，也就是说，从最根本的意义或最真实的意义上讲，通常佛家中所说的诸如众生、知者、见者其实“不可得”，而且连佛教所说的无上正等正觉也是“无”。佛教的真义从本质上讲也是不能用一般的言语正面直接陈述，换句话说，佛教的真义只能用佛教所有的特殊方式来体悟，也就是说，言语等也不具有绝对的真理性。这样，按照般若类经的思想，佛教中所说的菩萨、五蕴、诸法等都是“空”。《摩诃般若波罗密经》卷二十四中说：

> 须菩提白佛言：世尊，若一切法如梦如声如影如焰如幻如化，众生在何处住，菩萨行六波罗密而拔出之？须菩提，众生但住名相虚妄忆想分别中，是故菩萨诃萨行般若波罗密，于名相妄想中拔出众生。……须菩提，一切和合法皆是假名，以名取诸法。是故为名。一切有为法，但有名相，凡夫愚人于中生著。菩萨摩诃萨行般若波罗密，以方便力，故于名字中教令远离。作是言：诸众生是名，但有空名，虚妄忆想分别中生，汝等莫著虚妄忆想，此事本末皆无，自性空故，智者所不著。如是须菩提，菩萨摩诃萨行般若波罗密，以方便力，故为众生说法。……是菩萨摩诃萨行般若波罗密，以方便故，教众生远离是相著。[②]

此段引文意为：世俗之人不明白“诸法皆空”的道理，因而执著于“名相虚妄忆想分别”，佛借助于“名相”作为“方便力”教众生远离执著，使众生把握事物的本来面目。

---

① 邓子美：《超越与顺应——现代宗教社会学观照下的佛教》，中国社会科学出版社 2004 年版，第 45 页。

② 《大藏经》，第 8 册，第 398 页。

般若的目标就是要破相，不著于相方可性相平等。怎样破相呢？那就要做到无我相、人相、众生相、寿者相。《金刚经》中佛对须菩提及诸位菩萨说：“所有一切众生之类，若卵生、若胎生、若湿生、若化生、若有色、若无色、若有想、若无想、若非有想非无想；我皆令人无余涅槃而灭度之。如是灭度无量无数无边众生，实无众生得灭度者，何以故？须菩提，若菩萨有我相、人相、众生相、寿者相，即非菩萨。”[①] 什么是我相呢？《圆觉经》上说：“善男子，云何我相？谓众生心所证者。”所谓我相就是众生心所证者，就是我们心理上或观念上所认为、所知道、所证得的境界，如我活着，我痛苦，我高兴，我会思想等，这些都是我相。有我相就会有对“我”的执著，就不能客观地认识现象，就会执于相。有这样一则禅宗公案：[②]

> 一次，有一位客人拜访赵州禅师，那位客人没有带礼物来，觉得很不好意思，便说：“我空手而来。”赵州禅师一听，对他说：“那你就放下吧！”那位客人觉得自己什么东西都没带来，怎么放下呢？于是说：“我什么东西都没带，怎么放下呢？”“那你就带着吧！”赵州禅师说。客人顿时了悟。

这里客人执著于没带礼物就是执相。

什么是人相呢？人相的根本原因还是由于我相，有了我相，就会觉得我和你和他不同，人相是由我相分化出来的。比如你是富人，如果你执著于我相，你就看不起穷人。比如，生活中经常会有这样的想法，这个人素质低，那个人脾气坏，我比你有水平，他长得更漂亮，等等，这些就叫做“人相”。

有了我相，就有了人相，就有了众生相。本来性相平等，一切众生的生命的根本是一样的，生命的作用也是一样的，但一般凡夫不会觉得平等，不平等，就是众生相。在一般众生眼里，一切都是有差别的，所以有以貌取人，以贵贱区别待人，这样的人就是执著于我相、人相，这样的人就叫做众生相。

---

① 《金刚经・大乘正宗分第三》。

② 唐中毛：《月印万川——佛教平等观》，宗教文化出版社 2003 年版，第 85 页。

所谓寿者相，也还是由我相分化而来的。主要是针对学佛修行之人而言。如果学佛修行仅仅是为了一己利益和长生不老，这就叫寿者相，因为这和佛教的宗旨是相违背的，佛教的宗旨是利他的，特别是大乘佛教提倡为众生做奉献，发扬“我不入地狱谁入地狱”的情怀。

要做到无我相、无人相、无众生相、无寿者相，就必须做到无我。无我有两种：人无我，法无我。就是说既不要执著于我，也不要执著于法，这里的法也包括佛法，《金刚经》上说：“我所说法，如筏喻者，法尚应舍，何况非法。”佛法只是如过河的工具，利用竹筏过河，上了岸，竹筏就没用了，就可以丢掉。如果上了岸，还要背着竹筏走，这就叫执于法。要做到无我，就要学会“放下”，放下各种执著。有这样一个佛教故事：①

> 有两个僧人，同住在一个庙里修行多年。一天，他们外出旅行，到达一条河边。那里没有桥也没有渡船，只能涉水过河。这时，一个少妇也想过河，但不敢下水。这时，其中一个和尚便走到她身边，背起她，步行过河。过河后，两个和尚继续赶路。可第二个和尚怎么也忘不掉这件事，他不能原谅师兄犯下这样大的罪过。
>
> 回到庙里，第一个和尚很快就进入了梦乡，但第二个僧人却怎么也合不上眼。天快亮了，当他听到师兄发出的甜睡的鼾声时，他忍不住愤怒，把师兄叫醒问道：“你知道你做过的事吗？你记得我们僧人的戒律吗？你怎么可以背着个妇女过河呢？”第一个和尚说：“哦，你说那个妇女呀。我一过河就把她丢掉了，可你，怎么到现在还背着她呀?!”

故事中的第一个和尚真正做到了放下，放下了对一切相的执著。

不执于相，体悟到“凡所有相，皆是虚妄”，这就是性相平等。佛教的性相平等观从道德的价值来说，就是要超越以自我为中心，追求更高的意义和价值。“就是让无数的人从一心去取而变成一心去予，从一心去赢而变成一心去服务，并且不计得失，不是要求一定要胜利而是要尽己之力。”②

觉悟到性相平等，就能用平等的眼光看待众生，就不会歧视他人、看

① 唐中毛：《月印万川——佛教平等观》，宗教文化出版社2003年版，第90页。
② 唐中毛：《月印万川——佛教平等观》，宗教文化出版社2003年版，第94页。

不起他人。对佛而言，佛与众生是一体关系，正如维摩诘所说："我病即众生病，众生病即我病。"有了这种觉悟，就能等视怨亲。佛教在佛性平等和般若空观悟境的思想基础上主张怨亲平等，主张用慈悲与和平的方式去感化对方，哪怕是仇敌。据《涅槃经》卷三记载："若有一人以刀害佛，复有一人持旃檀涂佛，佛于此二，若生等心。"同经卷十九又说："观金与土平等无二，刀破右肋左涂旃檀，佛于此二人心无差别。等视怨亲，心无异相，此师真是世之良医。"所以佛教是和平的宗教，佛教反对任何形式的暴力。

当然对待佛教的怨亲平等思想要具体分析。正如张怀承教授所分析的怨亲平等的思想具有双重意义①。如果所怨所亲者出于个人私利，那么破除怨亲差别，强调怨亲平等具有积极意义。但是，如果所怨所亲者出于大义、公义，那么无差别地对待就丧失了行为的原则性和道德立场。显然，佛教的怨亲平等是绝对化的平等，在佛教看来"凡所有相，皆是虚妄"，所谓你我、敌友、善恶、是非都是一些不真实的方便假名幻象，怨亦幻、亲亦幻，善亦假、恶亦假，不必执著。这种绝对化的怨亲平等运用于现实社会生活其消极作用是显而易见的，也是非常有害的。

四、大乘中观学派的平等观："不二平等"

般若思想发展到中观学派后，佛教平等观又有了新的特色，那就是主要表现为"不二平等"。因为此时，中观论者一方面要从理论上批驳小乘有部的实有论，阐明中观学派的空观，另一方面又要批驳方广部一派主张的虚无论，表明假有说，亦即一方面要批绝对化的"有见"，另一方面要批绝对化的"空"见。当然，虽然两见都批，但并不是平分秋色，而是把重点放在批"有见"上。为了不至于招致指责，中观派从"中道"的基本思想出发，认为"空"是指"缘起"而无自性，是"假有"，故为空。

空是佛教各派普遍应用的基本范畴，其含义相当复杂，具体的类别很多，如有二空、三空乃至十八空、二十空之说。佛教各派对空、对如何是空的论证、诠释也很不相同。龙树中观学派采用"当体空"（"即体空"）的方法，也就是从因缘法自身讲空，"众因缘生法，我说即是空"。这个空就是缘起性空。所谓性空，不是虚无，不是没有，不是不存在，而是对独

① 张怀承：《无我与涅槃——佛教伦理道德精粹》，湖南大学出版社 1999 年版，第 180 页。

立实在性的否定，即无自性，自性空。龙树认为，缘起和自性是逻辑上的反对关系，是不相容的。自性是不依赖缘起的，缘起就是无自性。按照佛教的理论，宇宙的一切事物和现象无不是缘起的，所以都是无自性的。因缘所生就等于不真实。龙树重视讲空，是为了揭示受用缘起和八不缘起的实相，显示所谓佛教真理，同时认为只有讲空才能有各种设施，即假名，如三宝、四谛等，从而有助于教化有情，普度众生。

龙树的中道是所谓真正把握一切现象的实相的方法和途径。

龙树在《中论·观四谛品》中说："众因缘生法，我说即是空，亦为是假名，亦是中道义。"① 这一偈文集中表现了中观学派的缘起理论，表述了因缘、空、假名和中道之间的内在关联：因缘是出发点，由此而表现为空和假名，也合而表现中道。也是给中道下的一个经典性定义。"中道"，是指离开二边的极端、邪至而形成的一种不偏不倚的中正之道，即中正的观点、方法。龙树讲的八不缘起就是一种中道。龙树在《中论·观因缘品第一》中说："不生亦不灭，不常亦不断，不一亦不异，不来亦不（出）去。能说是因缘，善灭诸戏论。我稽首礼佛，诸说中第一。"克服八种偏见，离开八个极端，就是八不缘起，也称八不中道。

"不二平等"的"二"就是分别的意思，"不二"就是平等无分别的意思。所谓"不二平等"就是要取消一切分别和对立。佛教认为一切的分别的产生是由于相待而起，待此而有彼，所以说分别起于"二"。而佛教又认为一切相对的观点又来自"分别心"，只要有分别的妄心就必然有分别，而一旦泯灭了妄心使之回归清净则万法一如。因此只有不起妄念，不执于一切相对分别，才能证悟平等不二的实相。

不二平等就是去除分别心，超越一切对立。不二平等是佛教平等观的重要内容，"可以说佛教之所以保持到现在仍然如此兴盛不衰，就要得益于不二平等思想。"② 正是基于不二平等思想，佛教强调出世入世不二、生死不二、凡圣不二。

"佛教对社会的看法说明，至少原始社会的超越理性不是否定，而是顺应人们满足生存需求，追求公平分配、和谐相处的合理欲望的。"③

---

① 《大正藏》第30卷，第33页。

② 唐中毛：《月印万川——佛教平等观》，宗教文化出版社2003年版，第101页。

③ 邓子美：《超越与顺应——现代宗教社会学观照下的佛教》，中国社会科学出版社2004年版，第53页。

“凡圣不二”要求在进入圣境后要跳出圣境，不被圣境所束缚，而要以平等不二的心境去对待凡夫、凡境和圣者、圣境，以不舍众生的精神返回众生之间去救度众生。应该像释迦牟尼、观世音、维摩诘、地藏菩萨等一样，为众生的疾苦而努力奋斗。

特别是中国佛教始终把世法看作出世法不可分离的另一面，即所谓“真不离俗”。正如六祖所说的“佛法在世间，不离世间觉”。印度佛教中小乘的各个部派，其间有部的毗昙学与经部相关的俱舍学都曾引起过不少大师的重视；印度的大乘佛教，有讲因缘性空的中观，有讲万法唯心的唯识，都没能在中国原封不动地保存下来。这是因为在中国，从孔孟以来的思想都要以人世为重心，这样的理论兴趣影响到中国社会主要关心的是人和人的现世需要。因而观音普贤代表的菩萨道成为中国佛教徒的理想，菩萨道强调上求下化，度尽一切众生的利他的目标，是一种积极的入世的解脱之道。

中国佛教自禅宗形成以后，入世与出世的界限已经被打破或者被抹杀，佛教僧人对于社会的关怀已经是出家人的本分事，因而，像大慧宗杲这样的禅僧会理直气壮地鼓吹反金斗争的爱国主义，明末习禅的士大夫能在政治抵抗失败后，在佛教中找到最后的藏身之地。

在大多数大乘佛教派别或信徒看来，解脱境界（涅槃）与“世间”不是绝对分离的，它们是“无分别”的。如中观派的主要典籍《中论》中就明确说：“涅槃与世间，无有少分别。世间与涅槃，亦无少分别。”达到解脱并不是离开“世间”而去追求另一不同的境界。大乘佛教徒要“即世间即涅槃”。菩萨或佛不是存在于“世间”之外，而是在“世间”救度众生。为了救度众生，菩萨或佛什么都能舍弃。也就是说，大乘佛教徒要真正成佛，就一定要慈悲利他。仅仅“自利”不是佛教修行的最终目的，并不能真正达到涅槃。

中国佛教史上的僧肇和竺道生等人都是在精通般若空义的同时，用这种“空”的学说去融会贯通涅槃佛性“有”的理论，从而为禅宗的解脱修行观奠定了坚实的理论基础。尤其是僧肇以精通般若学著称，曾被鸠摩罗什誉为“秦人解空第一者”，他的思想体系就是围绕般若之“空”建立起来的。他熟练地运用“非……非……”这种不落两边的否定方法来“破邪显正”，把中观学的基本理论概括为“不真空”的命题，即认为“非无物也，物非真物”，不真故空，不真即空。

五、中国佛教各宗的平等观："佛性平等""心佛平等"

佛教传入中国后，到隋唐时期完成了佛教的中国化。这时的中国，政治统一、经济繁荣，国力强大，为中国佛教学者的思想创造提供了良好的客观环境；同时由于佛典的大量翻译，佛教研究成果的长期积累，佛教人才的普遍成长，中国佛教的创造性空前高涨。随着这种主客观条件的成熟，佛教各宗派相继成立。佛教平等观的发展则主要通过"佛性论"思想体现出来，进入了一种强调一切平等、圆融无碍的境界，这是佛教平等观的最高境界。正如唐中毛在其《月印万川——佛教平等观》一书中所描述的：

佛教平等观的最高境界就是一切平等、圆融互摄的微妙之境。进入了这种境界就像从一个差别的世界进入了一个一切平等的国度，在这个国度里没有不平等的地方，没有孤立的事物。在这个世界里，我们不能说一件东西比另一件东西大或小，因为大小的概念没有了，就连一朵花就能呈现一个世界。在这个世界我们也没有过去、现在、将来的时间差别，因为时间在这里变成了双向流动的互摄，而且时间的长短已打成一片。在这个世界里也没有了时、空的差别，时空变成了一体的存在。在这个世界里，我们差不多就可以"见到"佛，与佛同游了。为了说明这个一切平等、圆融互摄的美妙世界，《华严经》中用了一个形象的"因陀罗宝网"比喻。这个"因陀罗宝网"是由无数颗闪烁的宝珠织成的，每一颗宝珠都有无数个面，每一个宝珠都能映出网上所有其他的宝珠，其他的宝珠也都互相映现。这样珠珠相含，影影相摄，重叠不尽，映出无穷无尽的法界，呈现出一切圆融的境界。在这个"因陀罗宝网"上的每一个宝珠都是平等的关系，它们互相依存、彼此圆融、互不可缺。①

"'圆融'是中国佛学的特色和精神"②，圆融从基本词义上讲，是圆满融通、无所障碍的意思。中国佛教所讲"圆融"，其前提是各种事物皆能保持其原有的状态和各自的独立性、完整性，也就是说圆融是指的千差万别事物之间的相即相入、相摄相容。中国佛教认为，尽管从现象上看，世界上存在着千差万别的事物，但是它们在本质上是相互联系、不可分别的整体。这种圆融无碍的平等观在天台、华严、禅宗的思想中都得到了体

---

① 唐中毛：《月印万川——佛教平等观》，宗教文化出版社 2003 年版，第 149 页。

② 林伟：《佛教众生概念及其生态伦理意义》，《学术研究》2007 年第 12 期，第 37 页。

现，且都有一个共同点，即通过佛性的平等来实现。

隋唐佛教各宗派是中国佛教的典型代表，各宗派都阐述了对于佛性的看法，都在其佛性思想中体现出其圆融无碍的平等精神。天台宗有三佛性和五佛性之说，华严宗以有情众生圆满具足之成佛可能性为佛性，禅宗则撇开佛性的“有”“无”及“本有”“始有”等问题，主张以众生本有之心性为佛性，即佛性就是人的自性、人的本心。

天台二祖慧思认为，众生与佛心体平等，都具染、净二性，众生依赖净业对净性的熏习，得以转凡成圣，而在成圣之后，染性未曾消失；众生以染业熏习染性，在生死轮回中，净性也未消失：“众生，诸佛，悉具染、净二性。法界法尔，未曾不有，但以熏力起用，先后不俱。是以染熏息，故称曰转凡；净业起故，说为成圣。然其心体二性，实无成坏。是故就性说故，染、净并具；依熏论故，凡、圣不具。”[①] 而就心体自身而言，是非染非净，圆融平等的。他说：“以本具染性故，说名众生法身；以本具净性故，说名诸佛法身。以此义故，有凡圣法身之异名。若废二性之能以论心体者，即非染非净，非凡非圣，非一非异，非静非乱，圆融平等，不可名目。”[②]

智顗大师也认为，众生与佛平等，本具善恶。阐提先天本有善性，佛陀本有恶性，只是修善修恶之分，才有善恶凡圣之果别。阐提虽断“修善”，仍具“性善”，佛虽断“修恶”，却本具“性恶”。《观音玄义》载：“问：阐提不断性善，还能令修善起；佛不断修恶，还令修恶起耶？答：阐提既不达性，以不达故，还为善所染；修善得起，广治诸恶。佛虽不断性恶，而能达于恶，以达恶故，于恶自在；故不为恶所染，修恶不得起，故佛永无复恶。以自在故，广用诸恶法门，化度众生。终日用之，终日不染，不染故不起，那得以阐提为例耶？若阐提能达此善恶，则不复名为一阐提也。”智顗认为一阐提不断善性，遇缘善发，这样，在修行实践意义上，佛性平等的思想展开在现实人生中，给立志弃恶从善、改过自新的人们以悟道解脱的希望，又警策修行悟道者不断向善，不断防非止恶，行于非道而通达佛道。

天台宗的九祖湛然不仅提倡一切众生皆有佛性，而且将佛性扩大到一切无生命的物体，提出了“无情有性”说，把佛教的平等观扩大到了最大

---

① 《大乘止观法门》卷二，《大正藏》第46卷，第646页。
② 《大乘止观法门》卷二，《大正藏》第46卷，第646页。

限度。这是中国佛教对佛教平等观的一大突破。湛然在《大乘起信论》“谓一切法真如平等，不增减故”的思想中逻辑地推导，大胆地提出了他的振聋发聩的观点。“一切法真如平等，不增减”即是说，佛法真如平等地体现在一切事物现象中，它并不因事物现象的表现不同而有所差别，各种事物现象都是世界的最高本体真如的具体体现。真如法性也就是佛性，如果认为无情之物无佛性，这显然存在逻辑矛盾，所以“无情有性”。

“事事无碍”论最能代表华严宗的理论特征。华严宗以事事无碍为法界缘起的境界，也是众生修持的最高境界，认为是佛在海印三昧中，自心客体化出的现象世界，是佛对现象界种种现象之间关系的最真实、最正确的体悟与把握。其特征是“六相圆融”，所谓六相，是指总、别、同、异、成、坏。事物的全体是总相，事物的各部分是别相，事物及其各部分都由和合而成是同相，各部分各自独立是异相，各部分和合而成此事物是成相，各部分没有和合是坏相。华严宗认为万物都具足此六相。六相圆融说明，无差别与差别、整体与部分是互即互入、圆融无碍的。现实世界里，每一个事物看起来好像都是彼此独立的实体存在，各有各的位置、特点，但其实这是一种错误的观念，事实是每一事物都是由其他的事物构成的，并包含着其他事物。人与人之间，国与国之间，民族与民族之间，一个国家的经济、政治、军事、文化之间莫不如是，地球生态环境更是如此。总之，用华严宗的话来说，就是一种“互即互入”的一体关系。这样，在华严宗的世界里，一切都变成了平等互摄和圆融无碍。在这个世界里，一切万有的差别、对立性、矛盾性等都统一起来，贯穿起来，成为一个广大、平等、和谐的世界。在这个世界里，不仅空间上没有了小与大、多与少的差别，而且在时间上也没有了过去、现在与未来的差别。

有学者这样说道：“华严宗所谓法界缘起的理论，形式上似乎接触到了事物之间的普遍联系，但是，法界缘起作为一种宗教观念，其本质绝不是要人们认识事物普遍联系的客观性，相反，通过讲事物联系的普遍性，一是为了‘依缘而现空’，说明现象世界缘起性空，故不真实；二是为了宣扬‘以一佛土满十方，十方入一亦无余’，真如佛性（一真法界）无所不在，一微尘，承载大千世界；一毛端，含摄无量刹海。”① 这种评价是恰

① 李振纲、赵敏：《隋唐佛教四大宗派佛学论析》，《河北大学成人教育学院学报》2003 年第 3 期，第 13 页。

当的。方立天先生评价说，华严宗的事事无碍说，是以大乘中观学派的性空论为理论基础，万物性空之理是事物与事物之间得以圆融无碍的前提。但是事事无碍说主要是一个中国佛教的思想命题。方先生认为其中体现出华严宗人重视现实的务实精神，“华严宗人以事事无碍为最高境界，就是重视现实思想的曲折表现”①。“从圆融的佛教时间观看，过去、现在、未来是平等互摄的，现在是由过去构成的，未来是由现在构成的，而过去和未来又存在于当下，所以说，回归当下，直面现实是佛教的人生态度。”②所以我们不要迷失于过去，因为这样就会失去当下，也不要迷失于未来，否则会因此而忽视当下，正确的做法就是将生命安住于每一个当下，回归于每一个当下，这样的生命才能变得圆满自足。

禅宗慧能认为人的本心也就是人的自性，是清净无染的，而这清净无染的本心，就是真如本性，也就是佛性。既然一切众生都有此自性，而且自性清净，那么一切众生也就都有佛性。“世人性本自净，万法在自性。自性常清净，日月常明。世人性净犹如清天，慧如日，智如月，智慧常明。”③ 认为世人本来就具有此清净本性，而且此清净本性，也就是佛性包容世间一切事物，包括般若智慧，自性具足，一切万法，都在自身中。同时，慧能还认为众生佛性并无差别，主张佛性平等。应该说，慧能的这种佛性平等观，同其出身和社会生活有一定关系。他生于当时相对落后偏远的岭南地区，生活贫困，佛教记载自小靠砍柴为生，这种生活经历，促生了他强烈的平等感。这在他初上黄梅参见五祖弘忍的对话中充分体现出来：人有南北之分，佛性没有南北之别，是平等的。在他后来的说法中，这种平等思想被反复强调。当然，他的平等思想，并不是要求在现实生活中的平等权利，仅仅是要求在宗教修行和宗教的目标追求方面的平等。

慧能认为一切众生都有佛性，都有成佛的可能性，那么众生和佛有什么区别呢？慧能认为差别在于迷悟的不同，所谓“不悟即是众生，一念若悟，即众生是佛”“自性迷佛即众生，自性悟众生即是佛”④。佛就是悟了自性的众生，众生就是还未启悟自身的佛。对于造成这种迷悟的原因，慧能进行了分析，认为是众生的虚妄之心贪著于外物，从而使本来清净具

---

① 方立天：《中国佛教哲学要义》（下卷），中国人民大学出版社 2002 年版，第 702 页。
② 唐中毛：《月印万川——佛教平等观》，宗教文化出版社 2003 年版，第 164 页。
③ 《坛经》第三十五，郭朋校释《坛经校释》，中华书局 1983 年版，第 66 页。
④ 《坛经》第三十、三十五，郭朋校释《坛经校释》，中华书局 1983 年版，第 58、66 页。

足、如日月常明之自性不能自明，因而堕于迷妄之中，一旦“吹却迷妄，内外明彻”，就能明了自性，彻见自身所具“清净法身”，于是众生即为佛。并且慧能认为，迷、悟只是一念之别，也就是说，一念之迷悟，决定了佛与众生的区别，只要一念能悟，当下众生就可成佛，所以慧能主张顿悟成佛说。不仅众生都可以成佛，而且成佛无需经过累世修行，只要一念觉悟，当下即能成佛，这种主张深受大众欢迎，为慧能南宗能在中唐以后，取得禅宗正统地位提供了基础。但是，众生的自性中虽然具备了成佛的依据，但是要想成佛，外人是帮不上忙的，只能依靠自己，依靠自己自性所具有的般若智慧，除却愚痴迷妄，证得觉悟的本性，即靠“自性自度”。慧能自性自度的思想，一方面强调了个人自我在宗教修行中的作用和地位，从而强调了宗教修行方面人的主观能动作用，加强了人的主体意识；另一方面，自性自度实质上是一个自性体悟的过程，凭借自性本具之般若智慧去认识和发现自己的圆满具足之本性，也就是说，在慧能这里，宗教的修行实践，无需外界的参与，也不需要对外在的客观世界进行认识，仅仅是一个内心自我认识和自我体悟的过程，这样，在认识和实践方面形成了一个自我内在的封闭的体系。①

中国佛教各宗在佛性论中体现出的平等观的特点是与中国社会政治紧密联系在一起的。南北朝时期，门阀士族制度盛行，一部分出身于庶族的地主阶级下层，不满豪门大族的控制，要求在经济和政治上与世族豪门有同样的发展机会。这种要求反映在宗教思想和伦理学说上，使得佛教的“佛性平等”思想深受赞赏；另外，对于广大劳动群众来说，在现实生活中遭受苦难，看不到希望，佛教宣扬的平等思想虽然只能是精神上的平等，但对他们来说也是一种莫大的安慰，一种精神支撑。隋唐以后，随着科举制度的产生，一部分出身庶族的中小地主阶级知识分子通过科举的途径进入仕途，在政治上掌握了一定势力，门第森严的门阀士族被冲破，反映在宗教思想和佛教伦理学说方面，就产生了湛然的“无情有性”说，把佛教主张的精神世界中的地位平等扩大到世界上的一切事物。可见，佛教平等观思想的发展离不开时代的特征，社会意识是社会存在的反映。

---

① 业露华：《中国佛教伦理思想》，上海社会科学院出版社2000年版，第137页。

第二章 佛教平等观的论证

宣扬平等思想可以说是一切宗教伦理的一个基本特点。比如基督教、伊斯兰教、犹太教从人的同类性、同质性、同源性出发论证了人们在权利上的平等性，认为人具有共同的本性，他们的生命在价值上是平等的：人是由造物主（上帝或真主）造的，因而所有的人都有着造物主的品性，所有的人都是平等的。作为佛教根本的宗教教义之一的平等观，也是佛教伦理区别于其他宗教伦理和世俗伦理的一个重要方面，体现出佛教伦理的独特特征。这种特征归根结底来源于其理论基础的差异。

第一节 缘起论：佛教学说的最高原理[①]

佛教平等观最根本的理论前提无疑是“缘起论”。霍韬晦先生在《现代佛学》一书中这样评价：“原始佛教用缘起解释生命的因果关系；部派佛教则进而分析各种存在上的法；中观学派则从此中发展出“空”的概念。如来藏系统、唯识宗系统亦把他们的宇宙论挂在缘起上讲。缘起内容如此丰富，正好说明它在佛教理论中的重要性，以致成为佛教的独特内容。”[②] 霍先生认为缘起法就是把事物看成“流动的存在”，即永远在变动的过程中，并与其他事物构成因果关系。[③] 据佛经记载，当年佛教的创始人释迦牟尼在菩提树下证悟成佛，就是在第四禅的寂静澄澈定心中，用“缘起”的智慧观察参究生死苦恼的因果本末、自他生死轮转的因缘，从

① 吕澂：《印度佛学源流略讲》，上海世纪出版社 2005 年版，第 22 页。
② 霍韬晦：《现代佛学》，中国社会科学出版社 2003 年版，第 207 页。
③ 霍韬晦：《现代佛学》，中国社会科学出版社 2003 年版，第 214 页。

而了彻宇宙人生的本面，成为“佛陀”，为万世景仰。

缘起论本来关注的是人生过程的因果关联，即原始佛学的重点放在人生问题上，释迦牟尼在“缘起法”的前提下，将人生现象做了因果分析，提出了“十二因缘”“四谛”“八正道”的佛教教义，后来逐渐扩展成为关于宇宙人生的普遍认识，它将宇宙万物的关系看作“此有故彼有，此无故彼无”的相互依存、相互缘起的关系。缘起论是佛教对宇宙存在、生命本源和世界万事万物生灭变化的根本看法。是佛教所独具的理论特色。傅伟勋教授在《关于缘起思想形成与发展的诠释学考察》一文中这样写道：“一大半佛教学者至少同意：三法印、四谛说与缘起论，构成佛法最根本的实质内容，尤其缘起论，可以说是贯穿于佛陀说法直至今日佛教的核心思想。……缘起论在佛法中占据的分量可以说是最为重大，特就佛教教义的历史发展言，没有一项言诠出来的佛法能像缘起论那样，始终具有举足轻重的主导力量与地位。……如说佛法始于缘起，终于缘起，也不算是夸张之辞。”① 这种评价是恰当的。同样，缘起论也给予了佛教平等观以归根结底意义上的理论论证。

一、佛教缘起论的基本观点

佛教是唯一的“无神”的宗教。印度教崇奉大梵，犹太教信奉耶和华，基督教信仰上帝，伊斯兰教相信真主，唯独佛教，在其教义中找不到造物主、救世主，找不到产生宇宙、人生以及世间万事万物的“第一因”，这是因为佛教有“缘起论”。“必须记住，佛教不像其他大多数宗教哲学，它从未强调第一因的观念，也没有重视任何形式的宇宙论。神学在佛教中没有得到发展……总之，佛教没有认识到宗教与科学之间的矛盾，更恰当地说，这是因为宗教是科学原则在精神实践中的运用。”② 在佛教看来，宇宙的产生，人类的一切，都可以由缘起得到合理解释。

缘起理论的最初创立者无疑是释迦牟尼，释迦牟尼由于彻悟这一法则而成正觉，如实认识了宇宙人生的真实本面，从中觅得了解脱生老病死等苦难的正道。因此《阿含经》中多处有“若见缘起即为见法，若见缘起即

---

① 觉真：《和谐人生——佛教伦理观》，宗教文化出版社 2006 年版，第 20 页。

② （英）哈玛拉瓦·萨达提沙著，姚治华、王晓红译：《佛教伦理学》，上海世纪出版集团 2007 年版，第 17～18 页。

为见佛”之说。

随着佛教的发展，佛教学者对缘起理论的解释也不断深入，使得缘起理论的内容不断充实，从而形成了一个庞大完整的缘起论思想体系。按照方立天先生的归纳[①]，缘起论先后经历了如下几个发展过程、有如下几种表现形态：原始佛教阶段的“业感缘起”、大乘中观学派的“中道缘起”，大乘瑜伽行派的“自性缘起”，印度密教的“六大缘起”，《大乘起信论》的“真如缘起”，以及中国佛教各宗的缘起论：天台宗的“性具实相论”、华严宗的“法界缘起论”、禅宗的“自心顿现论”。

什么是缘起呢?

《分别缘起初胜法门经》卷下，佛定义缘起为“各自因缘和合无缺、相续而起”，并将缘起法的义蕴分为三相、八门、十一义。[②] 指出缘起法有三方面的性质特征。一是“无动作”：缘起法则否认有所谓的“第一启动者”，即没有造物主、创世神；二是“性无常”：意即凡因缘和合而生起、存在的现象，都处于生灭变动之中，不能永恒常住，这是一切现象的本性；三是“有堪能”：亦即因缘和合，便产生特定的作用和功能。

缘起论，又称缘起法或因缘法，其具体内容，在《阿含经》中用“此有故彼有，此生故彼生”或“此有则彼有，此无则彼无，此生则彼生，此灭则彼灭”一偈来表示，此偈又被称为“法身偈”，意谓缘起论是佛陀思想的基石、纲领、核心，如能充分悟解“缘起论”，就等于悟解了佛陀思想的核心，当然就如同与佛陀晤面会谈、与他心灵相沟通。

缘起论认为，诸法待缘而生，缘尽而灭。缘就是诸法存在的原因与条件。宇宙由于缘起而存在，即色、受、想、行、识[③]五个原因与条件，佛教称之为“五蕴”。这五个条件消失了，宇宙万物也就不存在了。所以，缘起即依缘而起，意指一切现象皆依相互依存的条件而成立，依赖一定的条件而产生、存在，随所依条件的消灭而消灭。诸现象所存的条件，称为

---

① 方立天：《佛教哲学》，中国人民大学出版社 1986 年版，第 164 ~ 229 页。书中详细分析了每种缘起论的特点、基本内容，并对其形成背景作了简要说明。

② 陈兵：《佛陀的智慧》，上海古籍出版社 2006 年版，第 61 ~ 62 页。书中详细介绍了三相、八门、十一义的具体内容。三相：指缘起法的三大性质；八门：系从八个方面观察缘起或将缘起法运用于八个方面；十一义：为缘起法则内蕴的十一种要义。

③ 色：相当于物质概念；受：相当于感觉印象，外界作用于眼、耳、鼻、舌、身五种感官而产生的感受；想：指理性活动、概念活动；行：指心理活动；识：也就是认识的功能和结果。

因缘。因，指起主要、内在作用的条件，缘，指起次要、外在作用的条件，依赖一定的条件（缘）而生起，故名缘起。《杂阿含经》有两个比喻形象地说明了事物之间缘起的关系。一个比喻为：就像三捆芦苇互相依靠立于空地，如果取掉其中一捆，其余两捆便立不住，只有三捆互相依靠才能站立。另一个比喻为，就像车子是由众多的零件合成，一切现象都是诸多因缘的集合体。

佛教对人生的价值判断是“一切皆苦”，而其根源在于“无明”。所谓“无明”，就是不明白。不明白什么呢？不明白一切都是因缘和合则生，离散则灭。整个社会、整个宇宙就是一种依存关系，互相依靠，才能存在，没有相依，就不能存在，此有则彼有，有此则有彼，合起来才能有一切。

陈兵认为释迦牟尼的缘起思想分为内外缘起两方面：“一是观内缘起，即向内观察自身，尤其是观察自心，观感觉、知觉、感情、欲望、行为等如何生起，观忧悲苦恼和生死的根源；二是观外缘起，即向外观察世界上万事万物的因缘，如观察从种子、土壤、水、阳光等诸缘生植物的苗、茎、叶、花、果等。”① “缘起虽分内外，涵盖宇宙间一切现象，但佛陀所说的缘起，并非如自然科学那样用于观察研究物质现象，而主要在内缘起，主要运用缘起法则来观察众生生老病死忧悲苦恼的因缘、因果，从中觅求解脱众苦之道。观察的对象，实际主要是人心，是从人心中去找生死苦恼的根源，从而将生死苦恼的根源归结于自心的污染和迷昧，将解脱生死苦恼的诀要归结于自心的净化和觉悟，此即所谓‘染净因果’，乃佛陀教法的纲宗。”② 陈兵认为，佛教思想，包括印、中、日、韩佛教诸宗的教义，都是依佛陀的缘起法阐释推演的结果。

池田大作归纳说：“‘缘起法则’，若以一句话加以概括，就是指由于‘因缘而生’，世界便显现为森罗万象——在佛法中，这森罗万象也叫森罗三千、诸法、万法，它们全部都得依据各种机缘而生、而灭。这是万物以及所有存在的事物的根本特征。”③

佛陀认为，缘起法是客观存在的真实，不是圣人的臆造。据《缘法经》记载，当问及缘起论是何人所创时，佛陀回答说：“缘起法者，非我

---

① 陈兵：《佛陀的智慧》，上海古籍出版社 2006 年版，第 61 页。

② 陈兵：《佛陀的智慧》，上海古籍出版社 2006 年版，第 62 ~ 62 页。

③ （日）池田大作：《我的释尊观》，四川人民出版社 2001 年版，第 123 页。

所作，亦非余人作，然彼如来出世及未出世，法界常住。”① 不管佛陀出世不出世，缘起法则都永恒常在，不会变更，佛陀只不过是彻悟这一法则而成正觉，依据自己的证悟为诸众生显示、讲说这一法则之人，乃这一法则的发现者、解说者而非创造者。

方立天先生评价到：“缘起论是佛教理论的基石和核心。佛学全体的基本精神都奠定在缘起论的基础上，换句话说，佛教其他各种理论都是缘起论的展开。缘起论也是佛教区别于其他流派的基本思想特征，是与当时印度流行的无因论、偶然论和一因论（神我的转化）等理论根本对立的。佛教大小乘各派都以缘起论作为自己全部世界观和宗教实践的基础理论，各派的思想分化，理论分歧，都是出自对缘起的看法的不同。”②

法藏是华严宗的实际创始人。法界缘起论是法藏佛学思想的核心内容和基本特色。法藏有四法界说，从理法界、事法界、理事无碍法界、事事无碍法界四个方面分析了整个世界万象的缘起关系。理法界简称“理”，又叫“一真法界”，它是诸法万象的本体，也是成佛的根据；事法界简称“事”，指整个世界依一真法界而显起的一切想象；理事无碍说的是一真之理（性）与诸法万事（相）相即相入、相互依持的关系；事事无碍讲的是，一切现象都处于相互依持、相即相入、重重无尽的联系之中，一即一切，一切即一，故云法界无尽缘起。“华严宗所谓法界缘起的理论，形式上似乎接触到了事物之间的普遍联系，但是，法界缘起作为一种宗教观念，其本质绝不是要人们认识事物普遍联系的客观性，相反，通过讲事物联系的普遍性，一是为了‘依缘而现空’，说明现象世界缘起性空，故不真实；二是为了宣扬‘以一佛土满十方，十方入一亦无余’，真如佛性（一真法界）无所不在，一微尘，承载大千世界；一毛端，含摄无量刹海。”③

缘起论包含有万物普遍联系的法则。依据缘起的立场，整个世界处于重重关系网络当中，是一个不可分割的整体，整个世界是相互联系的，不能分割。每一单位都是相互依赖的因子，是关系的而非独立的存在。人与自然，如同一束芦苇，相互依持，方可耸立。任意割裂事物间的关系，就

① 《杂阿含经》卷一，第 12 经等。

② 方立天：《佛教哲学》，中国人民大学出版社 1986 年版，第 154 页。

③ 李振纲、赵敏：《隋唐佛教四大宗派佛学论析》，《河北大学成人教育学院学报》2003 年第 3 期，第 13 页。

不能对其本性有正确的理解。在缘起的观照下，森然万象虽然形形色色，变动不居，但一体相连。一体的万物彼此相缘，又各有自位。从缘起的角度看，任一物都不能凸现出特殊的重要性，任一物在余物的缘起中都不可替代，不可或缺。人、动物、植物乃至一切生命、非生命体，皆一体平等，和谐无碍①。

二、缘起论对佛教平等观的理论意义

如前所述，缘起论是佛教理论的基石和核心，佛学全体的基本精神都奠定在缘起论的基础上，佛教其他各种理论都是缘起论的展开，佛教大小乘各派都以缘起论作为自己全部世界观和宗教实践的基础理论。在这里我所讲的缘起论对佛教平等观的理论意义更多地集中于原始佛教阶段。

（一）诸法无我故众生平等

"诸法无我"是佛教依据缘起论提出的三法印之一，是佛教对于宇宙一切现象的本质状态的认识。"法"，指事物、东西。"诸法"，一切事物，各种存在。包括佛教讲的有为法和无为法两大类。有为法是指世间一切造作而生（即因缘和合而生）的现象，包括各种物质现象、心理活动和形式概念，这些无一不处于迁流转变之中。无为法，是指并非由因缘和合而生的，是无造作的，如虚空、涅槃等。②

"我"的含义是自在，即不依赖任何条件而存在的、恒常不变的自主自宰者。③ 根据缘起论，既然诸法（当然包括人类）无非是缘聚缘散而已，那么，从根本上说就是无自性的，亦即"无我"。可见，"无我"的观念是从"缘起"中得出的必然结论。"无我"即没有主宰的意思，既没有一身之内的主宰，也没有宇宙万有的主宰。从身体的组织来说，有情众生是由于地、水、火、风、空、识六大元素构成的，前五大元素借助"识"又表现为精神活动，因而，众生的身体既不能自主，也不能单独存在，更无自

---

① 谭苑芳：《佛教经济伦理思想探论》，《求索》2005年第6期，第139页。

② 方立天：《佛教哲学》，中国人民大学出版社1986年版，第99、101页。

③ 关于佛教之"我"，陈兵在《佛陀的智慧》（上海古籍出版社2006年版，第133～138页）一书中有非常详细的论述。是梵语阿特曼（dtman）的意译，源出婆罗门教典，有四个特点：永恒、不变、独一、自主。指出佛教将一般人的"我"见归纳为五蕴即是我、五蕴属于我、五蕴在我中、我在五蕴中四类。佛陀的无我论所否定破斥的"我"主要指世人以五蕴为常一自宰之阿特曼的执着。

由主宰的能力。既不能单独存在，也无法主宰，所以也没有“我”的性质。从精神和心理角度看，一切精神和心理活动都是由受、想、行、识组成，而所有这些要素都是因缘所生的，都是一定情境中的现象，并且随着情境的改变而改变，没有恒常不变的自性。

有为万法都是因缘和合而成，没有一个可以脱离其他条件而存在。故说“诸法无我”。而众生由于“无明”妄念，总是把事物之间的关联割裂开来，孤立起来，看不到诸法之间的“缘起”，总是把个人观察的局部经验认作普遍原理，并将其绝对化、神圣化，看不到其本性的“无我”，这些无明妄念的存在就使得众生产生了种种分别执著，而这些分别执著，尤其是自他有别的思想正是不平等产生的根源。若认识到并没有一个自主自宰的“我”，“我”“他”的对立就会消除，所有的“众生”就会成为一个平等的整体。

（二）业感缘起故众生平等

业感缘起是佛教最早的缘起理论，宣扬宇宙的万事万物都是由有情识的生物的业因感召而生成的。陈兵认为，[①] 运用缘起法则观察世界的诸现象及其因果关系，观察生死苦恼之因果，首先就推衍出表现于“业”中的因果法则，而这个法则是佛陀学说中道德教化的理论基础。

业的思想不是佛教的独创。从历史的观点看，“业”是古印度文化的观念，早在《奥义书》中就有讨论，在婆罗门教、耆那教等多种宗教中也都是一个重要的概念。佛教对传统的业报思想采取“扬弃”的态度，不承认业报是命定的、不可改变的，也不相信祭祀能左右业力的运作。并提出了独特的业报理论：福德统一的善恶报应论。“佛教这种独特的福报理论维护了福德终能统一的信仰，从而坚定地支持了佛教倡导的‘五戒十善’等伦理规范，使佛教在维护社会秩序方面发挥着独特的作用。”[②]

根据《阿含经》的论述，一般说业有三种，即常说的身、口、意三业。身业：指身体所做作的动作、行为；口业（又称语业）：指言语，开口说话、念咒、撰文著述等都属口业。意业：心的思维，思虑、思维等心意的活动等。而事实上，由于身、口二业中必然包含有思或意业，所以，佛教把业又归纳为思业和思已业两类。只有经过“思”的业，即“思已

① 陈兵：《佛陀的智慧》，上海古籍出版社 2006 年版，第 95 页。
② 辛世俊：《人圆佛成——佛教人生观》，宗教文化出版社 2006 年版，第 182 页。

业”，佛教认为才会引生果报，所以佛教所讲的业基本为思已业。

按照伦理性质的不同，准确地说，是按照从业所引起的果报的伦理性质的不同，佛教认为业有三类，即善、恶、无记三种。能感召有益于众生身心的结果，对自己及他人现世、后世有益无害的，被认为是在道德上属于善的业，佛经中常说的善业有十种，称“十善”；反之，能感召有害于众生身心的结果，对自己和他人今生后世有害无益的，则属于恶业，佛教中通常有十恶业，称“十恶”。无记业，指从伦理关系上难以区分是善还是恶，即非善非恶的中性业。

业作为一种众生主观意志的外化，具有巨大的力量和功用，即“业力”。佛教认为不仅千差万别的众生生命形态，各自的受用、苦乐、寿夭、贫富、愚智等是业力的结果，而且宇宙间的万事万物都是业力所造作的。正是这种“不可思议”的业力逼迫、驱逐众生轮回于三界六道之中，承受种种苦难。

业感缘起论认为：其一，业必受报。一切众生，不论高低贵贱，在这客观业力法则面前一律平等。业一经形成，绝不会消灭、转变，它随逐造业者，如影随形，不管躲到哪里，不管经多长时间都无法躲过业果的报应。即便贵为天子，只要造了业，便要受到因果报应法则的制裁。在因果报应面前众生平等，无有例外。其二，业因和业果一致。即“善有善报，恶有恶报”，众生一律平等，无有特殊。一个人的遭遇，生活变迁，命运走向，都决定于自己的身、口、意三业。即所谓自种因，自受果。果由业生，有什么样的业力，就会有什么样的果报。如《佛说十善业道经》中说：“若离杀生，即得成就‘十离恼法’。何等为十？一、于诸众生普施无畏；二、常于众生起大慈心；三、永断一切嗔恚习气；四、身常无病；五、寿命长远；六、恒为非人之所守护；七、常无恶梦，寝觉快乐；八、灭除怨结，众怨自解；九、无恶道怖；十、命终生天。”人是行为的主体，人的一切，都取决于自己的所作所为，既不是上帝的主宰，也不是命运的安排，只能是自己对自己负责。种善因得乐果，种恶因得苦果，善恶到头终有报，生命的自然律和行为的道德律是有机统一的。从这里我们也可以推导出这样的结论：佛教的“业报”思想是佛教进行道德价值判断的依据，换句话说，佛教在伦理道德方面的善恶判断是与因果报应说联系在一起的。因此，作为众生中“最为殊胜”一类的人类应该发扬人高出于他类众生的可贵之处：人能总结自己、人能反省自己，从而能调整自己、改变自己，“诸恶莫作，众善奉行”，最终转变自己的命运，离苦得乐。中国禅宗说得好：“天堂地狱，全在自心。”

第二节 空论：佛教平等观的本体论依据

空论，是佛教的宇宙论、本体论。空论和缘起论是密切联系在一起的，由缘起而无我，无我而空，这是佛教的基本思想。但是，二者各有侧重，缘起论注重阐述宇宙万有的存在状态，说明万有存在于相互依存的关系之中，表现为相续不断的过程，可以说是佛教的存在论、现象论；而空论注重说明宇宙万有的本质，相续不断的现象、生死轮回的众生没有一个自作主宰的实体、实物，所以是佛教的本体论。佛教认为，宇宙万有的真实是空。这种独特的宇宙论是佛教整个教义的哲学基础，也为佛教平等观提供了理论依据。

严格地说，释迦牟尼创立佛教时，并没有自觉的本体论思想。众所周知，原始佛学的重点是放在人生问题上。虽然原始佛教由缘起而得出“无我”，而“无我”和“空”含义是互相渗透的，可以视为同义语（在大乘经中常视为同义语）。但是。正如霍韬晦先生所言：佛陀“主张‘无我’，目的可能是要挽救当时印度社会日趋堕落的道德秩序，重建严肃的宗教生活。佛陀目睹当时世袭的婆罗门僧侣生活骄奢淫逸，在德行上不能服众，而他们扬言可以透过咒语与祭祀使祈福者获得福报……标出“无我”观念，主要的意思便是从道德实践，必须去除自私、个人利益方面讲。……佛陀深切认识到自我意识膨胀所招致的不良后果，在现实生活中人为了满足自我，不惜采取一切不法手段，这是人性堕落的开始。依佛教说，这也就是人的无明：不能恰当了解人的方向，而只知高举自我，把别人当作工具，结果依缘起法的律则必受果报，轮回六道中而无出期。因此佛教宣称‘无我’，教人作道德实践，在这基础上提升个人智慧。”①

邓子美在分析佛教空论的形成原因时作出了三点归纳：其一，认为源于对婆罗门教义的批判，针对婆罗门教义宣扬常乐自在的“梵我”是痛苦的解脱，释迦牟尼以现实实相的无常、苦、无我；其二，源于对“六师外

① 霍韬晦：《现代佛学》，中国社会科学出版社 2003 年版，第 222 页。

道”的扬弃。佛陀以“中道”的方法论，即不落两偏；其三，源于在佛陀看来种种偏见产生的认识原因的追溯，种种偏见根源在于“我执”，即主观性。佛陀因而主张认识主体与认识对象都处于不断的变化中的无常说。[①]这说明了佛教空论思想提出的社会针对性。

一、空论的基本观点

空是佛教从《阿含经》到大乘、密乘经典中反复宣讲的重要义理，被看作佛法的心髓，佛教因而有“空门”之称。“空”是佛教思想的纲领。[②]

“空”是梵文 Sunya 的意译，音译“舜若”。《佛学大辞典》解释为：“因缘所生之法，究竟而无实体曰空。又谓理体之空寂。”[③] 任继愈在其主编的《宗教词典》中根据其不同历史发展阶段的特点对其涵义进行了概括性的解释。认为空指事物之虚幻不实，或指理体之空寂明净。谓世界一切现象皆是因缘所生，刹那生灭，没有质的规定性和独立实体，假而不实，故谓之“空”。佛教讲空，说法不一。一般小乘主张“人我空”，从使用方法说，称“分析空”，即从统一物之可分解为若干部分或因素上，从物之不实在和不自在，据此认为人我是五蕴“假和合”而成，处于十二因缘的流转之中，故“人我”为空。大乘一般主张“二空”，在“人我空”之外，还讲“法我空”，从使用方法称为“当体空”，即无须经过分解，现象自身即是空。中观学派等着重就因缘法自身讲空，故《中观·观四谛品》谓：“因缘所生法，我说即是空。”瑜伽行派等着重就“万法唯识”讲空，故《成唯识论》卷七：“依识所变，非为实有。”《大乘起信论》等唯以“真心”派生之“妄心”为空，“依一切众生以有妄心，念念分别，皆不相应，故说为空”。大乘各派从我法二空又推衍出三空、四空、六空以至十空、十八空、二十空等。[④] 总之，空不是一无所有，而是没有自性，即不能成为自己的根据，不具有终极价值。或者说“空”是一种价值判断，佛教借助于“空”的价值判断为其宗教解脱论服务，既然一切皆空，因而人

---

① 邓子美：《超越与顺应——现代宗教社会学观照下的佛教》，中国社会科学出版社 2004 年版，第 45 ~ 48 页。

② 邓子美：《超越与顺应——现代宗教社会学观照下的佛教》，中国社会科学出版社 2004 年版，第 38 页。

③ 丁福保编纂：《佛学大辞典》，文物出版社 1984 年版，第 637 页。

④ 任继愈主编：《宗教词典》，上海辞书出版社 1981 年版，第 708 页。

们就能不起贪念，放弃对各种世间功名利禄的执著，潜心修行，实现涅槃解脱。

“空”的观念可以追溯到原始佛教。在集中体现原始佛教义理的“三法印”（即“诸行无常，诸法无我，涅槃寂静”）中，就用“涅槃寂静”表述了“空”是佛教最高境界和最终追求的思想，并认为事物的变动不居、缺乏稳定性（诸行无常）和没有自身规定即无自性（诸法无我），是一切皆空的根源。印顺大师在关于涅槃的解释中可以证明这一点：“以分别识不断地观察，乃至于定中观察，正观诸行无常，诸法无我，法法空寂，即能契悟诸法的空寂相。在契证平等空寂中，有相的分别识也即泯绝而不起了。”①

大乘般若学发展了“空”的思想。《般若》系经中，“空”成为佛教反复宣讲的主题。这里讲的空，主要是“无自性”的意义，称“自性空”，“无自性”即是“空性”。所谓“自性”（svabhava），简称“性”，指本来如是的第一性实体，具有自足、自立、自存之特性，不依赖任何条件而存在，不可更改，不会生灭变易。然纵观宇宙万有，无不为因缘和合，从中找不到一个不依因缘、不生灭变易的自性，故说无自性、空。这种无自性、空，却为万有普遍共具、不变不易的本性，称为“空性”。②

《摩诃般若经·奉钵品》载：“空中无色，无受、想、行、识；离色亦无空，离受、想、行、识亦无空。空即是色，色即是空，空即是受、想、行、识，受、想、行、识即是空。何以故？舍利弗……但有名字故谓为空……何以故？名字是因缘和合作法，但分别忆想假名说。”③ 此说明五蕴的空性，因为五蕴只是名称、概念，是用以表示因缘所生诸现象的人造符合，而非所表对象的实体、自性，是一种方便假说，是经过意识的作用，由知觉、联想、抽象等认识过程而形成的，好比由梁、柱、砖瓦等搭建而成的房屋，人们给它一个名称把它叫“房子”，然后就执著“房子”为所表示之物有房子的实体、自性，实际上，“房子”只是一个人造符号，与这符号相对应的实体，只不过是一堆砖瓦而已，并没有一个“房子”的实体，所以说是空。

---

① 印顺：《佛教的知识观》，《佛在人间——印顺法师佛学著作系列》，中华书局 2010 年版，第 231 页。

② 陈兵：《佛陀的智慧》，上海古籍出版社 2006 年版，第 144 页。

③ 陈兵：《佛陀的智慧》，上海古籍出版社 2006 年版，第 144 页。

所以说一切因缘和合之法皆为空。此有为法之空。不仅如此，佛教还认为佛、菩提、涅槃等这些不依因缘，无生、住、异、灭相的“无为法”也是自性空。因为，它们不过是对本来无自性空的如实契证，其中亦无人们所执为“无为法”的自性、实体，人们所认的无为法也是依有为法而成立，从这个意义上讲也属因缘所生，故亦为空。

以上从佛教原始阶段到大乘般若阶段经中对空的讲述，主要是从直观中、从修持的体验中去体认空、证悟空，主要目的是从实体论的角度破除众生实在论的执著，说明经验世界中的一切现象，生灭无常，空无自性，虽宛然是有，而实际是空。所以不要执著于万有的“相”，因为“凡所有相，皆是虚妄”，从认识论角度讲，诸相都是缘起而成，是根、尘、识的和合，是经人的特定的感觉器官接收外境信息，经特定的方式“分别”而成，而非认识对象的本来面目的真实呈现，因而都是空无自性的。这里实际上从主体和客体两个方面突出了“空”的观念。

中观学派对般若“性空”思想又作了进一步的发展。虽然仍然是讲“缘起性空”，但原始佛教和大乘般若系更多只是强调从直观中、从修持体验中去体认、证悟，而对于如何是空，为何是空，没有详细的理论论证，更多的是通过种种譬喻来描述万有的“空性”，也就是说仅仅是点出“无自性”故空、“缘起”故空。龙树在《中论》中对“空”解释道：“众因缘生法，我说即是空。”① 这是说，空即是“众因缘生法”，因而空就是表示无自性、无自体。“以有空义故，一切法得成；若无空义者，一切则不成。”② 由于空无实体，才能缘起，才能成就一切事物；若不是空无实体，而有固定的实体，就不能因缘和合而起，也就不能成就一切缘起事物。这里证明了空和万有现象等都是立于缘起之上，空和万有互不相离的理论根据是缘起说。龙树说：“未曾有一法，不从因缘生。是故一切法，无不是空者。”他认为，由于任何事物都是“因缘”而生，因此事物的本质在缘起上就是“空”。在著名的“三谛偈”中，他还以“缘起性空”理论说明“中道”：“众因缘生法，我说即是无。亦为是假名，亦是中道义。”在他看来，“因缘”或“缘起”说明了事物是有条件的存在。《中观·观行品》：“问曰：云何知一切诸行（即法，指有为法）皆是空？答曰：一切诸行虚

---

① 《中论》卷4，《大正藏》第30卷，第33页。

② 《中论》卷4，《大正藏》第30卷，第33页。

妄相，故空；诸行生灭不住，无自性，故空。”论证诸法因假而空。东晋僧人僧肇在其所著《不真空论》中将这一思想进行了详细阐发。所谓不真空，非言空之不真，而是说因为不真，所以空。“夫有若真有，有自常有，岂待缘而后有哉？譬彼真无，无自常无，岂待缘而后无也？若有不能自有，待缘而后有者，故知有非真有。有非真有，虽有不可谓之有矣。不无者，夫无则湛然不动，可谓之无。万物若无，则不应起，以明缘起，故不无也。”① 在这里，僧肇论述了不真与空，有与无是同一体的两个不同方面，两者是统一的。由此可见，事物本质上是即有即无、亦有亦无、非有非无、不有不无。事物因缘而起，是条件的聚合，无常无我，故不能称有；而事物又毕竟由因缘而起了，已经有了条件的聚合，故不能称之为无。其实，有和无都是不真实的假名，万有只是一个幻相。因此，空只是断定万有之不真实，并不执著于它们的有无。

大乘瑜伽学派在中观学派空观的基础上提出了“唯识无境”的空观思想。瑜伽行学派看到了中观一系彻底否定一切的空论思想的理论矛盾（会导致佛教的所有义理、真谛都失去存在的价值），认为外部世界的万有（即外境）虽空无自性，但是关于外境的观念却是真实的。他们认为，宇宙万有都不过是阿赖耶识的变现，阿赖耶识既是所有意识活动的根源，也是宇宙间一切存在和现象的本体。阿赖耶识在自己的活动过程中把自己一分为二，即见分和相分，自己设立自己的对象，一旦觉悟到对象只不过是它自身，就把握了世界的真实本面，就能获得超越的永恒。

二、空论对佛教平等观的理论意义

平等的觉悟需要来自于对世间万法空性的领悟，因为只有理解了世间一切万法在本性上都是“空”的道理，才不会执著于它们的差别和不同。也才能生起平等的意识。

空论讲空，并非说宇宙万有不存在，是绝对的虚无，而是说它们是不真实的存在，它们是条件、元素的聚合，或者说是心之幻相。正因为诸法皆由因缘和合、和众生的心识变现而成，离去了因缘、心识，也就无所谓诸法，更进一步说，因缘和心法也是无自性的。换句话说，一切现象的存在都是一种假象的存在，用《金刚经》上的话来讲就是：“一切有为法，

---

① 《大正藏》第45卷，第152页。

如梦幻泡影，如露亦如电，应作如是观。”若能彻见这种一切有为法是虚假不实的道理，从而进入一种不取于相而入于空的境界，就能等视众生，生起性相平等的智慧。

所以空论对平等观而言的理论意义，更直接体现在平等观的“性相平等”方面。原始佛教阶段基于缘起论，分析出古印度种姓制度主要根源于认识上的“无明”，即对万法“因缘和合”、众生“业感缘起”的“无明”妄念，侧重于说明“四姓平等”“一切众生悉皆平等”的平等意识，透过缘起论佛教解释了现实诸苦的根源，说明了人生的真实本面，为众生指出了离苦超脱的途径。空论，同样基于缘起论，但是通过缘起论得出的结论则更多地体现在强调万法性空，万有空无自性。虽然佛教“空”观本身经历了一个不断发展的过程，从原始佛教到大乘般若学阶段的“空”，再到中观学派、唯识派的“空”等，这些不同阶段的空观主要差别在于其理论性的强弱程度，如前所述，原始佛教到般若学阶段，主要是从直观中、从修持体验中去强调万法之“空”，其论证方法则是具体生动的譬喻形式。而往后发展的空论思想则更富于理论性、超越性，因而更具说服力。

所以，空论同样是从缘起论而来，但它对于佛教平等观的理论意义是不等同于缘起论的。从空论出发，佛教要求众生做到“无我相、人相、众生相、寿者相”，破除“我执”，做到“无相”。我相、人相、众生相、寿者相都是差别心理、不平等心理，因而都是虚幻的、不真实的、易灭的。因而透过空论，才能觉悟万有的假有真空，生起“性相平等”的智慧。正如释昭慧法师所说：“由于一切有情只是因缘条件组合下，相对稳定的存有个体，所以，在因缘条件变化时，个体的尊卑优劣之处境，也就跟着发生变化。一切等级意识、种族认同或是性别歧视，都是执著于等级、种族或性别之真实性，而生起的一种‘常见’，也是一种‘我慢’作怪的‘自性见’，在现象差别的背后，缘起性空，诸法无我，故永恒不变、独立自存而真实不虚的现象自体，了不可得（是为性空、无我义）。易言之，‘诸法缘生无自性’，在此一法则下运作生灭的，只有相对稳定的个别现象，却无永恒差别的实体可得。”①

“性相平等”提醒众生：如不识真相，执著于万相的假有就是所谓的

---

① ［台湾］释昭慧（Chao－HweiShih）：《有关“自然律”与“自然道德律”之佛法观点》，台湾：《哲学与文化》，2006年第33卷第3期，第98页。

“无明”，世人由无明所累，在无常无我、流转不息的大千世界中追求有常有我，以幻象为真实，企图使瞬间变为永恒，从而给自己带来了无穷的烦恼，他使肉体受累于贪欲，使精神桎梏于幻象，永坠苦海而不得解脱。禅宗有一则公案：小和尚向老和尚诉说自己的痛苦，因为他无法解脱自在，老和尚并没有告诉他应该怎样才能解脱，只问了一句：“谁束缚着你呢?”小和尚仔细地想了一段时间，最后终于开悟了。是的，人生所有的一切烦恼都不过是自己过于执著所致，放下执著，方得自在。古话说得好：“人平不语，水平不流。”透过佛教的“性相平等”，做到“不执于相”，我们就能体悟到宇宙万有的实相，进入一个奇异的平等无差别的精神世界。

要做到“性相平等”，按照佛教的开示，就是要彻底放下对“人我”和“法我”的执著，做到人我空、法空。尤其要做到人我空，首先就要修心。因为一般众生心中充满了无明，充满了贪心、嗔心、痴心，有了这些无明之心，就不会有智慧，就看不到平等的觉性。《杂阿含经》270 经说：“无常想者能建立无我想。圣弟子住无我想，心离我慢，顺得涅槃。”即从无常出发，才能了知无我；从无我出发，才能达到涅槃。众生之所以永在无常生灭中而不涅槃，问题在于执我。所以强调“人我空”是佛教超越理性的特征。

佛教讲空，以空作为其理论体系之宇宙本体论基础，其终极目的还是落实在其人生现实中。空论告诉人们，包括人的生命在内的宇宙万有都是因缘和合而成，是没有自性与实体的幻象。但人们由于无明妄念，执此幻象为真实，追逐所谓的名利、地位、财富、寿夭，由此物欲横流、尔虞我诈、争权夺利，带来无尽的烦恼，轮回于生死苦海之中不得解脱。要想获得真正的幸福，断除烦恼，只有听从佛教的指示，把握宇宙人生的究竟真实，从幻象、妄见中解脱出来，实现对现实存在和现实生活的超越，才能获得生命的永恒与不朽。这也是佛教空论本体论的伦理意义。

第三节　佛性论：佛教平等观的心性论依据

佛教在关于佛性的问题上总的观点是：一切众生皆有佛性，因而，从某种意义上讲，佛性论就是佛教的人性论。人性论讨论的是关于人的本质属性是什么，人性究竟是善还是恶等问题；佛性论关心的则是什么是佛性，是否一切众生都有佛性，即众生成佛的可能性、成佛的依据等问题。

佛性论思想在印度佛教中不占重要地位。体现在：部派佛教时期，“心性本净，客尘所染，净心解脱”的说法被视为“方便说”“不了义”；大乘中观学派则把包括佛性、涅槃等在内的一切法视为“空”“无自性”，瑜伽行派更是提出了“五种性说”，认为有一类众生不具佛性。

印度佛教佛性思想不占重要地位，究其原因在于，佛教是作为反婆罗门思潮出现的。为了反对婆罗门教关于有万能的造物主（即大梵天）和不死的精神主体（神我），佛教提出了自己的基本理论“缘起论”，由缘起而提倡强调“无我”。从原始佛教一直到部派佛教、后来的大乘般若学、中观学派都始终强调“无我”，并被佛教坚持为自己区别于外道的基本理论之一，被称之为“法印”。尽管“无我”的理论跟佛教本身的义理存在明显的理论冲突，比如与强调三世报应的业报轮回说就有着深刻的内在矛盾，轮回报应必须要求有一个承载主体，超脱轮回也应该有一个载体。所以，从部派佛教开始，就不断提出种种假设之主体来作为轮回和超脱的主体，大乘佛教的佛性论思想实质上具有外道“神我”的色彩。①

一、佛性论及其演变

佛性，是佛教名词。根据任继愈主编的《宗教词典》解释，是梵文Buddhatā的梵汉并译，亦意译“如来性”“觉性”。原指佛陀本性，发展为成佛的可能性、因性、种子，亦为“如来藏”的异名。②《佛学大辞典》解释为：“佛者觉悟也，一切众生皆有觉悟之性，名为佛性，性者不改之意也，通因果而不改自体是云性。”③ 关于佛性一词，方立天先生研究认为最早使用这一词汇的佛经是《涅槃经》。方先生认为，佛性是个多义词，它通过不同的称谓表现出心性、本性、本体、智慧、真理、境界等多重意义。在大乘佛教，尤其是中国大乘佛教的成佛理论中，佛性是一个基础性、关键性的概念。④

“佛性”，也称为“如来性”“觉性”等，它的原意是指佛教的最高觉

---

① 洪修平：《中国禅学思想史纲》，南京大学出版社1996年版，第42页。

② 任继愈主编：《宗教词典》，上海辞书出版社1981年版，第547页。

③ 丁福保编纂：《佛学大辞典》，文物出版社1984年版，第584页。

④ 方立天：《中国佛教哲学要义》（上），中国人民大学出版社2002年版，第245页注1，或第248页。

悟者，即佛陀所具有的本质属性，后发展为觉悟成佛的可能性和根据问题。佛性是佛所独有，还是一切众生所共有？是一切众生普遍具有，还是部分众生具有？这是佛性理论中最大的问题。因为对于佛教徒来说，这是一个关系到他们信仰基础的重大问题。佛教修行的最终目的就是要获得最高觉悟，得到轮回的解脱，证入涅槃境界，如果否定了成佛的可能性，等于就失去了修持的动力。对于此基础性的重大问题，佛教内部一直存在分歧，但就整个佛教的主流思想而言，是肯定一切众生都有佛性的。

关于佛性论问题的演变发展，[①] 一般认为：佛性论问题形成于部派佛教和初期大乘佛教，发展于中期大乘佛教兴起时。[②] 原始佛教一般认为佛是唯一的，除释迦牟尼外，任何人都不可能成佛，最多修成罗汉果，实际上取消了对佛性问题的讨论。

佛性说源于部派佛教关于“心性本净”的思想。“本净”之心是佛具有的“真如”（宇宙本体）本性，因此称为“佛性”。众生若具有这种心性，也就有了成佛的可能。只是众生被“无明”所遮蔽，使本净之心受到了染污，成为不净。小乘佛教认为，可以成佛的只有释迦牟尼一人，其他人不具有佛性，不能成佛。大乘佛教阐述佛性思想最重要的经典《大般涅槃经》继承“一切众生如来之藏常住不变”，主张人人皆有佛性，众生皆可成佛。

到大乘佛教时期，如何修行成佛是大乘佛教徒关心的一个重要问题，所以这时佛性论开始发展起来。中期大乘佛教兴起后，佛性论思想趋于成熟。这时出现的佛教经典，结合如来藏说大大发挥了佛性思想。所谓“如来藏”最基本的意思是指一切众生所藏的、本来清净的如来法身，实际是佛性的别名。

大乘瑜伽行派创始人之一的世亲在《佛性论》中详细解说了佛性论，阐明了一切众生悉有佛性之义，佛性之体性，并将一切众生之佛性区分为三种：一是“住自性性”，或称自性佛性，众生生来本具的佛性，此类佛性不假修行而先天具有，故自性常住；二是“引出性”，指经过修行所引生、显现的佛性；三是“至得性”，达到佛果始具有的佛性。[③] 这里实质上

---

① 业露华：《中国佛教伦理思想》，上海社会科学院出版社 2000 年版，第 117 ~ 142 页。

② 业露华：《中国佛教伦理思想》，上海社会科学院出版社 2000 年版，第 118 页。

③ 方立天：《中国佛教哲学要义》（上），中国人民大学出版社 2002 年版，第 248 页。

把佛性看成为一个动态的修持和显现的过程。

就众生有无佛性，大乘经典中有多种观点。一种主张众生都有佛性，如《法华经》：“诸佛世尊，欲令众生开佛知见，使得清净，故出现于世。欲示众生佛之知见，故出现于世。欲令众生悟佛知见，故出现于世。欲令众生入佛知见，故出现于世。”诸佛就是为了这“一大事因缘”，才降生于世的。这里虽没有明确讲“佛性”，但“佛知见”可以被理解为佛性。

另一部分大乘经典则认为并非一切众生都有佛性，如《解深密经·无自性相品》中说：“非于一切有情界中，无有种种有情种姓，或钝根、或中根性、或利根性有情差别。善男子，若一向趣寂声闻种性补特伽罗，虽蒙诸佛施设种种勇猛，加行方便化导，终不能令当坐道场证得阿耨多罗三藐三菩提。何以故？由彼本有唯有下劣种性故。”经中说明有情众生种性有差别，所谓“下劣种性”者不具有佛性。

另外，大乘瑜伽行派主张五性各别说。该派把一切众生内在的、先天具有的本性分为五大类，即五性（姓）：声闻种姓、缘觉种姓、如来种姓、不定种姓、无种姓。其中，前三者又称为“定性声闻”“定性缘觉”“定性菩萨”，统称“三乘”。瑜伽行派认为，具有此三种姓者，经过一定的宗教修行，便能达到阿罗汉、辟支佛和佛（菩萨）等各种相应的果位。不定种姓具有三乘种子，但其最终果位则不定，完全依据个人的修行程度而定。无种姓，瑜伽行派宣称，这是一种断了善根的众生，只能永远沉沦于生死苦海，无论如何不可能达到佛教所说的解脱。

大乘佛经中系统论述佛性论思想的，同时也对中国佛教的佛性论思想影响最大的是《大般涅槃经》，简称《涅槃经》。围绕这一部经典甚至形成了以此经典为主要研究对象的中国佛教涅槃学派。竺道生从中得出结论：一切众生都有佛性，一阐提人也有佛性，也能成佛。从此佛性问题研究在中国呈现百家争鸣局面。

东晋以后，以讨论佛性问题为中心的涅槃学开始流行，到隋唐时期，涅槃学便逐渐成为主流。当时，许多佛教宗派都把佛性学说作为其重要的理论支柱。如：以智顗为实际创始人的天台宗，一方面阐发“三谛圆融”“一念三千”“一心三观”等理论，否定了现象世界的真实性，另一方面又肯定了超现实的“真如”（即佛性）的绝对和永恒，认为一切众生皆有佛性。吉藏创立的三论宗，既重视阐发龙树的“八不缘起”思想，宣扬“诸法皆空”，认为一切事物都是因缘和合所生起，所以是无自性的即性空的，但又把“八不”与佛性联系起来，主张“离断常二见，行于圣中道，见于佛性”。玄奘创立的法相宗，虽然以“万法唯识”、“三界唯心”为理论支柱，主张一切事物和现象都是精神的产物，但也认为清净无瑕的真如佛性是真实完满的，承认了真如佛性的最终存在。禅宗对佛性问题更是重视。无论南北宗，在主张佛性的普遍存在上并没有分歧，南宗还从其佛性论出发，为人们成佛创造了最简便的“法门”，不仅认为人人都有佛性，而且主张佛就在人们心中，人们不必诵经念佛、坐禅入定，只要纯任自然，行无所事，突然觉悟本性，就可以立地成佛，即“前念迷即凡，后念悟即佛”。①

中国佛教在佛性论上对印度佛教有两次大的改变。一是道生提出“一阐提人皆有佛性”，使“众生即佛，佛即众生”思想普遍化。在印度种姓制度中形成的佛性论，侧重于佛性的绝对性，认为佛性仅为少数人所具有。道生的“一阐提人皆有佛性”思想，突出的是佛性的普遍性，肯定了不仅众生具有佛性，连“一阐提人”也具有善根。二是提出“无情有性”说，把佛性论自然主义化，使佛性学说带上泛神论色彩，即不仅认为佛性是人所普遍具有的，还进一步认为连无生命的东西都有佛性，把佛性的存在扩大到一切生物和无生物。②

“无情有性”的佛性学说虽然是由中唐时代的湛然正式提出的，但其萌芽则可追溯到更早。比如三论宗的代表人物吉藏的思想中就包含有“无情有性”思想，他说：“若于无所得人，不但空为佛性，一切草木并是佛性也。”华严宗的实际创始人法藏的思想中也有“无情有性”思想。如他在《义海百门》中说：“谓觉尘及一切法从缘无性，名为佛性。经云‘三世种佛，以无性为性’，此但一切处随了无性，即为佛性，不以有情故有，不以无情故无。今独言有情者，意在劝人为善也。常于一尘一毛之处，明见一切理事，无非如来性。”他认为来自印度的佛学典籍强调“有情有性”，目的只是劝勉人的修习，并不是认为佛性仅仅为人所独有，世间一切事物都有佛性。

隋唐佛学在佛性论上的一个显著特点是主张“即心见佛”的观念。这

---

① 张成权：《试论隋唐时期佛学的主要特点》，《合肥学院学报》（社会科学版）2004 年第 1 期，第 58 页。

② 张成权：《试论隋唐时期佛学的主要特点》，《合肥学院学报》（社会科学版）2004 年第 1 期，第 61 页。

是佛性普遍化的必然。强调佛性普遍性的结果之一是促进了佛性的人性化，形成“众生是佛”的观念。但隋唐时期的佛性论强调了人自身具有成佛的根据，并不认为人人都能把成佛的可能性变为现实性，只有清除自身的各种“业障”才能成佛。禅宗则主张“道由心悟”，即佛就在每个人的心中，见性就可以成佛。它说：“汝今当信，佛知见者，只汝自心，更无别佛。”又说：“外无一物而能建立，皆是本心生万种法。故经云：心生，种种法生；心灭，种种法灭。”这就把心看作是唯一的真实，是一切现象的根源。只要悟得心中的佛法，就能成佛：“菩提只向心觅，何劳向外求玄？听说依此修行，天堂只在目前。”提倡到人们的内心中去发现佛性，就把佛性安顿在人们的心中。禅宗“即心是佛”思想的提出，是中国佛教心性化完成的标志，也是中国佛教在本体论上走向实体化的重要表现。①

在佛性论问题上，慧能最大的特点也是最具特色的是对成佛的根据——“佛性”作了主体化、大众化、世俗化的理解，将其直接等同于“心”。为了突出心性的现实具体性，他又称其为“自心”“自性”。慧能佛性论的突出特点就是强调了自心、自性与佛心、佛性的平等性，认为当下具体的现实人心与佛心在一切可能性上都是统一的，凡心、佛心同是一心，唯一差别仅在迷悟不同。“不悟即是佛是众生，一念若悟，即众生是佛。”②“自性迷佛即众生，自性悟众生即是佛。”③所以慧能提出成佛应当“各于自身自性自度”，强调修行成佛，只能依靠自己，依靠自己自性所具有的般若智慧，除却愚痴迷妄，证得觉悟的本性。“自色身中，邪见烦恼，愚痴迷妄，自有本觉性，将正见度。既悟正见，般若之智，除却愚痴迷妄，众生各各自度。”

佛教所说的一切众生皆有佛性，对广大信徒来说，实际上指明了修行的目标，坚定了修行的信念。既然，大家都有佛性，只要努力修行佛法，众善奉行、诸恶莫作，不但在现实生活中渐渐消除烦恼，将来也可以和佛一样的了脱生死轮回而证得涅槃。这既是佛性论的宗教伦理意义，也具现实伦理意义。

---

① 张成权：《试论隋唐时期佛学的主要特点》，《合肥学院学报》（社会科学版）2004年第1期，第62页。

② 慧能：《坛经》第三十，郭朋校释《坛经校释》，中华书局1983年版，第58页。

③ 慧能：《坛经》第三十五，郭朋校释《坛经校释》，中华书局1983年版，第66页。

二、佛性论对佛教平等观的理论意义

佛性论追求出世的涅槃解脱。佛教探讨佛性问题，其价值取向是出离苦海、超脱生死流转、证成清净妙明之性。“佛性一词具有多重含义，就中土佛性论的思想实际来看，主要有两种：一表界义，即佛的清净妙明之性，人能修证而得，也即果义；一表因义，即众生觉悟成佛的可能、根据、原因。二义在表述上虽有差异，所指却是相同的，即都是指佛界的庄严美好：界义直显本体；因义表其在众生中随缘潜在的状态。”①

佛性论作为佛教伦理的道德依据，为佛教平等观提供了道德形上学超越层面的思想依据，为佛教伦理从世俗生活层面提升为成佛解脱的出世层面提供了实践的目标。“从佛教伦理学的角度来看，佛性论问题讨论的实际上是关于人能否实现佛教的道德理想和能否达到佛教道德的至善境界问题。有没有佛性，关系到能不能成佛，能不能实现佛教的道德理想以及佛教的道德规范、道德说教有没有依据等一系列问题。”② 可见佛性论问题在佛教伦理学中的重要地位。

佛性论对佛教平等观的理论意义可以从两个方面来看。

（一）佛性论关于一切众生皆有佛性的思想

佛教认为佛性是万有的本性，众生的本性，也是佛的本性，是三界十方一切存在的本性，由此可以引申出一个必然的道德命题：众生平等，生佛不二。众生与佛本同一性，二者在本质上是平等的，也就是说，世俗与超越、凡与圣、众生与佛皆平等圆融，没有绝对的界限。宋僧克勤明确表明了这一观点：“全心即佛，全佛即人，人佛无异，始为道矣。此谛实之言也。但心真，则人佛俱真，是故祖师唯直指人心，俾见性成佛。然此心虽人人具足，从无始来，清净无染，初不取著，寂照凝然，了无能所，十成圆陀陀地，只缘不守自性，妄动一念，遂起无边知见，漂流诸有。”③ 佛本来是一种绝对的超越、完美的化身，具有神圣性和至上性，正因如此，佛是完美的、崇高的、被众生仰视和崇拜的。但在“众生平等”面前，这种绝对界限不复存在，佛性的种子成了每个众生本性中天生具有的因子，

① 韩焕忠：《佛性论与儒家人性论比较》，《宗教学研究》1999 年第 1 期，第 139 页。
② 业露华：《中国佛教伦理思想》，上海社会科学院出版社 2000 年版，第 117 页。
③ 张怀承：《涅槃与无我——佛教伦理道德精粹》，湖南大学出版社 1999 年版，第 208 页。

只要去迷绝惑，每个人都可以是佛。从宗教伦理的角度讲，为佛教徒的道德修养展示了美好的希望，提供了精神动力。从世俗道德的角度讲，这实质上肯定了每个人都具有道德完善的可能性，道德完善是每个人的内在本性需要。这种生佛一如的平等观，一方面提出了人的完善的最高境界，同时也论证了个人自我完善的现实可能性，从根本上讲，体现出佛教的一种积极的伦理精神。有学者这样评价说："佛性平等的观点从理论上摧毁了一切权威和特权的合理性，极具反叛和怀疑的精神，它把成佛平等慷慨地给予每个普通的众生。它把心灵对权威的恐惧还原为信仰的虔诚，并使佛教尤其是中国的禅宗充满了自尊、自信、自立的品格。"①

从另一角度，生佛平等不二，也是强调了一种舍身入世、积极救度众生的大乘菩萨精神。它要求在进入圣境后一定要跳出圣境，不被圣境所束缚，而要以平等不二的心境去对待凡夫凡境和圣者圣境，以不舍的精神返回凡间救度众生同出苦海，这就是要"超圣入凡"。大乘佛教的核心是大菩提愿为本，大悲心为上，空慧为方便，像释迦牟尼、观世音、地藏菩萨等，都是大慈大悲、随缘应度众生的楷模。

当然，众生平等、生佛不二是指本性上的平等，而非现实中的等同。如果固执人佛无异，以为大千世界每一个人都已经是佛，与佛无异，则又堕于妄见，且是一种极危险的妄见，因为这将会使佛教伦理的修持失去人性根基、从而使佛教的全部理论都失去意义。所以正确的见解是，佛性只是提供了成佛的可能性，要把这种可能性变成现实性，还需一个修持过程，在此过程中，唯有充分发挥主体的自觉性，去除妄念惑见，方可解脱。佛教所强调的解脱就是觉悟自己的本性，佛教的一切理论劝导、修持仪轨都是为了启发众生的觉悟，明心见性。一旦了悟自己的本性，则我即是佛，佛即我性。概言之，迷者为众生，悟者为佛，众生与佛的区别只在迷悟一念之间。

"众生皆有佛性"实质上还内含一个理论问题：佛性是本有还是始有。换句话说，佛性究竟是成佛之因还是成佛之果。这一问题早在印度佛教中就开始了争论。"本始之辩的关键在于对佛性内涵的理解，若以真如、实相为佛性，那么它必然是本有，万物以它为本，因它而成，离它不有；若以佛性为涅槃，则它只能是始有，一切众生都不能指望无须经过任何修习

① 唐中毛：《月印万川——佛教平等观》，宗教文化出版社 2003 年版，第 37 页。

就可以进入涅槃。”[①] 对佛教伦理学而言，这个问题非常关键。如果佛性不是“本有”的，本性当中不具备这种趋善性，则佛教修持、道德完善将失去人性的根基，成为与人的本性相冲突的外在强制，而道德完善应该是人的自我发展和完善。如果佛性不是“始有”的，则意味着佛性自然具有、本来固有，人一生下来就完满无缺，则佛教伦理的一切学说都会失去意义，道德也将失去作用。因为道德之存在必要源于人的不完善性。可见在佛性的本有始有问题上任何绝对的答案都会导致理论存在的困境，这是佛教理论本身不可克服的。

（二）佛性论的“无情有性”说

沿着佛性平等的思路，天台宗九祖湛然提出了“无情有性”的观点。无情有性显然是一种泛性论，它强调佛性的普遍性，证明了佛法的无边，宗教意义显著。从佛教平等观意义看，它使得佛教的平等观真正实现了彻底的平等，等视宇宙之间一切万物，不光生佛不二、凡圣一如，而且万物也是一体圆融的。达到了平等的最高境界。正是顺着这个思路，华严宗、天台宗的学说中都描绘出不二平等的理想状态：一切平等，圆融互摄。用华严宗的话来说就是：“一切诸法都相互为体，相互为用，举一尘即亦理亦事，谈一事即亦因亦果，缘一法而起万法，缘万法而入一法。”

从正面来讲，“无情有性”的彻底平等思想表达了人类对自然万物的尊重，用方立天先生的话来讲“这是对自然界生物和非生物的尊严的确认，是对自然界万物的敬重、悲切和摄护”[②]，体现出佛教平等思想的慈悲和博爱。能有效破除人类中心论的偏见，平等地对待一切生命乃至宇宙间的一切事物，有利于建立人与自然环境之间和谐的平衡关系。

但是“无情有性”说在肯定佛法无边、强调平等的普遍性的同时，也必然会导致对佛教理想价值目标超越性和崇高性的贬抑，从而降低对这种目标追求的原动力，弱化对其的向往和憧憬。同时，这种过于泛化的平等观在现实生活中必然陷入种种困境，人与人平等，所以不能杀人、不能轻视人，这在生活中有法律和道德规范的规范，能够得到有效实现；人与动物平等，所以不能杀生，这在事实上不具有完全可能性，即使素食主义者大力提倡并身体力行；人与一切万物平等，可能人类的存在会寸步难行。

---

① 张怀承：《涅槃与无我——佛教伦理道德精粹》，湖南大学出版社 1999 年版，第 204 页。
② 方立天：《佛教平等理念对和平与发展的启导意义》，《理论》2004 年第 1 期，第 1 页。

第四节 业力果报论：佛教平等观的现象论依据

佛教认为宇宙万法是由因果律所支配。因果是因缘果报的通俗简化说法。因即种子，缘即条件。因，也叫能生，但必须具备能生的条件。这具备能生的条件，就是缘。所以整个世界万物都是由无数的因缘所生。佛教叫做“缘起”有因，有缘才能生。整个世界都是因缘所生，这就是佛教为我们提出的认识世界的方法。佛教根据因果论说明宇宙万物发生、发展和灭亡的原因：因缘和合则生，因缘离散则灭。宇宙间万事万物都是这样，无休止地变化着，这就是佛教的世界观。佛教根据因果论解释现实社会生活的必然性，论述人生苦难的根源，并指出超脱因果报应轮回的途径，为宗教出世提供理论依据。这就有了佛教的人生观。①

一、业力果报论的基本观点

业力果报论是佛教因果论和“业力”说的结合。

（一）佛教因果论

“因果就是指因果律，也指因果报应，是佛教用以说明世界一切关系并支持其宗教体系的基本理论。”② 佛教从宗教实践的基本立场出发，对因果理论作了大量阐述和深入分析，在古代哲学中还没有哪家哪派能够超过它。③

佛教主张世界万物无一不由因缘和合而生，且认为有因必有果，有果必有因。所谓因是原因，是能生，果是结果，是所生。佛教对因果作了各种不同的分类和阐释，其中最有代表性的是“四缘”“六因”“五果”。

所谓“四缘”，指一切事物所由生起的四类能作条件。其具体内容是：第一，因缘，因就是缘，万物直接由它产生，是事物内在的因缘。第二，等无间缘，指认识、思维活动形成的条件，特指精神条件。第三，所缘缘，指认识产生的原因，特指外境，即认识对象。第四，增上缘，指任何

① 张怀承：《涅槃与无我——佛教伦理道德精粹》，湖南大学出版社 1999 年版，第 82 页。
② 方立天：《佛教哲学》，中国人民大学出版社 1986 年版，第 155 页。
③ 张怀承：《涅槃与无我——佛教伦理道德精粹》，湖南大学出版社 1999 年版，第 84 页。

一事物对其他一切事物的影响和作用。四缘中，最根本的是因缘，它与增上缘解释宇宙万有的产生，等无间缘和所缘缘则解释精神现象的产生。

所谓“六因”，四缘说和六因说是从“缘”或“因”的角度对原因作出分类，其实两者都是论原因的。六因说是把四缘中起间接作用的等无间缘、所缘缘和增上缘归结为能作因，把具有直接生果功能的因缘别开为五类，合为六因。具体为，第一，能作因：指一切能够产生结果的原因，因具有生果的功能，是能作，能作是因的最根本性质，能作就是因，故称能作因。果是所作。第二，俱有因：俱有指同时俱有和同处俱有，即互为因果和一果多因。第三，同类因：指与其结果有相同性质的原因，特指道德上的善恶同类，即常说的善有善报、恶有恶报，又称“自种因”。第四，相应因：指认识的主体和认识活动同时相应而生。第五，遍行因：即通遍的原因，是从同类因中划分出来的恶念恶行之因。第六，异熟因：指因果不同时，特指能够招致三世果报的善恶业因。善因生乐果，恶因生苦果，但苦乐的结果并非皆能在今生就获得，有些业因须等来世才有果报。且苦乐不同于善恶，即果和因不同类。这是佛教业报轮回中最重要的因。

所谓“五果”，具体指，第一，异熟果：即“报果”，指众生前世所作善恶之业招致的果报。此果与其因在时间上有间断，因与果不同时存在，是前世造因今世得果，善因得乐果，恶因得苦果，因果的性质和内容都存在一定差别，故称异熟果。第二，等流果：即与其产生的原因在性质上相同或相似的结果，主要指人们思想行为所引生的同类结果。第三，士用果：士，指人，就是通过人的主观努力运用各种手段所得到的一切结果，即人的创造物。第四，增上果：指由增上缘产生的结果，它是由对事物的生长有积极影响的一切因素所产生的结果。世界上的一切事物，除由人的直接造作所产生的士用果之外，都可以称之为增上果。第五，离系果：系：特指烦恼的恶束缚，脱离一切烦恼的束缚就称为离系。离系果是指人生痛苦的解脱，是最高的果，又称解脱果，其实质就是涅槃。它不是前面所讲的四因六缘产生的结果，而是通过佛教修持超脱轮回而获得的“正果”。

因果论是佛教用以说明世界一切关系的基本理论。它认为世间一切事物、现象的存在都是由因果关系支配的。同样，众生的存在状态也受因果论的支配。当把因果论运用于分析说明众生的存在差异时，因主要是指众生所造之“业”。这样就把因果论和业力说结合起来，形成了佛教的业力果报论。业力果报论强调，每个人的善恶行为必定会给自身的命运带来影响，产生相应的回报，善因必生善果，恶因必得恶果。由此引起人在前世、现世和来世三世间轮回，相继在前生世界、现世世界和死后世界生活。实际上这是阐发道德与生命的关系的理论，是一种强调由行为来改变自我命运和未来生命的理论。①

（二）佛教业报说

业报轮回思想是古印度普遍流行的观念，存在于各种宗教派别如婆罗门教、耆那教、瑜伽派等之中。“轮回”② 在梵文中写作 Samsāra，意思是“流转”，古印度人认为，人的灵魂并不因身体的死亡而消灭，而是转入另一个实体中，如此循环往复，永远没有休止，就像车轮在不停地转动一样。而轮回的根源在于“业力”，轮回不过是“业力”的外在表现，是作为“业报”的结果，是人的身心活动所产生的善恶报应。佛教在其产生过程中，也批判地吸收了这种思想。但与其他宗教不同的是，佛教所讲的“轮回”“业报”思想是和平等观相结合，佛教运用业力果报论解释各类众生的差别（不平等表现）。换言之，轮回业报是平等的一种表现。婆罗门教的业报轮回理论与种姓制度紧密结合，其核心是一种出身论，佛教的业报轮回说则与四姓平等思想联系在一起。佛教认为一切有生命的个体，不管其生于何种种姓，也不管他从事何种职业，总是依据其自身的意识和行动所产生的结果，即业力在六道（指天、人、畜生、饿鬼、地狱、阿修罗）中生死轮回。

“业”是梵文 Karma 的意译，音译“羯磨”，“业”原义是指“造作”，泛指有情众生的一切身心活动。任继愈主编的《宗教词典》解释为：分类很多，一般分为三业：身业（行动）、语业（也称口业，言语）、意业（思想活动）。《大毗婆沙论》卷一十三：“三业者，谓身业、语业、意业……若自性者，应唯一业，所谓语业，语即业故；若所依者，应一切业皆名身业，以三业皆依身故；若等起者，应一切业皆名意业，以三业皆是意等起故。”“业报”，任继愈主编的《宗教词典》解释为：意为业的报应或业的

---

① 方立天：《中国佛教哲学要义》（上），中国人民大学出版社 2002 年版，第 76 页。

② 弗雷泽认为，轮回理论是“印度思想的一个特征”。他说，印度的这种思想是从表现混乱、杂乱无章中去寻求看不见的秩序。这不像西方人那样是在以数学计算的物理关系中去寻求，而是在宇宙、万物内在的、基于正义信仰的伦理规律中去寻找。参见王月清著《中国佛教伦理研究》，南京大学出版社 1999 年版，第 33 页注释③。

果报，用以说明人生和社会差别的佛教原理。谓由身、口、意三业的善恶，必将得到相应的报应。“善得爱报，不善得不爱报，无记无报。”佛教视此为必然业报法则，且“业”不但为“受身因缘”，万物亦“从业因生”。[①] 佛教认为，有情众生的内心思维活动以及随之而起的自身的语言和行动，必定会引起一定的潜在力量。这种潜在力量在时空中存续下来，成为一种“业力”。由于“业”是“人的有意识的由心发起的一切言行、思想（所谓身、口、意三业），它是众生主观意志的外化，一旦引发，便具有外在性，必然产生相应的结果，就像自然力，具有不以人的主观意志为转移的客观性，故称之为业力。”[②] 当众生的行为终结之后，这种业力并不随之消失，而是处于一种积聚的状态，在一定条件下，必将作用于行为者本身，影响到未来的生命素质，从而有六道轮回的现象，这就是“业报轮回”。可见佛教的业报轮回是依据个体的行为来确立轮回的结果，它给予了行为主体选择的权利。业报轮回理论有助于加强人的自律意识，为佛教伦理提供了一种现实性的依据。

（三）业力果报论的基本观点

首先，业报与业因一致，一定的业因必将产生同类相应的报果。具体而言，善业得福报，恶业得祸报，有漏业得有漏报，无漏业得无漏报，无记业无报，有如种瓜得瓜，种豆得豆。“业报轮回思想的基本原理是佛教伦理的‘因果律’，即善因必产生善果，恶因必产生恶果。因果律是以业力为中心，强调道德行为的主体与道德存在主体的一致性，主张‘相同的原因造成相同的结果’。这种因果律规定着人们是作恶还是从善，也对人们的苦乐处境做出宗教伦理的解释（今世苦果是前世的恶业，今世的善业可感后世善果）。在宗教伦理意义上，因果律强调人们必须为自己的行为负责，以警示人们的道德自律，成为自觉实践道德规范的强大驱动力量、支配力量和约束力量。”[③] 从业报法则来看，行为的动机与结果的伦理性质是一致的。对个体来说，尽管行为的过程或许是不可预期的，但由于行为的结果其伦理性质的可预期性，从而确定了个体的行为意义。

以报应轮回观念为依托，佛教认为所作善恶可以获得种种果报。在

---

① 任继愈主编：《宗教词典》，上海辞书出版社 1981 年版，第 282 页“业”和“业报”词条。

② 佛源主编：《大乘佛教与当代社会》，东方出版社 2003 年版，第 312 页。

③ 圣凯：《佛教伦理：一种全球伦理资源的意义》，《北京行政学院学报》2004 年第 3 期。

《分别善恶报应经》卷上里，佛陀在回答输伽长者“因果善恶报应云何”时明确称：“一切有情作业修因善恶不等，所获报应贵贱上下、种族高低差别亦殊……众生业有黑白，果报乃分善恶。黑业三涂受报，白业定感人天。”①《增壹阿含经》卷四四《十不善品》：

> “世尊告诸比丘：其有众生，修行杀生，广布杀生，种地狱罪、饿鬼、畜生行。若生人中，寿命极短。所以然者，由害他命。若有众生盗他物者，种三恶道之罪。若生人中，恒遭贫魔，食不充口，衣不盖形，皆由盗故。劫夺物者，即断他命根。若有众生，好喜贪淡，种三恶道。若生人中，门不贞良，窃盗淫淡。若有众生妄语者，种地狱罪。若生人中，为人所轻，言不信受，为人所戏。所以然者，皆由前世妄语所致。若有众生两舌者，种三恶道之罪。设生人中，心恒不定，常怀愁忧。所以然者，由彼人两头传虚言故。若有众生粗言者，种三恶道之罪。若生人中，为人丑弊，常喜骂呼。所以然者，由彼人言不专正之所致也。若有众生斗乱彼此，种三恶道之罪。设生人中，多诸怨僧，亲亲离散。所以然者，皆由前世斗乱之所致也。若有众生嫉妒者，种三恶道。若生人中，乏诸衣装。所以然者，由彼人起贪嫉故。若有众生起害意，种三恶道。设生人中，恒多虚妄，不解至理，心乱不定。所以然者，皆由前世志怒所致也，无有慈仁。若有众生，行邓见者，种三恶道。若生人中，乃在边地，不生中国，不睹三草道法之义，或复幸盲喑哑，身形不正，不解善法、恶法之趣。所以然者，皆由前世无信根故，亦不信沙门、婆罗门、父母、兄弟……由此十恶之报，致此殃映，是故。”

其次，因果报应具有必然性，善恶因果应报不爽。佛教以因果为宇宙万有最一般的联系，人所造之业与其所报之间也是因果关系，果报是业因发展的必然，不可违抗，不可逃避，不可取消。业力不可改变，业的转化是公平的。善有乐报，恶有苦报，这便是公平。人必须为自己的所作所为偿付代价，从道德上讲，这是责任承当，不应躲闪。从业的转化上说，这

① 天息灾译，《分别善恶报应经》，《大正藏》第1卷，第81页。

是必然而至。作业者与受报者同一。所以佛教常说“自作自受”。慈悲如佛陀，亦不能改变释迦族灭亡的命运。据佛经记载：当时拘萨罗国的琉璃王要出兵征伐迦毗罗卫城释迦族人，佛陀得闻消息，便站于路旁的秃树下等候。琉璃王很奇怪，下车礼敬佛陀，问佛陀为什么不站在枝叶茂盛的树下呢？佛陀回答：“亲族之荫，故胜外人。”佛陀护国之情使琉璃王很感动，下令退兵。如是者三次，佛陀知道释迦族残酷的业报已至，非一己之力所能挽回，只好任之。其中诸弟子之中，亦有建议以神通却敌，如大目犍连即建议造一大铁笼覆盖全城，使琉璃王的军队不能进入。但佛陀说：“云何目连，能以铁笼覆宿缘乎?”大目犍连答：“不能。”佛陀于是说：“释种今日宿缘已熟，今当受报。”

以上令人感伤的故事似乎说明佛教的业力思想是一种宿命论，其实不然，佛教的业力思想不是宿命论，这只是说明因果有其必然性；但人亦是自由的，人的意志可以参与因果，成为因果序列中的起点，这就可以改变因果的行程，由此而得解脱。人是自由的，人应该对自己的升进和堕落负责任。否则佛教的修持和实践就失去了意义，佛教极重视“精进”：八正道中包括“精进”；佛陀临涅槃的遗教亦是勉励弟子要精进。精进即预设人有自由，可以改变宿命，不过这种改变，又必须放在业的因果关系上来进行罢了。

佛教的业报轮回说是以有情众生生命个体作为轮回的承受者，通过生命个体的轮回转世来承受自己前生所造之业产生的报应。不同于中国传统善恶报应说是建立在家族、家庭、血亲关系的基础上，“积善之家必有余庆”，一个家族或一个家庭之祸福，往往取决于家族前辈所作之善恶；而自己一生所作之事，则将影响到家族的子孙后代之祸福，报应的承担者是家族的后代。(以血缘关系为纽带的封建宗法社会的特点)

因必生果、也必受报，乃铁定的自然规律，不以人们意志为转移，亦非出于神意。一切众生，不论高低贵贱，在这无情的自然法则面前一律平等。《增一阿含经》卷二三讲了一个“四仙避死”的故事：有兄弟四人精勤修炼，成就仙果，得大神通，以神通知业报成熟，死期将至，乃各自施展神通，以图逃避，老大凌空升腾，老二潜入海底，老三钻进须弥山岩石中，老四钻入地下，结果四人的神通都敌不过业力，一个也未能逃脱死亡业报的追逐，都死于所藏身之处。神通力虽不可思议，业力更不可思议，所谓“神通不能敌业”。

众生所造善恶业的果报，不仅表现为其主体的生存状态，包括美丑、贫富、寿夭、愚智等“正报”，还表现为造业众生所依止的外在环境如山河大地、气候、果木庄稼等“依报”。十恶之业感得所居之处污秽、多砾石、土地贫瘠、风雨不调、五谷不能成熟等依报。反之，多行十善者，则感得优美舒适、物品丰足的好环境。①

佛教伦理意义的因果律，与哲学意义上的因果辩证法不同，它陈述的不是“凡果必有其因”，而是“相同的原因造成相同的结果”，这一命题很容易被科学或常识证伪，但在宗教伦理意义上，它是一种铁定的信仰的规则，没有任何真假值，并决定着宗教生活中的道德选择和道德评价，换言之，即规定着人们是作恶还是从善，也对人们的苦乐处境作出宗教伦理的解释（今世苦果是前世的恶业，今世的善业可感后世善果）。②

再次，佛教报应论强调三世报应。因果报应虽属必然，但也未必是造了业马上就会受报。业报作为一种因缘所生法，须得条件具备，方能成熟，就像植物的种子须得合宜的土壤、光照、湿度，经过相当时间的发芽、生长、开花，到时候才结出果实。条件不具备，时机未成熟，便不会受报应。从时间上看，佛教认为，生命是一个无限的过程，有过去、现在、未来三世乃至多世，报应则有现报、生报、后报三种方式，受报应的主体并非某一特定的形体，而是寄生于该形体中的神灵。所谓现报，即一个人所作之业，在他生命终结之前，就以此身承受其果报，故又称“身报”。所谓生报，谓死后受报，指此生造业，今生虽未受报，但来生必将受报，如今生救人性命，来生长寿，今生残害生灵，来生折寿，行十恶者堕于地狱、饿鬼、畜生中受苦报，行十善者生于天上或人间受幸福快乐之报等。所谓后报，谓死后业报的条件也不得成熟，须到他生后世，乃至极为遥远的后世，方能具足条件而受报，指今生造业，今生来生都不受报，但无数世后一定受报，这是报应论时限的定中不定，不定中之定。

“三世报应论对现实社会道德与幸福二律背反的现象做出了无法证实的解释，并坚决彻底地否定了二者之间的矛盾。”③ 现实生活中经常可以看到好人不得好报、恶人不得恶报，好人到处受罪、恶人总得福乐，这就是

① 陈兵：《佛陀的智慧》，上海古籍出版社 2006 年版，第 104 页。
② 王月清：《中国佛教伦理研究》，南京大学出版社 1999 年版，第 34 页。
③ 张怀承：《涅槃与无我——佛教伦理道德精粹》，湖南大学出版社 1999 年版，第 118 页。

伦理学上的道德与幸福的二律背反，即有道德的人不一定幸福，而幸福的人不一定有道德。对此冲突，儒家强调“积善之家，必有余庆；积不善之家，必有余殃”，以儿孙受报加以调和。道教则有“承负”说加以解释，所谓“承负”是说先人的过失，成为一种影响后人的力量，而由后人负担。《太平经》认为，先人的罪过他此生不能偿还，就得由其后代偿还。汤一介先生认为，道教的“承负说”实是《易传》“余庆”和“余殃”说的发展。[①] 而佛教则认为，所谓道德与幸福的二律背反是不真实的假象，其不真实性的原因在于它割断了善恶福罪因果的无限链条，只从中抽取极其有限的一段——人的一生来分析，因而必然得出错误的结论。如果在善恶福罪因果的无限链条中来考察道德与幸福的关系，则好人善行一定得福报，坏人恶行必将得罪报，也就是说，根本不存在道德与幸福的任何矛盾。

二、业力果报论对佛教平等观的理论意义

业力果报论是佛教思想中社会影响最为深广巨大者之一，在中国古代曾为社会各阶层广泛接受并发挥着重要的作用，“所谓‘中华文明礼义’之殿堂，若缺了释氏业力因果论之顶梁，便有崩塌之虞”[②]。

（一）业力果报论立足于现实世俗生活论证了众生平等

业力果报论为佛教论证平等提供了一个新视角。前面所论述的佛教平等观的理论基础，缘起论、空论和佛性论对佛教平等观的论证，更多侧重于理论思辨和抽象分析，正如陈兵在关于缘起论时所评价的：“佛陀解决生死问题的路线，是利用人类特长的理性，从现象中概括出具有普遍性的原理——缘起法则……发现解脱诸苦之道。”[③] 而业力果报论则是直接从人们亲身经历的世俗生活分析入手，通过向人们展示出一幅生动具体的人生画卷，人生过去、现在、未来三世的因果关系揭示出众生的平等性，众生受业力因果支配在六道轮回，因而不应轻视、践踏他类，相反应等视一切众生。

佛教业报论主张善业、恶业皆为人自作自受。佛教的善恶因果报应论

---

① 汤一介：《佛教与中国文化》，宗教文化出版社 1999 年版，第 166 页。

② 陈兵：《自净其心——重读释迦牟尼》，四川人民出版社 1998 年版，第 74 页。

③ 陈兵：《佛陀的智慧》，上海古籍出版社 2006 年版，第 59 页。

不同于其他宗教如基督教、伊斯兰教等的善恶报应论，主要体现在佛教的这种报应论，不存在一个外在的、至高无上的权威考察人之行为的善恶，从而据之进行赏罚。佛教认为，善恶行为的报应完全由不可改变、不会消失的“业力”决定。一旦造了业，就一定会受报应，善有善报、恶有恶报，造善业不会报应到他人身上，造恶业也不能由他人来代为承受。人的现实状况就是由过去所造的业，即自身行为导致的，与他人无关，是自作自受，因而也不得不受，无人能够替代。《泥犁经》说“父作不善，子不代受；子作不善，父不代受。善自获福，恶自受殃。”① 对于现实生活中极为常见的为善不得善报、作恶不得恶报的现象，佛教认为，这并不证明善恶报应论不正确，而是表明善恶报应的时候还没到，时候一到，善恶必报。在佛教中，作为佛教最高境界的佛菩萨也无法改变业报轮回的法则，它们自身也正是根据业报轮回的法则，努力修持而成就佛果的。“佛、菩萨的功能主要不是赏善罚恶，而是救苦救难；不是通过改变或者取消业力来救人于苦难，而是在承认善恶业报平等原则的基本前提之下，以自己的善行、功德、法力来补救。”②

业力虽然具有普遍性、必然性和强制性的特点，但同时业力又是由心而造的，“心生则种种法生，心灭则种种法灭”。佛教认为，在业力面前，人并未失去自主其业的自由意志，相反人可凭借智慧去认识业力规律，“众罪如霜露，慧日能消除”，力行众善，忏除罪恶，人就可以从业力的束缚和压迫下得以解脱。当下的身心状态既是过去所作所为的结果，又决定了未来的生活，所谓一念善是天堂，一念恶是地狱，缔造未来简直易如反掌。③

佛教的业报轮回是依据个体的行为来确立业报轮回的结果，它给予了行为主体选择的权利，因此具有更大的公正性。从原始佛教到部派佛教，一直到后来的大乘佛教，都把业报轮回理论作为重要的教义。业报轮回理论有助于加强人的自律意识，为佛教伦理提供了一种现实性的依据。

“佛陀业力论蕴涵甚深，甚难全面准确地理解。当对佛陀业力论宣传理解不全面准确时，也容易产生一些消极的教化作用。如过分宣讲三世业

---

① 尚九玉：《宗教人生哲学思想研究》，北京师范大学出版社 2000 年版，第 168 页。
② 尚九玉：《宗教人生哲学思想研究》，北京师范大学出版社 2000 年版，第 168 页。
③ 佛源主编：《大乘佛教与当代社会》，东方出版社 2003 年版，第 313 页。

报，强调‘欲知前世事，今生受者是’，会使人倾向于宿命论、定命论一边，将造成现实苦难的原因悉委诸于前世业报，取逆来顺受的生活态度，懒得积极改造社会、自主命运，从而导致佛陀多次批判过的宿命论使人‘于内因内作与不作都无欲、无方便’的弊端。”[①] 这是佛教作为一种宗教出世理论所不可避免的局限，是我们必须注意加以克服的方面。

“宗教道德与世俗道德不同的地方，在于世俗道德虽然有善恶的分别，但是没有赏善罚恶的方法。宗教藉助神道来教化民众，因此，几乎所有的宗教都有一套共同的基本信仰，就是做善事的人，命终之后可以升天，做坏事的人，命终之后要下地狱。”[②] 这就是善有善报、恶有恶报。强调主体对自己的行为（业）负有完全的道德责任，含有动机与效果统一的因素。

（二）业力果报论使得佛教平等观得以完整解释世间的一切差别相，从而使佛教平等观实现其理论上的系统性

佛教强调众生平等，但现实众生纷繁复杂，有四圣六凡之别，有人间地狱之分，即使同为人道，也有美丑、寿夭、福祸之异。原因何在呢？业力果报论给予了合理的解释：自作自受，自造业自受报。佛教认为，生命的流转根据主体自身之业的善恶性质及大小在“六道”中轮回，为善可入天堂，作恶必下地狱，生命形式根据主体行为的善恶在“天、人、阿修罗、畜生、饿鬼、地狱”等“六道”中升降。众生若造杀生、偷盗、邪淫、妄语等恶业，死后所生之处为地狱；饿鬼类众生的生活仰仗于他人，受人施舍残羹剩饭而生存，为众生吝啬、贪婪、嫉妒等恶业所受的果报；畜生类众生是由于其业因不正而受到的负天而行的果报，此类众生愚痴不得自在，难悟佛法，多遭被同类杀戮甚至吃掉的业报；阿修罗类众生为修戒布施但未绝嗔恨、嫉妒、谄曲之业所获得的果报，佛教认为，此类众生福报似天而无天之德，虽然所具神力、所享寿命、所居宫殿均较人类为优胜，但其陷于魔道，修学佛法较人为难，故其在六道中的地位处于人之下；人在六道中思虑最多，有智慧、业果胜、意细微、能正觉、智慧增上、能别虚实、圣智正器、聪明业所生八义，就修习佛法而言，人最为殊胜；天道众生，受人间以上的胜妙果报。[③] 六道轮回，依为善渐次上升，

---

① 陈兵：《佛陀的智慧》，上海古籍出版社 2006 年版，第 113 页。

② （台湾）杜洁祥（Chieh-HsiangTu）：《从“罪福”探索佛教的生命观》，台湾：《生命学报》，2006 年第 1 期，第 98 页。

③ 张怀承：《涅槃与无我——佛教伦理道德精粹》，湖南大学出版社 1999 年版，第 121～123 页。

作恶逐步下降流转。六道中地狱、饿鬼、畜生为三恶道，凡作恶者堕此三道，阿修罗、人、天为三善道，行善者生此三道。

人类生活的任何遭际都是自己所造业因的果报，自作自受。人生并非被上帝决定、被命运决定，而是被自己决定的，自己决定着自己目前的生活和未来的命运。曾经种下什么因，才有目前生活的果报，现在造什么业，决定着未来生活的苦乐罪福。自己的一切必须自己负责，不怨天，不尤人。

第三章 佛教平等观的践行

平等观尤其是众生平等的思想在原始佛教理论中具有核心地位，在古印度人对于佛教的信仰和理解中，众生平等思想是佛教其他理论思想的源泉，是众多佛法得以产生的基础，同时也是反抗婆罗门教种姓差别的有力武器。随着佛教的发展，随着其理论化、体系化的深入，特别是传入中国后，随着佛教的中国化，虽然地位有所变化，但是不管怎样，平等观依然是佛教的核心观念，是佛教的根本教义之一。

佛教伦理思想是在佛教的基本理论、理念的指导下处理教内外各种关系的观念准则和行为规范的总和。佛教平等观作为佛教的根本教义之一，对佛教伦理的意义是不言而喻的。这种意义一方面表现在，佛教平等观本身就是佛教伦理思想（主要是大乘佛教）的伦理原则之一①；另一方面，在佛教伦理思想中处处都体现出佛教的平等原则和平等理念。如果把伦理关系归结为人与自身、人与人（含社会）、人与自然的关系，那么，对人生真实的揭示并由此得出佛教的独特的人生观体现出佛教的平等理念的运用，或者说，没有平等观，就无法识破人生的各种幻象而得出“无我”及提炼出“苦”的价值判断；人与他人、与社会的关系中，没有等视人我的平等原则，也就不会有大乘佛教的自利利他、自觉觉他的菩萨伦理情怀；在人与自然的关系上，佛教的护生理念、净土（环境）观念离不开众生平等、一切众生佛性平等、果报平等等佛教平等观的理论前提。

在具体介绍佛教平等观在佛教伦理关系中的践行之前，有必要先对佛教伦理的基本精神做一个概括性描述。

---

① 方立天：《中国佛教哲学要义》（下卷），中国人民大学出版社 2002 年版，第 870 页。方先生在关于“中国佛教的伦理原则和伦理德目”一节中，认为中国佛教在融会了印度大小乘佛教伦理思想的基础上，奉行的伦理原则主要有三条，即去恶从善、平等慈悲、自利利他。

第一节 佛教伦理的基本精神

伦理思想是论述人们之间相互关系原则的理论体系，其中一般都涉及道德的产生、发展和演变的规律，以及道德修养、道德实践、道德的功能等。佛教伦理则是佛教的道德理论、道德规范和道德实践的教义学说。佛教伦理是佛教教义的重要组成部分，佛教有别于自然宗教，是一种人为宗教，因而有着关注人类自身命运的浓厚的伦理情怀和调适人际关系的强烈的伦理动机。“佛教是伦理道德色彩相当浓厚的宗教”①，整个佛教义理，充满着浓郁的伦理道德气氛。理论界一般都认为，在佛教的根本理论“四谛”中，“道”谛作为实现人生理想“涅槃”的方法，是伦理的重要内涵。在戒、定、慧“三学”中，戒学和定学主要属于伦理道德修持的内容。在三藏典籍中，经藏和论藏也包含了丰富的伦理道德思想。

由于佛教是生活于世俗社会中的人类以追求人生解脱为终极目标的宗教体系，一般来讲，其伦理理论是世俗伦理和超世俗伦理的结合。关于佛教伦理的具体内容，不同学者从不同的角度切入，因而观点多种多样，各不相同，见仁见智。有学者把佛教伦理归为三个层次，形而上层面如心性论、价值论和存在论等内容；形而中层面即佛教的制度层面，如佛教的戒律；形而下层面即对僧众日常道德生活的具体规范。②

佛教伦理思想是一个不断演变的过程，随着佛教的发展不断成熟。大小乘的伦理观念、伦理准则并非完全一样，但从历史上看，大乘佛教是在小乘佛教的基础上发展起来的，因而在伦理思想上对小乘伦理并不排斥，而是或者将其置于大乘伦理体系之中，或者对其赋予新的意义。比如“五戒”之一的“不杀生”，小乘着重于从禁止、不的意义上讲述，而大乘则在禁止的基础上加以正面的表述，既强调消极意义的不杀，同时又提倡修持意义上的“慈心”，到中国佛教则更进一步，在强调不做恶业的基础上主张积极行善业。

---

① 方立天：《中国佛教伦理史纲》，《中国社会科学》1996 年第 2 期，第 97 页，或《中国佛教哲学要义》（下卷），2002 年版，第 856 页。

② 董群：《禅宗伦理》，浙江人民出版社 2000 年版，第 35 ~ 39 页。

早期佛教注重个人的身心修养和道德实践，以五戒十善作为信徒的基本道德规范和实践，通过修行而求得阿罗汉果为最高道德理想。大乘佛教则除了追求个人的精神解脱之外，更以救度众生脱离苦海的“菩萨行”为自己的宗教修行实践。在道德实践方面，大乘佛教强调“六度”“四摄”（六度，又称“六波罗蜜”。指六种修行到达涅槃的方法，具体指布施、持戒、忍辱、精进、禅定、智慧。四摄，指四种与众生相处，共同生活中应当遵守的行为规范，具体指布施摄、爱语摄、利行摄、同事摄）。佛教伦理思想传入中国后，在同中国传统伦理文化的冲突、融合过程中，不断调整、完善和发展，形成了具有中国特点的佛教伦理体系。从整体上来讲，佛教伦理道德体系从揭示人生真实、解脱人生苦难出发，以涅槃成佛为终极价值目标，以因果报应作为道德调节的形式，强调止恶修善的道德精神。“无论是早期佛教的伦理化，还是中国佛教的伦理化，都有着对人性觉悟的关心，对人生解脱的关怀，对道德问题的关注等共同主旨。”①

由于伦理就是关于人与人之间关系的理论，而人与人之间的关系必然从对自身的认识了解出发，按照这个思路，关于佛教伦理思想体系可以有这样一个基本的线索分析：

人与自我的关系问题是每一个有自我意识的人所必须面对的问题。佛教作为一种为人类提供终极意义的宗教理论，对此必然提供一份答案。因此从原始佛教开始，佛教的核心就是阐发人生的价值和意义，为其宗教出世目标提供依据。原始佛教的基本教义“四谛说”就是围绕着人生问题展开的。在“苦”谛中揭示出了佛教的独特的人生价值观——诸受皆苦，痛苦及随苦而来的烦恼是人生的本质。认清现实人生的痛苦本质，不被暂时的、虚妄的快乐所迷惑，这是佛教人生观的理论基点。那么人生烦恼和痛苦的根源是什么？根据佛教业报理论，佛教认为，人的生活和生命决定于自身，是人自己造业，自己受报。因此烦恼和痛苦的根源在于人自身，不是神、不是自然外力，在于人自身的“无明”，即对人生真实的愚痴无知。因此，佛教指出：觉悟真理，除却无明妄念，就能从根本上灭除烦恼和痛苦，消除了烦恼痛苦的境界，就是佛教所揭示的人生的最高理想——涅槃境界。进入涅槃的途径有很多，其中主要的是“八正道”。

佛教的发展经部派佛教进入大乘佛教后，大乘佛教虽仍以人生问题为

① 王月清：《中国佛教伦理研究》，南京大学出版社1999年版，第225页。

出发点，以人生解脱为终极目标。但大乘佛教的根本精神是平等慈悲，平等慈悲是佛教伦理道德的殊胜所在，这种殊胜性主要表现在对他人甚至一切生物平等无差别的关爱，因此，大乘佛教认为人的解脱仅“自觉”是不够的，还必须同时“觉他”，所以，大乘佛教对个人与自我关系问题的解答，是与个人与社会的关系紧密联系在一起的。大乘佛教的自利利他、自觉觉他就是关于人我关系的集中体现。也就是说，大乘佛教认为，要达到对生命的超脱，独善其身是不可能做到的，必须在对一切众生的关怀与同情中，在对他人与社会的不断奉献中才能实现，并且认为自觉自利是觉他利他的必要前提和准备，只有不断提高自己对佛法的觉悟，才有能力去普度众生，利乐有情。而且由于众生平等，一切众生皆有佛性，所以佛教的平等慈悲思想要求平等无差别地关怀一切众生，同时按照佛教的业报因果理论，一切众生在过去世中互为六亲眷属，只是现生现世，由于业力果报的不同，而有人和动物的区别，所以，佛教倡导戒杀、放生，净化环境，庄严国土，利乐有情——这也就是关于人与自然万物之间的关系。[①]

佛教进入中国后，中国佛教伦理继承了大乘佛教伦理的基本精神，并进一步发展了它的世俗伦理的一面，把人生的超脱导向世俗化、现实化，禅宗的“佛法在世间，不离世间觉”是其典型体现，到20世纪初太虚大师干脆提出了“人间佛教”的思想。到今天人间佛教已成为了中国佛教的主流，学术界甚至有人提出，人间佛教最有希望成为佛教史上继原始佛教、部派佛教、大乘佛教及密乘佛教形态之后的现代佛教形态。[②]

有必要强调的一点是，佛教强调出世，通常以为佛教必然是反社会伦理的，其实不然，佛教伦理，从其实质来看，作为人类道德智慧的结晶，它不仅不排斥社会伦理，相反具有普遍的实践意义和应用价值。

如前所述，佛教平等观作为佛教的根本教义之一，一方面，本身就是佛教伦理思想的伦理原则之一，另一方面，对整个佛教伦理思想体系都产生了深刻影响，可以说贯穿于佛教整个伦理学说之中，从内涵方面讲，涵盖了从伦理理论到道德修养、道德实践、道德追求，从外延方面讲涵盖了从人与自身、与佛、与社会、与自然的关系等方方面面。本章选择从外延角度涵盖的几个方面对佛教平等观在佛教伦理思想中的贯彻作一分析。

---

① 佛源主编：《大乘佛教与当代社会》，东方出版社2003年版，第118页，华方田《佛教伦理道德与现代社会》。

② 陈兵、邓子美：《二十世纪中国佛教》，第五章，民族出版社2000年版。

第二节 佛教平等观在自我身心关系中的体现

人与自我的关系是一个人作为人而存在所必须要解决的首要问题，因为即便是在处理我与他的关系的过程中——无论个人是否自觉地意识到这一点——都不可避免地要先面对自身，因此，苏格拉底呼吁："认识你自己。"

有一个我们熟知的古希腊神话传说"斯芬克斯之谜"。智慧女神缪斯授谜语给人面狮身的斯芬克斯，于是斯芬克斯站在路口考问每一个过往行人，并将答不出者吃掉。谜面是："有一种物类，早晨四条腿走路，中午两条腿走路，晚上三条腿走路。"智者俄狄浦斯猜出了谜底："人。"被猜出了谜底的斯芬克斯葬身谷底，不再吃人。这个谜语至少可以给我们两个启示：第一，对人的警醒。人必须认识自己。人是什么？人在宇宙中的地位如何？人能做什么？人应该做什么？人类如果不能了解自己，其命运是悲惨的：谜语中猜不出谜底被斯芬克斯吃掉即预示着人的一种毁灭性的结局。第二，标志着人的觉醒。智者俄狄浦斯标志着人类的觉醒，从而人类获得自我拯救。

这是神话，所以人之谜很快被破解。现实人类生活中，关于人的谜底远没有这么简单。在人类漫长的历史发展过程中，思想家们从来没有停止过对人类自身之谜的探究，而且永远不会停止。正是在对人之谜的求解、对人的存在状态和意义的追问过程中形成了多种多样的人我身心关系的理论。独具特色、博大精深的佛教人我身心观就是其中之一。

2500 多年前的释迦牟尼，生活在种姓制度盛行的古印度社会，亲身体验到了人间的不平等，"四门游观"[①] 更是让他对人生之苦印象深刻，于是毅然舍弃舒适的太子生活离家修道，寻找人生解脱之道。在经历了当时印度流行的各种最艰苦的所谓解脱之道——禅定和苦行之后，凭借智慧，终

---

① 佛经记载，释迦牟尼身为太子时，乘车巡游都城，在城的东门看到一个老态龙钟者，其行动迟缓、弯腰驼背、齿脱皮皱的老状令人心情不畅；在城的南门看到一个重病呻吟者，其痛苦不堪更是刺心；在城的西门看到一个死亡送葬队列，而在北门看到一个出家修道者，倒是安详自在、精神矍铄，于是深受触动，想到自己也难免老、病、死，终日闷闷不乐，唯以生老病死大事为念。这就是"四门游观"。佛经记载说这是促使乔达摩·悉达多太子出家求道的一大契机。

于在菩提树下开悟，解脱成佛。并决定住世弘法，帮助处于苦海中轮回的一切众生同得解脱智慧，获得自由。

一、透过“性相平等”识得“无我”

佛教要想解决人生中的一系列问题，必然要先解决人与自身的关系问题，也就是必须对自我有一个明确的认识。

然而，对于人来说，要真正认识自我，把握自我，则诚非易事。老子曾说：“知人者智，自知者明；胜人者有力，自胜者强。”认为认识自己、从而战胜自己才是真正的强者，突出了自我认识的不易。对此，佛教透过“性相平等”的佛教平等观，提出了它的独具特色的答案：人生的价值是“苦”、人生的本质是“无我（空）”。识得人生之苦，证得我之空，因而为佛教的宗教归宿提供了基础，论证了宗教解脱的必要性。

什么是苦呢？

释迦牟尼在“初转法轮”时提出了“四谛”说，谛，即真理，四谛即是四种真理，它们是苦谛、集谛、灭谛、道谛。苦谛，揭示人生的本质是苦；集谛，解释造成人生痛苦的原因；灭谛，宣示解脱人生痛苦的理想境界；道谛，开示解脱痛苦、达到理想境界的途径。其中苦谛是核心。佛教认为人生的本质是苦，并着力探寻导致人生痛苦的原因，揭示解脱痛苦的途径和方法。

诸受皆苦，这是佛教的人生价值观，是佛教对人生价值的一种独特判断。这里的苦“并非专指情感或肉体上的痛苦，而是泛指一种精神逼迫感，即烦恼”①。四谛之核心的“苦谛”揭示出了众生生活和生命的痛苦本质，详尽地列举了各种各类“苦”。佛教关于苦有种种不同说法，如二苦、四苦、五苦、八苦、一百一十种苦乃至无量诸苦，其中最常见的是八苦：即生苦、老苦、病苦、死苦、怨憎会苦、爱别离苦、求不得苦和五蕴盛苦。

生苦：此处的生，主要是指产生，即生命的诞生。十月怀胎，一朝分娩，对新生命而言充满痛苦。人出生前胎怀母腹，犹如囚禁在暗无天日的牢狱之中；产生之际，受产道挤压，弄得浑身青紫斑斑……从生命的形成到诞生，人受到了各种逼迫，出生之后，又开始了无穷无尽的痛苦过程。

---

① 张怀承：《涅槃与无我——佛教伦理道德精粹》，湖南大学出版社1999年版，第71页。

所以，有生即有苦。

老苦：老为人生的暮年，是生命力自然衰竭的人生阶段。一方面，体能智能逐渐衰退，发白齿落，皮松面皱，目昏耳聋，骨节疼痛，老态龙钟，颤颤巍巍，举步无力，坐立呻吟，记忆衰退，百病丛生，涕泪不收，坐起须人扶持看护。另一方面，人到老年，面临死亡的逼迫，越老逼迫感越强，人越来越生活于无边的恐惧之中。

病苦：人作为自然生物体难免会有这样那样的病痛，病痛对有感觉的人而言无疑是一种痛苦。佛教把病分为身病和心病，身病是从里到外肌体上各种各样的不适和痛苦；心病则是精神上的恐惧、担忧、悲伤、缺失等等一切烦恼。人生原本就无安乐，病更加重了它的痛苦。

死苦：有生必有死，死是生命的内在规定性和必然结局。佛教指出人皆有死，无法实现永恒，但人类却期盼永恒与不朽，求而不得，这就给人生带来了不可解脱的痛苦。生命无常，或寿终正寝，或疾病而死，或意外丧生，无论哪一种死，作为生命消逝的过程本身就是一个十分痛苦的过程，因此人都会作最后的挣扎，与死的痛苦搏斗、与死本身抗争，尽管结局不可避免。另外，死亡的来临也给人带来巨大的精神痛苦：一生忙碌辛劳挣得的一切，荣誉、地位、财富都被一捧黄土掩盖得干干净净。大限到时撒手西归，一切都是为人作嫁衣裳。

怨憎会苦：任何人都希望远离自己厌恶的人和事，避免挫折与不快。但是，生活总难以如意，憎恶的事往往纷至沓来，相互仇视的人却偏偏总碰在一起，冤家路窄，这当然给人造成痛苦。

爱别离苦：人在主观和客观方面都会有所喜爱，但是生活中偏要分离，难以相爱。如父子、兄弟、夫妇、朋友、情侣，欢乐相处，终不免是父子东西，兄弟南北，骨肉分离，欢聚时少，分别时长，甚至祸起非常，造成生离死别的莫大痛苦。

五蕴盛苦：又称五取蕴苦、五阴盛苦。佛教把这视为一切痛苦的汇集点和总根源。“蕴”，意为聚积。“五蕴”，指构成人的身心的五种要素，即色、受、想、行、识。“色”为物质，在人指肉体；“受”指由人的肉体感官滋生的喜怒哀乐等情感和感觉；“想”指人的理性活动和概念的作用；“行”专指人的意志活动；“识”为统一前四种活动的意识。“五蕴”即指人的五种生理、心理活动，它与“取”（固执的欲望和贪爱）相结合就产生了各种贪欲，故又称“五取蕴”。佛教认为，在八苦中，求不得是前六苦的原因，而求不得苦又来自五取蕴的贪欲之苦。有五蕴即有苦。[①]

主张人生是苦其实不止佛家，比如，基督教的“原罪”说，把人类始祖亚当和夏娃偷吃伊甸园禁果被上帝处罚的罪过“遗传”给人类，因而人与生俱来不可选择地有“罪”；比如现代西哲叔本华也专门研究工业社会人的生活现状后得出结论：“人生是苦。”然而与上述所说之苦不同的是，佛教所说的苦，被认为是由于自己不明是非，盲目去贪恋、追求所招集而来的苦果。

“苦谛是四谛中最关键的一谛，是佛教人生观的理论基石。正是由于佛教创立者病态般地把人生涂抹为苦难的历程，视大千世界，红尘滚滚，从而奠定了超脱世俗的思想立场。”[②] 这是方立天的观点，其实，佛陀的分析并非完全病态涂抹，正如陈兵所说的：“只要以客观冷静的态度反省人生，便应承认佛陀所揭露的人生诸苦，并无扩大渲染，可谓对人生的如实观。”[③] 同时它体现出佛教对现实的否定精神。“它通过对黑暗社会和苦难人生的系统反思，对现实产生一种几乎可以说是深恶痛绝的厌恶情绪，因而形成以苦空观念为核心的否定精神。人生皆苦，万象皆空，不只是理论上的负面，实际上也是对俗界的否定和批判。这种在苦难中的痛苦呻吟和对现实社会清醒的诅咒，曲折地反映了人类不甘屈辱和追求个人权利的本能。”[④] 当然，不可否认的是佛教“苦”论中有荒谬的成分，尤其是对造成苦的根源分析全部归结于人自身的所谓“无明”和贪欲，这实质上掩盖了社会经济制度是造成人类痛苦的最根本原因的事实。

以上是佛教对人生之苦所作的描述，可谓淋漓尽致。那么，人生为什么会有这些痛苦？人们为什么会在痛苦中轮回呢？佛教认为，“我见”是造成痛苦轮回的主要原因。何为“我见”呢？“我见”即指在世人眼里，千变万化的现象背后有一恒常不变的自我实体起着主宰的作用。就我们人类自身来说，所谓的“我见”就是指众生执著于有“我”的观念，这个“我”就是指具有主宰性、能随意支配我们的思想和行为的、唯一的恒常

---

① 以上关于八苦的论述，见张怀承：《涅槃与无我——佛教伦理道德精粹》，湖南大学出版社 1999 年版，第 71 ~ 74 页，及方立天：《佛教哲学》，中国人民大学出版社 1986 年版，第 63 ~ 64 页。

② 方立天：《佛教哲学》，中国人民大学出版社 1986 年版，第 65 页。

③ 陈兵：《佛陀的智慧》，上海古籍出版社 2006 年版，第 38 页。

④ 麻天祥：《20 世纪中国佛学问题》，武汉大学出版社 2007 年版，第 27 页。

的实体。就是说，在世人看来，“我”是实实在在的独立实体，因而“我”不同于“你”和“他”，因而导致追求“我”的各种外在的诸如荣华富贵、名利地位等。在前面的苦谛观中，佛教也分析说明了五蕴盛是人生痛苦的根源，五蕴聚合成身心，就有了“我”，也就有了贪欲。因此只有去掉“我见”，破除对“我”的执著，才能出离苦海，获得解脱。怎样去“我”执呢？佛教提出了“无我”观。

“无我”又称“诸法无我”，其意指一切法中没有独立自存永恒不变的自体，无论是迁流不息的有为法还是寂静湛然的无为法，都找不到一个恒常不变的主宰者。它包含有“法无我”和“人无我”两层意思。“法无我”主要是针对于物质世界而言的，在佛教看来，万法都是由种种因缘和合而生、不断变化的，因此，就其本性来说，万法皆空。《金刚经》上说：“一切有为法，如梦幻泡影，如露亦如电，应作如是观。”这种空，不是从理性认识或逻辑推理上所得来的知识，而是从本质上，依照般若智慧观照所得的对于事物存在的本真状态的认识。根据佛教的缘起论，世间每一事物都是因缘和合，相依相待而存在。“此有故彼有，此生故彼生；此无故彼无，此灭故彼灭。”每一事物既由众多条件和合而生，同时又是构成其他事物生起的条件。万事万物生住异灭，方生方死，方死方生，无一常住不变、恒常主宰之“我”。因此，诸法无我。佛教试图以此来破除世人对物的执著。

再看“人无我”。佛教认为，人之所以成为活生生的现实存在，是由诸种因缘暂时聚合而成的，随着因缘聚散的变化，人最终仍将不复存在，这就叫“人无我”。人是由五蕴假和而成的，同外界的事物一样，没有恒常自在的主宰。佛教认为，人作为形体和精神的集合体，是由色、受、想、行、识五种元素（五蕴）组成，假名为人。“色”属于物质元素，“受”、“想”、“行”、“识”属于精神元素，因缘聚合的人（即现实的人），本质上是物质现象与精神现象的统一体。其中，色构成人的肉体骨骼，具体又由地、火、水、风四种元素构成，地性构成人的肉体骨骼，水性构成人的血脉精液，火性构成人的温度体热，风性构成人的呼吸气动。受想行识是原始佛教对人的精神现象所作的特种划分①。好比砖、瓦、椽、梁和合而成房屋，离开这些要素房屋不复存在。人也是五蕴的假合。但世人不

① 祈志祥：《中国人学史》，上海大学出版社2002年版，第160页。

懂得这个道理，把人执著为实在的实体，产生“我”的观念，热衷于自他彼此的差别，形成种种贪欲，进而造种种业，造业必陷于生死轮回苦海之中，在佛经中，最常见的就是借助对五蕴的分析，由五蕴皆自性空的事实来论证无我的真实性。《杂阿含·无我相经》中说：“色无常，无常即苦；苦即非我，非我者即非我所，如是观者，名真实观。如是，受、想、行、识无常：无常即苦，苦即非我，非我者即非我所。如是观者，名真实观。”

“无我”实际上是要求以平等心去认识自我，认识众生，认识万法，泯灭分别心，破除执著心，克服自我与他我、个体与群体、人类与自然之间的对立，而融自我于他我、群体之中，获得终极解脱。

以上对“苦”、“空”的分析及结论，都是透过“性相平等”的佛教平等观得出的。俗人所见的实在的万千事物现象，生、老、病、死，你、我、他等诸如此类，是存在的，是“有”，只不过它们没有独立真实的自性，假借因缘和合而有，所以称“假有”，是凭借各种“因缘”组合的条件而成的。佛教认为，人有人相，山有山相，水有水相。万物莫不有自己特殊的形象，因其特殊的形相状貌而互相区别。事物特殊的形相状貌是由其特殊的性质决定的，这种由其特殊性质决定的形相状貌，便是事物的“相”。人们能区别事物，就是因为能够认识它的相。事物的相是客观的、实在的，不是人们的主观臆造。所以，任何事物的相，都是实相。“实相”就是事物客观实在的相。这是普通人的观点，佛教称之为俗谛，或称世俗谛，意为世间之真理。俗谛为不究竟之法。超越俗谛，以出世间真实智慧所彻见的真实之理，才是真谛。依真谛，事物的相并非实相，“凡所有相，皆是虚妄”①。

佛教平等观认为，万法由于性空因而在本质上是平等的。虽有现象世界中的种种差别：自然界山川河流、花草树木、虫鱼鸟兽，人类社会的你我他、名誉地位、美丑寿夭等，但其实这些都不过是假象。它们的存在一方面是“无自性”的，一方面是“无常”的。“无自性”是因为它们是各种因缘的和合，它们的存在有赖于多种条件的先在，它们本身就是多种条件的暂时聚合。如房子的存在离不开梁、椽、砖、瓦，房子本身只不过是梁、椽、砖、瓦的暂时聚合，它们之间的关系是“此生故彼生、此灭故彼灭，此有故彼有，此无故彼无”，没有一个独立的不变的实体或主宰者。

---

① 陈扬炯：《中国净土宗通史》，江苏古籍出版社 2002 年版，第 137 页。

换句话说，世界上没有单一独立的、自我存在的、自我决定的永恒事物，即是“无我”的，因为无我所以无自性，无自性也就必然是处于生灭变化的“无常”之中。由此可以知道“凡所有相，皆是虚妄”、万法是“真空假有”。一旦证悟到万法的虚而不实时，就可以进到《金刚经》所言之“无我相、无人相、无众生相、无寿者相”的无分别、无妄想、无执著之境界，由此，体会到一种众人与我无差别的精神境界。进而产生性相平等的觉悟，不再执著于宇宙万法的差别和不同。

正是基于这种性相平等的方法原则分析现实众生的人生和生命过程，佛教得出了对人生本质的认识，即人生既是空幻不实的，又是真切实在的。由空幻不实而言，对人生的功名利禄、荣华富贵要勘得破、看得透，一切都是过眼烟云；由真切实在而言，人不必把毁弃生命当解脱，人可以在现世的世俗生活中修道成佛。这正是亦僧亦俗的大乘佛教僧侣生活方式的理论依据。《佛说维摩诘经》中描述的大乘居士维摩诘就是这种生活方式的典型代表。这种亦僧亦俗的生活方式，很契合中国人重视世俗生活的旨趣，因而在中国化的佛教如禅宗中相对风行。①

二、“果报平等”故“人身难得”

在佛教看来，世界万物处于普遍的因果关联之中，因果联系是宇宙间最普遍的联系。人生亦如是。人的一切行为既是某一原因的结果，也必然是某一结果的原因。佛教把产生人生现象的原因称为“业”，而把其结果称为“报”。人生现实的生活遭遇由自己过去的行为所造成，而现在的行为又必将产生未来生活的结果，这就是佛教讲的“业报”，或因果报应。

按照佛教的业报因果理论，一定的业因产生同类相应的报果。什么样的因就产生什么样的果，作什么业就得到什么样的报应，即善业得福报，恶业得祸报。因此生命的流转根据主体自身“业”的善恶性质及大小在“六道”中轮回，为善可入天堂，作恶必下地狱。具体来讲，生命形式根据主体行为的善恶在“天、人、阿修罗、畜生、饿鬼、地狱”等“六道”中升降。

佛教把人类归于“善道”，强调“人身难得”。认为众生在六道中轮回，堕落容易上升难，生为人类的一员，被认为是极为难得的事，机会之

---

① 祈志祥：《中国人学史》，上海大学出版社2002年版，第299～230页。

难得，释迦牟尼常以“盲龟值浮木孔”来比喻。佛教虽分众生为四圣六凡的十法界，但认为在十法界中，人道是四圣六凡的中心，因为十法界众生的升降沉浮，完全以人道为中心；人生如果向善，向上进修，不但可以生到人间、天上，甚至可以成四圣，人生如果为非造恶，就可能向下堕落为畜生、饿鬼、地狱。

人身难得，是释迦牟尼发自内心的感叹，《杂阿含经》卷十五第405经佛言：“盲龟浮木，虽复差违，或复相得；愚痴凡夫漂流五趣，暂复人身，甚难于彼！所以者何？彼诸众生不行其义、不行法、不行善、不行真实……造无量恶故。”① 人身难得，难于盲龟值浮木，因此，释迦牟尼自己颇以降生在人间，修道在人间，而且在人间成佛度众生为荣。

为何人身难得呢？佛教看重人生，以人间为善处，主要是从修学佛道以超越生死的诸条件着眼。“超越生死，一方面须要身受生死之苦的逼迫，从而激发其超越生死的希求；另一方面，须要有反思自身处境的闲暇、理性和自强自救的意志力。”② 而其他六道众生中，不具备这些条件，因为相比之下，天界安乐故天界众生贪乐而不思向上，畜生以下诸道，报身下劣，难以进步，唯有人，一方面人间有生老病死等痛苦的折磨，使人产生摆脱诸苦获得解脱的迫切需求，同时，人又具有三类“殊胜”。《长阿含经》载：“佛告比丘：阎浮提人有三事胜瞿耶尼人，何等为三？一者勇猛强记，能造业行；二者勇猛强记，勤修梵行；三者勇猛强记，佛出其土……阎浮提人亦以以上三事胜龙、金翅鸟……阿须伦……四王天……忉利天、焰摩兜率天、化自在天、他化自在天。”③

也就是说人类的独特优势在于：一是忆念力殊胜。就是说人的思维能力是其他五道众生无法比拟的。人善于思维，人类具有丰富的记忆力，故能记取前人的经验而发展；人能用思维观察等。二是梵行力殊胜。就是说人类有同情心、慈悲心、惭愧心，能自觉按道德规范约束自己，自控欲望，自己净化自心。三是勇猛力殊胜。就是说人为了实现自身的价值，勤

---

① 陈兵：《佛陀的智慧》，上海古籍出版社2006年版，第45页。

② 陈兵：《佛陀的智慧》，上海古籍出版社2006年版，第46页。

③ 《长阿含经》卷二十《世纪经·忉利天品》，转引自陈兵：《佛法在世间》，中国时代经济出版社2008年版，第1页。阎浮提：四大部洲之南洲，一般认为即地球。瞿耶尼：四大部洲之北洲。

劳而勇敢，为了实现自己的理想甚至可以杀身成仁。[①] 所以释迦佛说：“人间于天，则是善处。”虽然佛家如此高推人类，主要是从接受佛法，依法修行的角度着眼的，但这充分体现出佛教对个人力量的信心和对主体精神的高度重视，显示出佛教伦理的以人为本而非以神为本的基本特色。

人身难得，理当珍惜。珍惜这难得的人身，最好的做法就是“发心修持”，成就佛果。为此佛教提出了体系庞大的修持理论。佛教的修持论主要包括两个方面，一为修身，主要通过戒律起到规范言行的作用，二为净心。佛教修持观是佛教伦理体系的重要内容，既是佛教伦理的道德实践观，也是道德修养论。

先看佛教的戒律对言行所起的规范作用。

佛教的伦理思想和道德观念，主要体现在佛教的清规和戒律中，戒律是全部佛教教义经、律、论三个部分之一，是否遵守佛教的戒律，乃是区别是不是一个正信佛教徒的重要标准。戒律可以体现出佛教伦理不同于世俗伦理的特征。佛教极为重视戒律，长期以来积累了关于戒律的大量典籍，成为三藏（经、律、论）之一。戒是实践佛教义理的基础和基本行为规范，与定学、慧学共称三学，构成了佛教道德修养理论与实践的重要组成部分。佛教的戒律极为烦琐，戒律的内容，有居士五戒、八戒、沙弥十戒、比丘具足戒、菩萨戒等不同层次，除了在宗教修行实践中须遵守的一些禁戒之外，还有大量戒条是关于日常生活的及在僧团生活中应当遵守的行为原则，可见戒律实为佛教伦理思想的具体体现。

五戒为佛教在家信徒（优婆塞、优婆夷）应该受持的五种禁戒，即不杀生、不偷盗、不邪淫、不妄语、不饮酒。前三戒防身恶，第四戒防口恶，第五戒防身口之恶。中国佛教学者以五戒配五常，以之作为佛教伦理最基本的行为规范。从具体内容看，非常简单，没有什么奇特之处，在佛教以外的其他宗教如基督教、犹太教等也常可看到，因此可以说五戒实在是社会的基本道德标准，但要终身守持而不犯，则不是件易事。佛教有则公案，说是有一位参学者去参访一位著名高僧，请教什么是佛教修行的要义，高僧只是讲了一句“诸恶莫作，众善奉行”。参学者觉得那是人人都知道的，太简单了，便说那是三岁孩童都知道的。高僧回答说，虽然是三岁孩童都知道的道理，但恐怕八十老翁也不一定能做到。这说明任何艰难

---

① 辛世俊：《人圆佛成——佛教人生观》，宗教文化出版社2006年版，第86页。

复杂的事情都要从最简单的做起，成佛是这样，做人亦如此。关于戒杀，包括一切众生，但以杀人之罪为重。关于戒盗：凡属他人之物，不是自己的东西，不告而取是偷盗。关于戒淫：这里主要是戒邪淫，即不正当的违背法律和社会道德的男女关系，或违背自然规律的性关系。关于戒妄语：就是不说假话，就宗教修行而言，最严重的就是抬高自己修行达到的阶位。关于戒酒：此戒是比较特别的，因为酒能使人昏迷沉醉，酒醉能使人变得愚蠢，影响人的智慧，有诱发其他犯罪的可能性。

八戒又称八斋戒、八关斋戒、一日戒等，也是佛教为出家信徒暂时出家制定的禁戒，受此戒者必须一日一夜离家，居于寺庙，以学习出家人的生活。它规定受持者须于每月的六个斋戒日即八日、十四日、十五日、二十三日、二十九日、三十日近于僧伽或阿罗汉住，以熏习长养出世的善根。其具体内容为：不杀生、不偷盗、不淫、不妄语、不饮酒、不以香料饰身、不观听歌舞、不坐卧华丽大床、不食非时食（即过午不食）。五戒之外增加的三项，是要求信徒在日常生活中保持朴素无华的生活方式，不要受物质生活享乐的诱惑，以使内心在宗教修行实践时能保持平静，不受贪、嗔、痴等烦恼的缠缚。其中的戒淫一条不同于五戒中的戒邪淫，此处是正邪都戒。过午不食，则是古代印度教徒的一种生活习惯，这一条为斋，所以八戒有八斋戒、八关斋戒之称。

十戒为沙弥和沙弥尼（即未满 20 岁的男女出家信徒）所受持的禁戒，故又作沙弥戒、沙弥尼戒。其内容为不杀生、不偷盗、不淫、不妄语、不饮酒、不涂饰香料、不观听歌舞、不坐卧华丽大床、不食非时食、不蓄金银财宝。古印度佛教的出家者生活极其简单，托钵乞食为生，身披“粪扫衣”，不得畜有金银，是为修行者能更好集中精力修行起见，但后来这一条成为佛教教团分裂的重要原因，却是始料未及的。

具足戒又称具戒、进具戒、近圆戒、大戒等，为比丘和比丘尼所受持的禁戒，因为相对于五戒、八戒、十戒等不完满的戒律来说完全圆满，故称“具足”。具体内容和数量，各部派不同，按《四分律》记，比丘戒 250 条，比丘尼戒 348 条。除了关于宗教修行实践方面的外，其他日常生活的行为规范和僧团生活中互相之间的观等各方面都有详细规定，一般可按不同性质分为五篇，六聚或七聚等。

佛教戒律的道德修养功能可以分为两方面，一是止恶防非，是从消极方面说，以“不应该”的形式表达；一是修善进德，从积极方面说，以

“应该”的形式表达。止恶防非功能主要是制止、防止身、口诸行为不犯罪错，即教人诸恶莫作；修善进德功能即是鼓励人们积极造作，勉策身、口、意诸行为造作善业，教人众善奉行。佛教学者十分重视戒律的这两方面的功能，并对此作了大量阐释。佛教戒律的伦理作用可以从两方面看。一方面，从总体上讲，佛教戒律宣扬的是一种禁欲主义的道德，是以无私无欲为根本特征。这是它的消极面。另一方面，应该看到，以戒为师是佛教伦理中极为独特的一条伦理准则，佛教戒律也包含有十分丰富的合理成分，其根本精神是劝善止恶。具体而言，戒律使佛教的价值观念、道德要求具体化、制度化，把佛法及僧团的一切教法、教规都落实于行动和实践中，凸现出佛教的实践性、可操作性特征；同时，戒律在相关的行为规范中都明确规定了处罚措施，提高了道德规范的有效性和道德规范贯彻的力度，使人们做到心中守戒、行为持戒，真正发挥戒律止恶防非、修善进德的作用。①

再看佛教的修心方面。

戒律重在修身，主要是起到规范言行的作用。在佛教的修持论中，道德修养还有很重要的一部分，即佛教的心性修养论。佛教的修身理论是以修心为出发点的，一切修行都要落实到对治“妄心”的方法上。

佛教认为道德上的修养不仅仅是规范言行，更应该把这种修养积淀、提升为一种精神境界，从而促进人的道德素质的全面提高。佛教认为，业由心造，惑从心起，使人流转生死的罪魁祸首是心，能使人超出生死的枢纽也在于心。因此佛教极为重视对心的探究，“世间一切学说中，像佛陀之学这样对心高度重视、全力探究者，可以说找不出第二家来”②。佛教认为心力十分强大，“心生则种种法生，心灭则种种法灭”，“心如工画师，能画诸世间”都说明了心的强大。但是，佛教确信人完全可以“自知其心”“自治其心”“自净其心”。禅定可以说就是佛教通过修心达到治心、净心的重要方法。

禅定是佛教为求解脱的重要修行方法。禅定本是印度民间广为流行的宗教修行方法。释迦牟尼在成道之前就曾修习过禅定，他证得“无上菩提”而觉悟成佛据说也是在禅定过程中实现的，所以，佛教创立后，也把

---

① 张怀承：《涅槃与无我——佛教伦理道德精粹》，湖南大学出版社 1999 年版，第 259 页。

② 陈兵：《佛陀的智慧》，上海古籍出版社 2006 年版，第 165 页。

禅定吸收为修行方法。不过，佛教对禅定的思想和方法都作了专门的阐释和发展，特别是以“无我”破除了个体灵魂（人）和宇宙精神（神）的实在性，也不再是以禅定为修习神通为终极追求，而是把禅定视为获取无上智慧的手段，同时排斥苦行。

佛教禅种类很多，主要有大乘禅和小乘禅两大类。小乘禅有比较固定的内容和行法，主要种类有四禅、八定、四无量、九次第定等。大乘禅是在小乘禅基础上发展起来的，继承和发挥了小乘禅的许多内容和方法，不再拘泥于静坐等固定形式，而是依附于大乘佛教的理论，作为观悟佛理的重要方法。禅定在大小乘佛教的解脱理论和修行实践中都占有重要地位，小乘以戒、定、慧“三学”来概括全部佛法，大乘以布施、持戒、忍辱、精进、禅定、般若等“六度”来概括其修习的主要内容，足以说明禅定的地位。

禅和定本并非等同。禅，禅那的略称，是静虑的意思；定，《俱舍论》定义为“心一境性”，即心专注一境而不散乱。中国佛教一般将禅与定并称为“禅定”，意为止息一切想念与思虑，使精神专注于一境。概而言之，禅定是佛教修持者思想的彻底自我清洗，它不仅仅是以佛教真谛破除物我所执的妄念、烦恼，更是积极的自我肯定，通过禅定，更加彰显了人的道德精神的纯洁、至善与崇高，同时也丰富了佛教伦理的心性之学。①

禅定作为佛教的修行手段，主要是修持心性。禅定也是佛教伦理提出的主要的修心方法。其实质就是“如实知见的智慧指导下，修正、修理自心，去除自心所起烦恼污垢，培植、发挥自心的善性光明，开发自心的佛性潜能，将凡夫不自主的、污染的、迷昧不觉的心理结构，自我改造成为自主自在的、觉悟的、清净的圣智型心理结构，自塑成圣智型的人格”②。禅定修心最基本的道德修养功能就是“息心”，即用某些特定的手段集中精神，静思净虑，排除一切杂念、妄念，观想佛教真理，体验空寂的本心，依此法修持，就可以消除错误观念，断灭无明烦恼。当然息心不是要消灭心，事实上心也不可能被消灭，而是要消灭本心不具、受外物染污而起的妄心、妄念。去染转净，断妄悟真，即做到“如实观”。“如实观”是佛教的核心观念，意思是对事物能有一“如其所如”的把握。我们对事物

---

① 张怀承：《涅槃与无我——佛教伦理道德精粹》，湖南大学出版社1999年版，第263页。
② 陈兵：《佛陀的智慧》，上海古籍出版社2006年版，第178页。

的观点，常常被所受的教育和思想训练所局限，使事物染上了我们主观的色彩。为了把握事物原来的样子，我们应采取开放的态度，从自己的主观观点中超拔出来，不再停留在某一主观观点中。

禅定作为一种修持方法，最显著的特点在于其注重主体的道德自觉，抓住了道德修养的根本。道德不应该仅仅是外在的规范、是社会提出的要求，任何道德都只有在被内化为主体的道德素质时，才具有现实的意义，而禅定作为一种修持方法就是强调自净其心、自净其意，发挥主体的主观能动性。“自净其意”，也就是要求自己清除内心的无明、烦恼，它是在体悟自性清净的基础上，达到没有任何烦恼、超越善恶对立的境界。“人有众过，而不自悔，顿息其心，罪来赴身，如水归海，渐成深广；若人有过，自解知非，改恶行善，罪自消灭，如病得汗，渐有痊损耳。”① 意思是说，人有过失，而不知悔改，小过变大罪，如果人有过失，能够忏悔，罪就消灭了。同时，禅定的坐禅方法，虽然是一种宗教修行方式，有其非理性的一面，但在某种程度上，有利于调节心理平衡。但是，此种方法如果利用不当，如过于强调修养技巧，极易走向神秘化。

在宗教修行方面禅宗的修行方式独具特色。禅宗讲“无修之修”，无修，并不是绝对反对修行，我们知道，慧能南宗区别于神秀北宗最典型的体现在修行方式上，南宗反对渐修，主张顿悟，这里的无修之修，就是讲的反对渐修，反对以规定仪式的程序化修行。禅宗另有独特的修行方式，这就是劳动，把日常生活的活动和农业生产活动都视为修行的主要内容。这种把修行日常活动化的特点，实际上也就是把禅直接转化为日常生活，由此，禅是生活的理念在此形成，实现了禅修方式的突破，破除了禅的神秘化。把修行和农业生产结合，把道德修养的途径、道德觉悟的提高、道德目标的实现三者有机统一，直接寓于日常生活之中，担水砍柴，吃饭睡觉，皆是修身，可见佛教蕴涵着强烈的从现实出发并在现实中觉悟的现实主义特色，形成了中国禅宗的一大特殊存在类型——农禅。

① 林世田：《佛教经典精华》，《四十二章经》第五章，宗教文化出版社 1999 年版。

第三节 平等观在人与人（社会）关系中的贯彻

现实的人总是处在关系中的人，对人的关系特性的把握就是对人本身的把握。人生活于社会中，也就是生活在人与人的相互关系之中，按照佛教“缘起”的观点，任何事物都处在相互依赖的关系网中，“此有故彼有，此灭故彼灭”，人与人之间亦如此，彼此依赖，谁也离不了他人的存在，谁也不比他人更重要。

一、“自他不二”故“自利利他”

佛教伦理特别是大乘佛教伦理在人与人或人与社会的关系问题上的基本观点可以概括为“自利利他”“自度度人”。这种关于人我关系的观点奠基于佛教平等观。佛教平等观强调众生平等，从众生平等出发，就能等视物我、等视众生，进而形成“自他不二”的不二平等精神。自他不二，因而必然得出利他即是自利，度人即是自度。

“自利利他”思想是佛教的一个重要思想，它贯穿于全部佛教之中，尤其为大乘佛教和崇尚大乘佛教的中国佛教所倡导。自利利他，《佛学小辞典》中有这样的解释：“上求菩提，自利也；下化众生，利他也；声闻缘觉之行，唯自利；诸佛菩萨之行，兼利也。”“菩提”意为觉悟，也就是说：上求佛道，是自利；下化众生，是利他。佛教认为，所谓“自利”，就是对自身有利，是指为自己的解脱而精进修行，由此所生善果自得其利。所谓“利他”，就是对他人有利，是指为救济一切众生而致力行善。自利也就是自度，自我解脱；利他就是度他，普度众生。自利利他，与“自觉觉他”“自度度他”属同义，其核心都是利他。也就是说要把自利之行蕴含在利他之行中，以救度众生为自救，把个人的解脱与拯救众生联系起来，把众生的痛苦看作自身的痛苦；众生不能脱离苦难，等于自身的缺陷。在救济一切众生的过程中，精进自身的修行，达到自身解脱的目的。从自利利他的原则出发，大乘佛教尤其是中国佛教认为，解脱不是孤立的个人解脱，解脱应该是自我和他人的同时完成，个人只有在众生的解脱中才能得到解脱。大乘佛教强调自利利他、自觉觉人，把度人和己度、利人和利己有机结合，并认为度人和利他是自度、自利的前提，度人和利他本身就是自度、自利的基本内容。体现出佛教以出世的心态关心世俗众生的伦理本怀，是对人己关系，个人与社会群体的关系做出的新的解释。自利利他、自觉觉他的思想内涵的精神，用我们今天的语言表述，就是个人利益与他人利益的统一，或者说个人利益与集体利益的统一，显然这种精神在现代社会也应成为人们处理个人与他人或集体的关系的准则，事实表明，处理好个人与他人的关系，对于个人是重要的，对一个国家、社会也是极为重要的。

怎么样自利利他、自度度人呢?

首先要“自利”、“自度”，即做到“三业清净”。自身要努力做到一些基本的要求。否则自我的觉悟不够，定力不够，在这个花花世界里很快就会迷失了自我。自度尚且不能，谈何度他，说不准还会坏了正法，让本来有心向道的人对佛法起疑心。佛教对行为者个人的素质的要求，既包括外在的要求，又包括内在的要求。用佛教的话来说，就是要做到三业清净。为了达到这一目标，佛教规定了五戒十善。它分别是从消极和积极的方面来规定的。五戒是消极的戒律要求，是作为佛教徒必须遵守的，十善则是从积极的方面的规定，是作为一个佛教徒应该去做的。

五戒是佛教徒的根本戒，是一切戒律的基础，其内容是：不杀生、不偷盗、不邪淫、不妄语、不饮酒。“守戒，持戒，能因戒生定，由定发慧，断诸恶法，行诸善法，引导众生迈向解脱之道。不仅如此，而且能给家庭、社会、国家、自然环境带来宁静、安乐与和平。”① “对持戒者而言，能持所持，都是一种人与人的关系，一种人与众生的关系。因为持戒的所有内容都是对自己的尊重，对他人的尊重，都是要做到对一切众生的不犯，苟能如是，则人际和谐、家庭和谐、团体和谐、社会和谐、世界和平、众生和乐，也就不难实现了。”②

十善是五戒的深化，也是五戒的延伸与发展。五戒侧重于戒，在禁止，在行为；十善则侧重在行，在奉行，在心的正念、心的修持。十善业为身三善业：由不杀生而行放生、护生、救生、惜生；由不偷盗而行施舍，乐善好施，见义勇为；由不邪淫而修梵行，断除邪见，清净身心。口四善业：由不妄语而说老实话，做老实人，实事求是；由不两舌而说和净语，排

---

① 觉真：《和谐人生——佛教伦理观》，宗教文化出版社 2006 年版，第 78 页。
② 觉真：《和谐人生——佛教伦理观》，宗教文化出版社 2006 年版，第 79 页。

难解纷；由不恶口而说话慈祥语；由不绮语而说话直截了当，直心直行。意三善业：由不贪而修不净观；由不嗔而修慈悲观；由不痴而修缘起观。

做到了三业清净，接着就践行四摄六度。四摄六度，就是利益他人，就是利他、度他。四摄，“摄”者，摄引，化度义。四摄是利他精神的具体力行，即以四种方法摄化众生，使其离苦得乐、去恶增善，亲近佛道。分别为：1. 布施摄：向需要救助的众生施以财物、体力和智慧，使其脱离苦难；2. 爱语摄：以仁爱之心，用真诚柔和的语言教化众生、安慰他人，使其解除烦恼和痛苦；3. 利行摄：以自己的善行使他人得福利；4. 同事摄：是与他人同甘苦共患难，以此感化他人，引导他人向善。四摄中，布施最为重要，为四摄之首，也是六波罗蜜之首，是慈悲利他的主要体现。

六度又称六波罗蜜，即：布施、持戒、忍辱、精进、禅定、般若。六度波罗蜜的圆满成就，即是菩萨道德圆满成就，是自利利他、自度度他的最终完成。

布施：布施有三种，即财施、法施和无畏施。财施就是将自己所拥有的或所能拥有的物品赠予需要的人而不求回报；法施则是要求佛教徒将自身从诸佛菩萨及诸位高僧大德和善知识那里所听闻的世间或出世间的一切善法，不带目的性与功利性地向他人传授，令他人觉悟；无畏施就是要不顾自身的安危，去解除他人的怖畏和痛苦。归纳到一点：就是慷慨无私地帮助一切需要帮助的人，救度一切需要救度的众生。行此三布施的目的就是要打消自身的贪婪、吝啬、贪生怕死的念头，使自性圆满、光明，以期得成正果，解脱自在。

持戒：戒是戒律的简称。用今天的话讲，戒就是有所为，有所不为。律就是规范化、标准化。释迦牟尼涅槃时反复叮嘱弟子要“以戒为师”。最基本的是上文所说的五戒。即不杀生、不偷盗、不妄语、不邪淫、不饮酒。但对于出家僧尼的要求则更多，有两三百条之多。不过，虽然有如许众多的戒律，但归根结底，所有的戒律无非是要调服身、口、意三业，不做出有违佛陀教义之事，以达到三业清静、圆满。它不仅要求在行为上不做出有违道德的事，而且更进一步地要求在思想上做到不产生邪念。这与儒家所说的“非礼勿视、非礼勿听、非礼勿言、非礼勿动”的要求是内在一致的。

忍辱：即能够以坚强的意志，忍受各种来自他人对自身的毁谤与侮辱，还能够经受得住恶劣环境对自身的考验，不可怨天尤人。《宝积经》

中说："菩萨有四直心之相。……所犯众罪，终不复藏，向他发露，心无盖缠。若失国界、身命、财利，如是急事，终不妄说，亦不余言。一切恶事：骂詈、毁谤、挝打、系缚，种种伤害，受是苦时，但自咎责，自依业报，不怨恨他，安住信力。……"① 不仅如此，对佛教徒而言，还要能够在他人对自己的恭敬赞美中，不生骄慢放逸之心，不自以为是，在顺境来临时，也能够照样精进修行。也就是说，无论是在什么样的情况之下，都应该能够坚持自身的志向。

精进：就是说要专心一意，毫不懈怠，遇到困难亦毫不退缩，令自身早日得成正果。现代有一种 AQ 理论（即 Adversity Quotient 逆境商）把人对逆境的态度分为三种：一是放弃努力，二是半途而废，三是毫不动摇，知难而进，不达目的，誓不罢休。成功当然属于这种坚持不懈者。这个现代理论在佛教中就叫精进度。②

禅定：禅定在佛教修持中占有非常重要的地位。修禅定以度散乱，这是断除心中一切妄想杂念，使心专注一境的修持功夫。如本法师说："以心安住于一境，而离尽一切三乱，是名禅定。"③ 也就是说要能够于任何情境中而一心不乱，始终保持着一种平和的心态。

般若："般若"是梵文的音译，意译是"智慧"的意思，所以又叫般若智慧。不同于我们日常所说的聪明智慧，是指如实了知宇宙人生的真相。般若在六度中是灵魂和统帅。前五度是方法，是到达彼岸的渡人舟，般若则是航向，总舵主；前五度，修福，第六度，修慧。

以上就是佛教指明的自利利人的正确途径。在佛教的人生哲学中，个体能否自度取决于能否如实了知自我的真实本面，能够从终极上体认到不可言说的无我的存在，自我就不再是狭隘的自我，而成为绝对自由的真实的自我，从而能体悟自他不二的实相。确实，人是社会的人，离开了他人和社会，个体将不可能是真实的存在。正如马克思所说："人是最名副其实的政治动物，不仅是一种合群的动物，而且是只有在社会中才能独立的动物。"④ 这一点也是历史上诸多思想大家的思想。如亚里士多德说："离

① 《宝积经》，李森、郭俊峰主编《佛经精华》之《宝积经·胜鬘经·无量寿经·心经》，时代文艺出版社 2001 年版，第 8 页。

② 觉真：《和谐人生——佛教伦理观》，宗教文化出版社 2006 年版，第 139 页。

③ 如本法师：《心地法门》，花城出版社 1997 年版，第 191 页。

④ 《马克思恩格斯选集》第 2 卷，人民出版社 1995 年版，第 2 页。

开了城邦，人要么是神，要么是兽，但不可能作为人存在。”荀子说人之所以不同于动物、人之所以有力量是因为“人能群，彼不能群”。可见佛教“自利利他”的思想与今天社会时代是相吻合的，可以用来对治个人主义和利己主义。

二、“凡圣不二”故“人圆佛成”

佛教平等观很重要的一个理论就是佛性平等。释迦牟尼早就说过“一切众生皆具如来德相”，即认为一切众生皆有佛性，因此凡夫和圣者，佛与众生在本性上说是平等的。慧能《坛经·般若品》中说“菩提般若之智，世人本自有之，只缘心迷，不能自悟。……愚人智人，佛性本无差别。只缘迷悟不同，所以有愚有智。”佛与众生本来无别，人人皆可成佛，佛与众生只是觉与迷的区别而已。一念觉即是佛，一念迷即为众生。既然人人都有佛性，所以生与佛、或凡与圣是平等不二的。

正是基于“凡圣不二”的佛性平等观，大乘佛教尤其是中国大乘佛教倡导“人圆佛成”。人圆佛成的思想既体现了佛教在人与人之间关系上的平等观念，同时包含了宗教特有的生佛关系的观念。而关于生佛关系的观念是佛教区别于所有其他宗教的独特之处。所有宗教都设立一个超越于信徒之上的绝对神圣的、高不可攀的、只能仰视的神。唯独佛教不同。虽然佛教的创始人释迦牟尼佛在民间有千百亿化身，法力无边，神通无限。然而佛的真正含义是“觉者”的意思。“觉”即觉悟，是智慧的表现，是人的一种智慧状态。所以从根本上讲，释迦牟尼不是神，他本人也是婆罗门宣扬的“梵创世说”的坚决反对者。释迦牟尼的称呼本身也显示出佛是人而非神，“释迦汉译‘能仁’，能仁就是能以仁爱的心来悯念众生，也就是佛教所说的大慈大悲。因为佛能够给众生以安乐、能够拔除众生的痛苦，以大慈大悲心去救度众生，这就是佛所具足的悲德。牟尼汉译‘寂寞’，是说佛在因地修行的时候，以他自己心中本具的智慧光明，回光返照，断除烦恼，智慧圆满，这就是佛所具足的智德。佛具足有‘能仁寂寞’，自利利他的智慧与悲德，所以叫释迦牟尼。”①

宗教就是对神的崇拜，神是宗教的核心。在一般的宗教里，神是主，人是神的仆人，人的解脱要依赖神的救助，因此“救赎说”是基督教的一

---

① 辛世俊：《人圆佛成——佛教人生观》，宗教文化出版社 2006 年版，第 6 ~ 7 页。

个重要教义，人再怎么修炼，也无法达到上帝的地位，上帝是至高无上的，人永远不可能成为上帝。而在佛教则否认有至上的神，佛只是觉悟了的人，释迦牟尼说他自己是“无依道人”，即是说从出家、修行到证果，没有任何神灵或外力的感应，都是靠自己努力、自己觉悟。众生也一样，每个人都是自己的主人，只要努力修行，就可以成佛。佛经记载，释迦牟尼佛生于人间、成道于人间、传法于人间。佛经中宣扬佛陀以降生于人间、于人间成佛而自豪。《增一阿含经》卷二八记载：天帝释提桓因听佛说法后，欲供养佛饭食，问佛喜欢人间的饮食还是天上极为美味的“苏陀”，佛陀回答：我用人间之食，并说“我身生于人间，长于人间，于人间成佛”，佛陀觉悟成道是在一系列的人间磨炼之后。比如，佛陀亲身感受了人间的各种痛苦。《佛本行经》等记载，他少年为太子时，曾出游郊外，看到农夫在田野里赤身耕作，炎炎烈日炙烤其脊背，满身尘土，喘息流汗，犁柄研磨着肩颈，犁绳勒破了皮肉，鲜血直流。泥土下藏身的无数昆虫，被犁头翻出，暴露于光天化日之下，成群的鸟雀跟着犁沟争相啄食。太子见此情景，为众生的辛劳痛苦而深心忧伤。后来又有“四门游观”更加深了这种感触。正是基于对人生痛苦的亲眼目睹和感受，所以才有佛陀的离家修行求道。在求道过程中，佛陀更是尝尽了当时所有的修行之苦，特别是据说在当时最难的两种修行——禅定和苦行后，才凭借自己的智慧，在菩提树下悟道而解脱成佛。

佛陀以其身教阐明了佛法的原则：立于人间，利乐有情才是解脱的真实之道。佛与众生的区别只在于迷悟的差别。所以众生只要努力修行，去除无明妄念的系缚，就可以达到彻底解脱，进入涅槃境界——成就佛果。所以大乘佛教提倡成佛先成人，要成佛先需尽人道，成就了圆满人格也就成就了佛果。

太虚大师在《如何建立国民道德标准》一文中有这样一段话：“平常人以为佛法是消极的，寂灭的，其实佛法是使一切恶业消灭，将人心改造，使之向真实美善前途发展，发展最圆满了就是佛。佛称两足尊，即是福、智的满足。换言之，即道德、智识都满足，达到最高人格之表现。并将佛在心境上所证明到的宣说出来，使人人共闻共知，成为一个究竟改善人类生活的文化，就是佛法。”[①] 太虚大师认为佛就是平常人发展完善至圆

---

① 太虚：《如何建立国民道德标准》，《海潮音》十三卷，第10期。

满状态，完善圆满的世俗人就是佛，这样就把进化成佛落实在完善人格上。太虚大师号召佛教关心人生，关心社会，利益人群，强调佛教徒要以自己为社会服务的实际行动证明自己的价值，这就是太虚大师的“人间佛教”思想。人间佛教的内涵就是本着慈悲利他及般若智慧精神对世间有情众生的人文关怀，其特性是佛教的实践不离世间，以及以救度人间众生，建设人间净土为己任的大乘佛教性格。

佛教信仰追求的终极目标是出世、成佛，但强调成佛的基础在于成人，若人都做不像，无从谈成佛。佛教修学的次第有人乘、天乘、声闻乘、缘觉乘、菩萨乘、佛乘，佛菩萨是由人修成的，人乘是修学者发大乘心直趋成佛的始基，否则学佛成佛就成了空中楼阁。印顺法师在《成佛之道》一书中说：“成就人天功德的，才能修学出世间的三乘共法”，“三乘共法是建立在五乘共法的基石上的。如不备人天功德，沉沦在三恶道中，当然不能发心了脱生死。即使现生人间，如作恶多端，无惭无愧，害人害世，丧失了人性；连做一平常人都不成”①。所以佛教教育非常重视切切实实地从修五戒十善做起，佛陀专门为弟子讲过《十善业道经》等，教导弟子勤修五戒十善，奠定修学的基础。

自利利他，人圆佛成。要获得解脱前提条件是使众生解脱，只有在众生的解脱中才能完成自己的解脱，要成佛，必须先做人，做好了人，也就成就了佛。佛教这种自利利他、人圆佛成的人生态度根源于佛教的慈悲观，是佛教慈悲思想的进一步发展。所谓慈悲，佛典解释说：“慈名与乐，悲为拔苦。”慈，梵文为 Mairtya，意为慈爱众生，给予众生快乐。悲，梵文为 Karuna，意为同情众生，视众生之苦如同身受，并积极救济，拔除其苦。慈悲和喜舍合而为佛教的“四无量心”。四无量心中慈悲二心尤其被看重。《大智度论》卷二十七中说：“慈悲是佛道之根本。”“一切佛法中，慈悲为大。”大乘佛教所推崇的理想人格，就是具有“不为自己求安乐，但愿众生得离苦”的大慈悲心，重他人轻自身、重利他轻自利的高尚人格。佛教不光要求做到慈悲，更提倡“无缘大慈”和“同体大悲”。慈悲表达了佛教对众生关心、爱护、怜悯的深切情怀，认为修一慈悲，天人共护；行一慈悲，福乐随身。凡夫修行慈悲，可得人天福果；圣贤修习慈

---

① 印顺《成佛之道》第四章，第 133 页，转引自（台湾）杜洁祥（Chieh - HsiangTu）：《从“罪福”探索佛教的生命观》，台湾：《生命学报》，2006 年第 1 期，第 97 页。

悲，度引无量凡愚。声闻、缘觉、菩萨、佛的一切修行，并不是为了要得到个人的快乐和自我解脱，而是要拯救众生的苦难，令其断妄归真，永离轮回。《大智度论》中说："如无大慈大悲，便入涅槃。"菩萨之所以是菩萨，不中道涅槃，就是为了实践慈悲精神，普度一切众生。《法华经·观世音普门品》中所说观世音菩萨以种种化身为众生解苦救难，可看做是此种精神生动的说明。慈悲是佛教的根本精神，整个佛教伦理思想都体现出慈悲精神。

所以，真正的佛教是入世的宗教，它并不以个人的往生极乐、解脱为终极旨归，相反，它主张入世行道，佛祖释迦牟尼于菩提树下觉悟成佛之后，并未立即涅槃离去，而是住世说法，即是本着自度度他的精神，欲使众生也能够像他一般开悟，获得终极的解脱。经中说："诸佛世尊，唯以一大事因缘故出现于世。"① 此一大事因缘，就是"诸佛世尊欲令众生开佛知见，使得清净故，出现于世"。可见，从佛教本身的教理来说，它是主张入世行道的。因为在大乘佛教看来，如果只是自身获得解脱而不顾大千世界的其他众生，那样所获得充其量只能达到小乘的罗汉果位，是无法达到真正的涅槃解脱的，要成就佛果，就必须入世行道，救苦救难。成就圆满人生，也就成就了佛果。

基于生佛不二、人圆佛成的理念，所以佛教强调出世入世不二的修持原则。一方面，出世是入世的基础。佛教认为出世心是重要的，没有牢固地树立出世的心单纯地强调入世，那就失去了佛教的宗教色彩，没有出世心为基础，往往会被五欲尘劳所淹没，最终陷入滚滚红尘不能自拔，迷失方向。可见出世心或出离心是修行的基础，也是佛教的基础。但只有出世心，不做入世之事，"出世心"就会成为空有其名，没有任何意义和价值。出污泥而不染的莲花品格就是佛教出世入世关系的最好象征。中国佛教始终把世法看做出世法不可分离的另一面，即所谓"真不离俗"。太虚大师提出的"人间佛教"思想，号召佛教关心人生、关心社会、利益人群，要求佛教徒要以实际行动为社会服务来证明自己的价值，以出世心做入世事。净慧法师提出的"生活禅"思想也是提倡"将信仰落实于生活，将修行落实于当下，将佛法融化于世间，将个人融化于大众"，实质和人间佛教同一理念。

---

① 《法华经·方便品第二》，资料来源：中华佛典宝库 http//www2. fodian. net/old.

另一方面，入世是为了究竟的出世。“世间是迷，出世间是悟；世间是邪见，出世间是正见。如实地认识世间就名为出世间，学佛就在当下，就在世间。”① 佛教强调入世，重视入世，认为不入世，就不能出世。如大乘佛教提倡的菩萨精神就是强调立足世间修行，上求无上佛道，下度一切众生是菩萨精神的最根本的两个方面。上求无上佛道，既非为自己求天人福报，也非为修成声闻、缘觉之果，而是为证得最高的智慧和最终精神境界。下度一切众生，不是仅仅教化个别或部分众生，而是要为利益安乐一切众生。菩萨要在世间的修行中最终和一切众生一起跳出世间，达到觉悟的境界。

禅宗有一则公案：有源律师问慧海法师：“和尚修道还用功否?”师曰：“用功。”曰：“如何用功?”师曰：“饥来吃饭，困来即眠。”曰：“一切人总如是，同师用功有什么区别?”师曰：“不同。”曰：“何故不同?”师曰：“他吃饭时不肯吃饭，百种须索；睡时不肯睡，千般计较。所以不同。”②

说明常人和法师的区别在于，常人仅仅是入世，而法师是以出世之心入世。可见入世不是佛教的最终目的，入世是出世的必要手段、必经过程。只有在世间才能修行出世，出世的前提是觉悟，觉悟世间的痛苦、烦恼，脱离世间、一味地躲避尘世就无从觉悟。佛教认为“人身难得”的原因之一是人可以通过经历世间的苦难磨炼而觉悟成佛。佛法在世间，要觉悟也就只能在世间，离开了世间的根基，人们也就不能觉悟，成佛也就不可能。佛都是出自人间。

佛教过去一直受到社会批评，有学者分析有三个方面的原因：一是佛教被认为是度死的宗教，一般民众不太了解佛教，到了人死的时候才想到要找个出家人诵经超度，从而造成一个印象：佛教仿佛是专为死人设立的，和活着的人没有什么关系；第二，出家人给人的感觉也是躲进深山老林，过着两耳不闻窗外事，一心只念佛经书的超然生活；第三，佛教认为一切皆空，因此佛教是消极的，佛教是出世的，佛教是避世主义的。③ 其实这是对佛教认识的不全面。佛教的出世从根本上说，追求的是一种精神

---

① 辛世俊：《人圆佛成——佛教人生观》，宗教文化出版社 2006 年版，第 194 页。
② 辛世俊：《人圆佛成——佛教人生观》，宗教文化出版社 2006 年版，第 194 页。
③ 辛世俊：《人圆佛成——佛教人生观》，宗教文化出版社 2006 年版，第 188 页。

的超越与升华，它并不绝对地排斥入世。特别是大乘佛教的“生死与涅槃不二”、“世间与出世间不二”等基本精神实际上沟通了佛教的理想与现实人生的联系。

第四节 平等观在人与自然关系中的运用

人与自然的关系是人类生存与发展要首先面对的关系，对人本身的认识和反思也必须放在人与自然的维度上予以把握。因为人作为肉体生命组织的存在，必然和外界自然发生各种各样的关系，包括物质、能量、信息的交换，才能完成自己生命的再生产过程。因此对于人与自然关系的理解是各种理论不可或缺的重要内容之一。

各种宗教基本上都为自己预设了一个人与自然和谐交融的理想生态胜境。基督教的伊甸园、伊斯兰教的乐园、道教的洞天福地都是清泉潺潺、草木葱葱、繁花似锦，人与众多生灵和谐相处的生态胜境①。佛教也不例外，在人与自然关系上，提出了它的独具特色的生态伦理关怀的理论和实践。笔者以为，佛教的这种人与自然关系的理论和实践同样是奠基在佛教平等观基础之上。具体而言，主要有两个方面，一是基于“依正不二”的平等思想佛教特别是中国大乘佛教提出了建设“人间净土”的追求；二是基于“众生平等”的平等理念佛教提出了惜生、护生的生态关怀。

一、“依正不二”建设生态“净土”

在人与自然关系上，佛教从“缘起”的根本原理出发，形成了一种宇宙万有相依共存的整体论思想。而最能体现出佛教这种整体论思想的是“依正不二”观念。

“依正”是“依报”和“正报”的简称。“正报”是指有情众生的生命主体，包括天、人、阿修罗、畜生、饿鬼、地狱这六种生命形式；“依报”是指众生身心所依止的环境，概括了大至宇宙小至微尘的物质世界，即我们今人所讲的生存环境。根据业因果报理论，佛教认为，正报和依报都是众生起心造业所得的结果，正报是由各个众生造业差别而得，所以不

---

① 王雪梅：《宗教生态关怀的三个基本向度》，《文化》2008 年第 8 ~9 期，第 59 页。

同，依报是众生共同造作的业因形成，所以共享。具体来讲，业有共业和不共业的区别，不共业是指众生个体的各别的业因，招各自不同的唯有自己受用的果报（别报），正报就是由有情众生不共业所招的别报。共业是指所有有情众生共同造作的善恶业，招有情众生共同受用的苦乐果报（共报），依报就是有情众生共业所招的共报①。佛教认为众生依正不二，《梵网经》云："一切地水是我先身，一切火风是我本体。"② 地火水风是佛教所说的四大，是构成物质世界的四种基本元素，这里说明了世界万物都曾经作为众生的身体，说明众生的内在身心（正报）与外在环境（依报）是相互转化、相互作用的。

"依正不二"揭示出受报主体（正报）与受报主体所处的器世间（依报）的一体关系。用现代语言表述，就是生命主体与其生存环境密切相关，同一体性。这是佛教处理主观世界与客观世界关系、人与自然关系的基本立场。如吉藏说："以依正不二故，众生有佛性，则草木有佛性。以是义故，不但众生有佛性，草木亦有佛性也。若悟诸法平等，不见依正二相故，理实无有成不成相，假言成佛。以此义故，若众生成佛时，一切草木亦得成佛。"③ 吉藏在这里明确地表明，生命主体同生命环境是一个不可分割的有机整体，处在相互依赖、相互制约的因果关系中，离开无情众生，有情众生就不可能存在。

佛教认为，有情众生之行为、所作、行动、作用、意志等身心活动，它能招感苦乐染净之果报，并以轮回到六道中的善道或恶道的形式表现出来。换言之，众生在前世为人道者、现世或许上升到天道，也可能下降到地狱道，来世则有可能轮回到阿修罗道或其他众生道。至于轮回到六道中的哪一道，取决于众生的"业力"。众生在过去世所作的"业"决定了它在现在世轮回中的苦乐果报，现在世的苦乐是过去世的业报，依此类推。这是正报。

有情众生的"正报"必然同时伴随着无情众生的"依报"。所谓"依报"是指有情众生所依止的环境。亦即生命主体赖以生存的山川河流、树木花草等无情众生。佛教认为"正报"必然伴随着"依报"，一方面，虽

---

① 方立天：《佛教哲学》，中国人民大学出版社1986年版，第168页。

② 《大正藏》第二十四卷，第1006页。

③ 大正新修大藏经（卷四十五册），大乘玄论（卷三），CBETA版电子佛典集成，feb，2004。

然正报是主要的，但正报不能独立存在，任何生命体必须依赖于生存环境才能存在，离开了依报，正报也就无所寄存；另一方面，众生所处的环境是由众生所造的善业或恶业造就的，众生的身心活动决定了依报环境，依报的优劣随众生身心的变化而变化，众生对所处的环境状态负有不可推卸的责任。所谓“依报随着正报转”，依正相应。① 因此环境与生命体自身的存在是合而为一的，两者之间的关系是一体不二的，所以称之为“依正不二”。也就是说，佛教把生命体与生存环境看作是一个不可分割的整体。

依正不二表明：第一，人与环境之间是相依共存、相互影响、相互制约。众生实为自然的一部分，而自然亦可谓众生的一部分，依正之间你中有我，我中有你。自然环境与众生身心究其实是相互缘起、相互转化、一体不二的。依正之间形成一种连绵而永无穷尽的动态因果链条。更进一步说，依依之间，即环境中万事万物间也是相互缘起，互助互涉，重重无尽；正正之间，即六道众生，尤其是人们所能认识到的人与动物间也相互缘起，相互影响，圆融无碍。

第二，“依报”优劣取决于“正报”之“业力”。我们所处的环境是由我们自己及他人所造的善业或恶业造就的，因而我们对所处的环境状态负有不可推卸的责任。佛教认为，人类生活的任何遭际都是自己所造业因的果报，都是自作自受，每个人都应该对自己的行为和生活承担完全的道德责任。人自己决定着自己目前的生活和未来的命运。曾经种下什么因，才有目前生活的果报；现在造什么业，决定着未来生活的苦乐罪福。

从依正不二出发，佛教对生存环境十分爱护：戒律规定僧尼不得随意砍伐树木，菩萨戒规定佛弟子不得焚烧山林，《楞严经》甚至列土木金石为众生之一类，该经卷六说：“清净比丘及诸菩萨，于歧路行，不踏生草，况以手拔！”天台宗九祖湛然，主张“草木无情皆有佛性”，认为应该像爱护其他众生一样爱护草木土石。佛教强调人与自然的和谐无碍的一体关系，用石门蕴聪禅师的话说：是“天地与我同根，万物与我一体”②，人和自然体现为相互融合的关系，在这种和谐无碍的境界中，人是自然界的一个组成部分，人对自然不是征服者，而只是欣赏者。人与自然的这种和谐无碍的一体关系有一个值得关注的基本观点，作为一种生命存在，人和其

---

① 刘亚明：《佛教圆融思想的和谐道德智慧》，《井冈山学院学报》2007 年第 7 期。

② ［宋］赜藏主编集，萧萐父、吕有祥、蔡兆华点校，《古尊宿语录》卷九。

他动物，乃至自然界中的一切，都是平等的，这里不存在谁是中心的问题。而这个中心，正是当前生态伦理学在争论的。这是佛教伦理的超越性所在，也是今天人类克服生态环境危机所应反思之关键。当然单凭“依正不二”的佛教伦理并不能拯救人类的生态危机、生态灾难，这是肯定的，因为以任何一种方法作为唯一的方法去解决人类命运攸关的大事都只能是幼稚的想法，但是依正不二的佛教伦理思想确实能够提供有价值的生态观念。

在人与自然的关系问题上，人类目前处于一个根本的矛盾状态中：一方面为了经济利益不惜破坏自然环境，这似乎已成了一种潮流；另一方面地球的生态条件和资源是有限的。面对这个矛盾，人类努力探讨着解决途径。其实很简单，在这里，人类显然犯了两个认识错误：一是只看到了自然界的经济性资源价值，而自然界对人类的价值是多方面的，除了经济性资源价值，还有诸如艺术价值、科学研究价值、医疗价值和生态价值①，尤其是忽略了自然的生态价值。二是没有认识到人与自然之间的唇齿相依关系，唇亡齿寒，破坏了自然实质上是破坏人类自己。也许佛教的“依正不二”思想可以给人类提供某些启发。

佛教的生态伦理思想还可以通过佛教对“极乐世界”的描述得以证明。佛教描绘的“极乐世界”特别强调了自然生态环境的和谐优美。佛教的最高理想是升入极乐世界。对极乐世界的描述，体现了佛教对理想生态的设定。《阿弥陀经》等佛经中都描绘了一个人与自然和谐的西方极乐世界，在此“极乐世界，清净佛土”中，处处有香花宝树，有八功德水，有和曲雅乐，有花雨妙风。中国社会科学院世界宗教研究所的魏德东先生这样归纳佛教极乐世界的特点：极乐世界是无苦有乐的世界，内容包括：第一，极乐世界充满秩序，井井有条；第二，‘水’是生命存在的基本要素，极乐世界有丰富的优质水，称为‘八功德水’；第三，极乐世界有丰富的树木鲜花，如各种颜色的莲花等，香气芬馥；第四，极乐世界有优美的音乐，使人快乐；第五，极乐世界有增益身心健康的花雨，使人们身心适悦而不贪著；第六，极乐世界有奇妙多样的鸟类；第七，极乐世界有清新的空气。显然，佛教的极乐世界，蕴含着丰富的生态环境学内容。

---

① 刘湘溶：《人与自然的道德话语——环境伦理学的进展与反思》，湖南师范大学出版社2004年版，第95～99页。

大乘佛教高扬建设“人间净土”的旗帜，人间净土思想中很重要的内容之一就是珍爱自然、保护环境。不仅强调了环保意识，同时还提出了环保的措施和途径。比如，圣严法师将环保解剖成两个层面，一是物质环保，一是心灵环保。所谓物质环保，就是将环保落实到物质生活的每个层面，将人的日常行为变成环保行为，包括礼仪环保、生活环保、自然环保、身体环保、社会环保等。所谓心灵环保，是从人的心灵出发，建立环保意识，进而自觉地将意识转化为行动。认为心灵环保是本，物质环保是表，两者相互促进。台湾大学哲学系教授杨惠南更是提出了“心、境并建”的环保实践观。认为《维摩经·佛国品》的净土思想本身包含两层意义：（1）如果想要“心解脱”，就必须“境解脱”。亦即，要让内心的烦恼彻底去除，必须先让外在的世界清净无染；（2）如果想要“境解脱”，就必须“心解脱”。亦即，要让外在的世界清净无染，就必须先去除内在心灵的烦恼。[①] 把自然环境的优劣同人的心灵的染净结合起来。正如《维摩诘所说经》所云“随其心净，则佛土净”，现实社会和自然环境的净化，首先在于人心的净化。如果不能正确审视人与自然的关系就不可能真正解决生态环境的恶化问题。

依正不二的平等思想有助于消解人类心理结构中的过度扩张与征服的冲动，逆转人类对自然界的强势压榨，建立人类和自然界的和谐同盟，使自然界的生命和事物重新焕发生机，成为人类的生命之源和精神家园。也许正是在这一意义上，西方学者也在关注佛教伦理尤其是中国佛教伦理思想所蕴涵的伦理资源，美国哲学家H·罗尔斯顿写有《尊重生命：禅宗能帮助我们建立一门环境伦理学吗》[②] 一文，专门探讨了这一问题。

当然，佛教作为一种宗教，其终极目标是要解决众生的生死问题。“依正不二”“无情有性”等理论只是为这一终极目标服务的手段。“依正不二”说明世间现象都是众生心识的变现，其目的是要破除导致众生流转生死的“我执”。“无情有性”是说草木也有成佛的可能，总之，佛教是要解决人的来世问题。[③]

---

① 陈红兵：《佛教生态观研究现状述评》，《五台山研究》2008年第2期，第63页。

② ［美］H·罗尔斯顿：《尊重生命：禅宗能帮助我们建立一门环境伦理学吗》《哲学译丛》1994年第5期。

③ 龚晓康：《“无情有性”与“众生平等”——佛教与当代生态伦理学的比较研究》，《自然辩证法研究》2003年第8期，第77页。

二、“众生平等”故应“惜生护生”

昭慧法师在其《佛教伦理学》中指出：“护生论是佛法中一切伦理规范的终极精神。”因为护生论解决了人与人、人与一切众生的关系。人类作为一切动物的高级生灵，不但要爱惜自己的生命，不愿受到别人的伤害，也应该怜惜其他有情的生命。护生论的主旨，就是护持生命，珍惜生命，尊重生命。从“护生”所护的范围来讲，包括一切众生。而佛教的众生，狭义来讲，就是六道中前五道之有情识的生物，即人和动物等。而广义来讲，就是有情识的生物和非情识的草木等。总之，佛教的护生思想在理论上是一个完全彻底的爱护生物、救护生物、维护生物生存发展的重要观点，也是人类对于生物界的一种伦理道德。这种护生思想的理论依据就是“众生平等”的佛教平等观。

基于缘起的佛教根本理论，佛教得出“诸法无我”、“诸行无常”，因而“空”是一切事物的本来面目，世界上的一切事物，都没有不变的本质，都只是相对的存在，都处在“此有故彼有，此无故彼无”的相互依存状态，谁也不比谁更重要，宇宙间一切存在（诸法）在共性或空性方面没有任何差别，平等无二；一切事物及其差别都不过是心的幻象，不具有真实的意义。中国佛教则进一步认为，众生皆有佛性，都具有成佛的可能性，在这一点上，人并不高于动物，所以万物平等，众生平等。这一观点必然否定人在自然界中的优越性，认为人不是自然的主宰，人只不过是大千世界的一“芥子”而已，人并不比其他众生更高贵。但是佛教认为人类同其他众生相比，有“殊胜”的智慧，更能觉悟佛教义理，更应该自觉地追求生命的完善，所以人类应努力践行等视万物、等视众生的平等原则。践行这种平等原则就要做到“惜生护生”。

佛教的惜生护生具体体现为不杀生、素食、放生等行动上。

（一）关于不杀生

佛教的生命观的基本点就是爱护生命，敬畏生命，护持一切众生。佛经记载，释迦牟尼在过去世时，曾经有过多次戒杀护生的行动。如割肉贸鸽、舍生饲虎、代替母鹿舍身等。舍身饲虎的故事说：释迦牟尼的前世曾是大车王国的三太子萨埵，有一天，三位太子入山游玩，见到一只母虎领着数只幼虎，因饥饿所逼，将食其子，三太子见状不忍，为救虎命，决定以身饲虎，使用谎言支走二位兄长后，脱衣投崖，置身虎前。没想到母虎实在太衰弱了，根本无力啖食太子，于是重新上崖，用木刺破自己的咽喉，再度投身崖下，这回，饿虎吸吮其血，以啖食其身，得以重获生命，太子因此功德死后升入兜率天。

释迦牟尼在创立佛教后，对于佛弟子或信徒，不论在家或出家，都强调不应伤害其他生命，对一切生命都应善加爱护。在家五戒中，第一戒就是不杀生。佛教十善业中，以不杀生为第一，十恶业中以杀生为首。原始佛教中比丘受戒时，不杀生戒的条文是：“受具足戒后的比丘，不得故意夺取有情——下至蝼蚁的生命。若比丘故意夺取人命，或堕胎（杀胎儿），彼非沙门，亦非释子。”[①] 犯杀生戒将被逐出佛门，这是最严厉的惩罚。

佛教不但强调不杀生，而且从理论上给不杀生以论证。根据佛教的三世轮回观念，佛教认为，一切众生，皆在六道中轮回流转，升降不居，今生虽为人，来世完全可能变为畜生，此世为畜生，后生也有可能变为人，人与动物之间相互转化，没有绝对的差别和界限。人也一样，除了今生今世，还有过去世、未来世，今生生于人道，不代表过去世也是人道，换言之，在过去世中，我们可能有很多的父母、兄弟姐妹、亲戚朋友，今天随便杀害的动物，有可能是自己过去世的父母兄弟姐妹和亲戚朋友。所以，佛教强调要树立这样的观念：六道众生皆是我的父母，杀而食之，就是杀我的父母，也等于是杀自己。因此佛教提出慈悲为怀，善待一切生命的观念，并以此作为伦理道德的善恶标准，评判和发放众生在来世轮回果报的门票：第一善业就是不杀生，凡行善积德者上天堂，入善道；杀生则是十恶不赦的第一条，凡行恶者下地狱成饿鬼。《华严经》载：“于中杀生之罪，能令众生，堕于地狱、畜生、饿鬼。若生人中，得二种果报，一者短命，二者多病。”[②]

当然，不杀生在现实中会遇到一些问题，在对人类有害的动物上，比如蚊子，若按佛教的护生慈悲的本义，当然是不杀。但不杀，也许会有一天泛滥成灾，危及人类的生命。如果捕尽杀绝，又会危及以蚊子为食的蝎虎的生命，因为蝎虎是一种对人类有利的益虫，益虫就该保护。这样看来，改怎么办呢？权宜方便，不落两边中道而行，以不破坏自然界的生物链为宜吧。不管怎样，佛教的不杀生，体现了对生命的尊重。它要求尊重

---

① 觉真：《和谐人生——佛教伦理观》，宗教文化出版社 2006 年版，第 39 页。
② 《大正藏》第 9 卷。

每一个生命个体的存在与价值，善待一切与生命有关的自然之物。在这种思维视野中，人类与其他生命物种之间没有高下、贵贱之分，对于对治人类中心主义对待其他生命物种的傲慢与偏见显然具有重要意义，从这点上讲具有可取性。

（二）关于放生

尊重生命，不仅仅是尊重它们生存的权利，不以任何形式危害它们的生存，更应该保护它们的生存，禁绝一切对生命的危害。人比其他动物更能觉悟佛理，因而更有爱护一切生命，使它们免遭灾难、屠戮的道德义务。所以，人不但不能去残杀其他生命，相反，而应尽自己所有的能力使它们免遭损害，当发现它们处于危难之中时，应当主动积极地予以解救，使它们各得其所。“放生”就是重要的途径之一。佛教有着悠久的放生传统。《大智度论》中说：“诸余罪中，杀业最重，诸功德中，放生第一。”放生被视为最大功德，可见佛教对放生的重视。

狭义地讲，特指佛教徒用钱赎买被捕的鱼、鸟、兽等活体动物，将其放回到江河、湖泊、山野等自然环境中去，使动物重新获得生命自由。现实生活中放生动物又赋予了更加广泛的内容，包括野生动物因受伤、病弱、饥饿、受困、迷途、遗弃等不确定因素被人们主动救护，并在动物体质恢复后放归自然的行为。放生是戒杀素食的发展。不杀生、素食可以说是对生命的消极保护，放生是对生命的恶积极保护。佛经中用投身饿虎、割肉贸鸽、代替母鹿舍身等故事来说明佛的慈悲之心。放生是我国民间颇受尊敬的善行，许多寺庙都设有专门的放生池，以满足人们放生祈福之意愿。

近代佛学大师印光法师为了保护动物，专门撰写了这样的放生法语：“好生恶死，物我同善。我既爱生，物岂愿死？由是思之，生可杀乎？一切众生，轮回六道，随善恶业，升降超沉。我与彼等，于多劫中，互为父母，互为子女，当思拯救，何忍杀乎？一切众生，皆有佛性，于未来世，皆当成佛。我若堕河，尚望拔济。又既遭杀业，必堕恶道。酬偿宿债，展转互杀，无有了期。由是思之，何敢杀乎？然杀生之由，起于食肉，若知如上所所因缘，自不敢食肉矣。又愚人谓肉美，不知本是精血所成，内盛屎尿，外杂粪秽，腥臊臭秽，美从何来？常作不净观，食之当发呕矣。又生谓人及禽兽，蛆虫鱼虾，蚊虻蚤虱，凡有命者皆是，不可谓大者不可杀，小者可杀也。”[1] 佛教主张生命共融，一切众生皆有佛性。所有的生命都是平等的，所有的众生包括人和动物，都应该各得其所，共生共荣，这就是佛教的和谐式思维方式。

（三）关于素食

当前野生动物资源以前所未有的速度消亡，被人类宰杀食用是一个重要原因，故素食对保护动物的多样性具有积极的作用。中国佛教的素食传统乃戒杀精神的具体体现，素食本是对持不杀生戒的保证，就今天的生态问题而言具有积极的作用。

佛教的理论与实践对解决当前的生态危机大有裨益。虽仅凭佛教，不可能解决生态危机，但其为生态问题的解决提供了极佳的理论视角，也定能为生态危机的解决作出自己的贡献。

唐代诗人常建的《题破山寺后禅院》可谓对寺院内部生态景观的形象写照：

> 清晨入古寺，初日照高林。竹径通幽处，禅房花木深。
> 山光悦鸟性，潭影空人心。万籁此俱寂，但余钟磬声。

天台宗湛然大师（711—782）更提出“无情有性”，即没有情感意识的大地、山川、草木都有佛性。禅宗也强调“郁郁黄花无非般若，青青翠竹皆是法身”。一草一木都是佛性的体现，都蕴涵着无穷禅机。“无情有性”鲜明地赋予草木等自然物至高无上的佛的体性和价值，将自然所蕴涵的崇高的意蕴生动地展现在人们的面前，这对那些对自然怀有无限贪欲的人们不诋是一记当头棒喝。

当然不可否认，佛教终归是一种宗教文化，其依正不二、众生平等、万物平等等也是为宗教修持服务的，我们对其思想中显示的生态思想应持开放但理性的态度，合理汲取其精华，并熔铸在构建当代生态学理论和推行社会生态的实践中[2]。护生论的伦理价值，“用一句话就可以概括：人和人的关系，人和一切众生的关系，人和大自然的关系，归根到底是人与自身生存环境的关系。关怀他人，保护他人，关怀一切众生，保护一切众

---

① 辛世俊：《人圆佛成——佛教人生观》，宗教文化出版社2006年版，第108页。
② 刘亚明、胡敏燕：《佛教圆融思想的和谐生态智慧》，《江西社会科学》2008年第5期。

生，关怀大自然，保护大自然，就是人对人类自身的关怀、人对人类自身的保护，岂有他哉！”① 这种概括虽笼统但深刻。

法国哲学家史怀泽说过：“伦理不仅与人，而且与动物也有关，动物和我们一样渴求幸福，承受痛苦和畏惧死亡。那些保持着敏锐感受性的人都会发现同情所有动物的需要是自然的。这种思想就是承认：对动物的善良行为是伦理的天然要求。”② 或许有些人认为史怀泽的伦理思想过于浪漫甚至“幼稚”，但他悲天悯人的道德胸襟令人敬畏。佛教伦理中包含的生态思想正体现了这种悲天悯人的道德胸襟。

佛教给予了我们一个很好的启示：生态环境的保护和发展仅仅有观念、理论和一系列政府政策还不够，生态保护只有成为人类的一种生活方式、一种文化传统才有可能稳固、持久。“尤其值得探讨和借鉴的是，在佛教的信仰中，关于敬畏生命、善待万物的‘众生平等’思想不只是一个观念、意识和理念，它同时也是一种社会伦理，一种人类的善恶标尺，更是佛教信众的生活方式和文化传统。换言之，佛教的‘众生平等’不只停留在思想、观念的层面，它对生命的尊重，对万物的关注是落实在佛教的修行实践过程中的，体现在吃斋、放生等具体的生活细节中，规范在不杀生的戒律中。正因为如此，佛教的思想理念和实践活动能够延续 2000 多年，直至今日。”③

---

① 觉真：《和谐人生——佛教伦理观》，宗教文化出版社 2006 年版，第 50～51 页。

② ［法］阿尔贝特·史怀泽：《敬畏生命》，陈泽环译，上海社会科学院出版社 1996 年版，第 88 页。

③ 林伟：《佛教“众生”概念及其生态伦理意义》，《学术研究》2007 年第 12 期，第 40 页。

第四章　佛教平等观的特性

作为佛教根本教义之一的佛教平等观，同时也是佛教伦理的伦理原则之一。从伦理视阈考察佛教平等观，可以发现佛教平等观具有独特的伦理特性，具体可以归纳为如下三个方面：佛教平等观体现出世俗性和超越性的统一；佛教平等观体现出自律性和他律性的统一；佛教平等观体现出生命观、自然观和理想价值观的统一。

第一节　世俗性和超越性的统一

佛教平等观的提出是基于对现实社会不平等的反抗和人生痛苦的解脱，富于现实针对性，但同时佛教又是富于理想主义和超越精神的宗教。尤其是印度佛教具有强烈的玄想和超现实的品格，把自己的最高目标放在超越人生的痛苦获得绝对解脱的理想境界。这就决定了佛教平等观既具有世俗性品格又具有超越性特征。

麻天祥教授认为，“宗教的超越性以及对无限的终极关怀的追求，常常以理论上的二律背反，体现在现实的参与和有限的社会生活实践之中。”① 佛教平等观的世俗性和超越性的统一正是如此。一方面，作为一种宗教教义，必然有其超越性的一面，佛教必须保持其佛法出世间的主旨和了生死的主题，否则作为宗教将失去其神圣性，从而因宗教魅力的丧失而失去其信徒对它的崇拜。对此恩格斯关于宗教的经典解释中似乎也有同样的思想表达。“一切宗教都不过是支配着人们日常生活的外部力量在人们头脑中的幻想的反映，在这种反映中，人间的力量采取了超人间的力量的

① 麻天祥：《以人间佛学建人间净土——佛光山的宗教理论与实践》，佛源主编《大乘佛教与当代社会》，东方出版社 2003 年版，第 332 页。

形式。”① 它说明了宗教观念总是采取“超人间化”的特殊表现形式。这就是说，支配人们日常生活的外部力量反映在人们头脑中，并不直接是以自然力量和社会力量这些“人间力量”所固有的形式表现出来，而是表现为“超人间力量”的形式。因而具有超自然、超人间的神圣性。如果宗教观念未被“超人间化”，因而并不是神圣的，人们也就不会对它们产生神秘之感和敬畏之情，也就不会进而发展出信奉崇拜之举。从这个角度讲，佛教平等观作为佛教的根本教义之一，必然具有超越性并从而保持其神圣性特征，否则不成其为宗教教义并因而失去其对信徒的魅力。

另一方面，“佛法在世间，不离世间觉”，说明作为社会的一种宗教组织，佛教，原本与社会生活有密切的关系。佛教平等观本来就是对世俗生活不平等现实进行反抗形成的一种理论体系，它的理论产生根源在于世俗社会，它的服务对象在于世俗社会，它的理想目标的实现也离不开世俗社会众生的解脱完善。因此，佛教平等观同时必然具有世俗性特征。

佛教平等观世俗性和超越性的统一，可以从两个方面来看，一是佛教的平等原则既具有世俗性，又具有超脱性；二是佛教平等观的诸多核心命题，如“凡圣不二”“出世入世不二”等本身就体现了世俗性和超脱性的统一。

一、佛教平等观既具世俗性又具超越性

中国社会科学院世界宗教研究所的宋立道教授在《中国大乘佛教与社会关怀》一文中有这样一段话：“佛教应该在关心社会现实的同时，在适当世俗化的同时，努力做到真正保存其宗教出世的神圣性……中国佛教由于其‘圆融性’，也就难免有这样的危险性：在现代化潮流当中流于过分世俗化，甚至流于混世主义，忘了释尊的本怀和佛教的宗教神圣一面。……丧失了神圣性的宗教不再是宗教，顺应世俗化潮流的中国佛教绝不应该以牺牲其神圣性作为争取信众的代价。”② 说明了佛教作为一种宗教必须既具有神圣性、超越性的特点，又具有世俗性的特点，必然是世俗性和超越性的统一。这种特点正是佛教平等观的伦理特质之一。

---

① 恩格斯：《反杜林论》，见《马克思恩格斯选集》第3卷，人民出版社1972年版，第354页。

② 宋立道：《中国大乘佛教精神与社会关怀》，佛源主编《大乘佛教与当代社会》，东方出版社2003年版，第60页。

佛教是一种宗教，而宗教就具有强调出世的特性，但佛教徒又是生活在现实世界中的，否定现实世界再彻底也只能是在口头上。而在实际上，离开了现实生活，离开了对人最基本生活需求的满足，佛教徒是不能生存的，佛教是不能存在的。因而，佛教徒在坚持宗教的出世性和不得不参与世俗生活（对其有所肯定）方面存在着矛盾。但是，在大多数大乘佛教派别或信徒看来，解脱境界（涅槃）与“世间”不是绝对分离的，它们是“无分别”的。如中观派的主要典籍《中论》中就明确说：“涅槃与世间，无有少分别。世间与涅槃，亦无少分别。”达到解脱并不是离开“世间”而去追求另一不同的境界。大乘佛教徒要“即世间即涅槃”。菩萨或佛不是存在于“世间”之外，而是在“世间”救度众生。为了救度众生，菩萨或佛什么都能舍弃。也就是说，大乘佛教徒要真正成佛，就一定要慈悲利他。仅仅“自利”不是佛教修行的最终目的，并不能真正达到涅槃。佛教平等观既指向行为，又指向内心，既有生活智慧，又有解脱向度，“指向行为”和其“生活智慧”表明了佛教平等观的世俗性一面，而“指向内心”和其“解脱向度”则证明了它的超越性一面。

（一）平等观的世俗性

陈兵先生在其《佛法在世间》一书中，谈到“人间佛教”时有这样一段话：“佛教，乃是产生、流传于此地球人间的一种文化，从来便是人间佛教。佛教的创立者佛陀是诞生于人间的历史人物释迦牟尼，佛陀的经教绝大多数是为地球人而说，佛教的各种戒律乃依人类的行为方式而制定，佛教的传承、信奉者是人类社会中的成员，佛教的信仰基于人类的宗教需要。不仅佛教本来便是人间的，即便是以上帝为信仰核心、以天国为归宿的耶、回等宗教，其实也是人间的。马克思主义认为：宗教是‘人间的力量采取了超人间力量的形式’。”① 说明佛教、佛法是立足于人间、为人间服务的。这种“人间性”特征，正好说明了佛教的世俗性，也说明了佛教平等观的世俗性特征。

第一，平等思想的产生、发展是基于对现实世俗生活的反映。

佛教的基本教义及其思想体系表明，佛教是反映了一定社会生活内容的宗教，作为一种信仰主义的意识形态，并非“空中楼阁”，它具有对生活的认真观察和缜密分析。佛教平等观当然也不例外。

---

① 陈兵：《佛法在世间》，中国时代经济出版社 2008 年版，第 62 页。

佛教平等思想的提出是对社会现实的反映。释迦牟尼创设佛教时的平等意识和平等思想，是对当时印度社会现实中的不平等（如出身、种姓、性别和宗教拯救上不平等）的反映和反抗。释迦牟尼生活的古印度时代社会状况的最大特点就是等级森严，思想理论界则是婆罗门教占统治地位，但各种反婆罗门教的沙门思潮开始兴起。佛教属于各种沙门思潮中的一种。因此佛教平等观首先是古代印度经济政治关系的反映和思想文化传统的逻辑发展。释迦牟尼针对那样一个不合理、不平等、不自由的社会制度，为了拯救苦难众生，大胆地否定了当时存在的种姓制度，在僧团内强调“六和”原则，其意就在革除这种不平等的社会现象，建立自由、平等、民主的极乐净土。

佛教传入中国后，其平等思想也随着佛教的中国化发生了诸多改变，无论是内容和表达形式都不同于印度原始佛教，体现出了中国文化和现实生活的特点。如南北朝隋唐时期中国佛教主要强调佛性平等、心佛平等等。由于人性论问题在中国伦理思想发展史上一直是个重要的问题，因此，佛教传入中国后，有关人性论的问题，必然会反映到中国佛教的教义思想中来，这就是中国佛教思想史上的佛性思想、佛性说等。南北朝时期的竺道生依据佛经“一切众生皆有佛性”的平等精神，孤明先发大胆提出“一阐提人也有佛性”。到中唐时期天台九祖湛然更是把佛性扩大到一切无生命的物体，宣扬“无情有性”说。此时期的这种佛性平等观同时也与当时的社会制度有很大关系。中国自汉末以来形成了一种世族门阀制度，讲究以出身的门第和世族的高低来决定一切，包括人的社会地位、人的才能高低、品德优劣的评判。所谓“上品无寒门，下品无世家”就是这种社会政治制度的真实写照。佛性论问题的提出正是在这种社会背景下产生和发展起来的。佛性论讨论人有没有佛性、能不能成佛、是不是人人都能成佛等，实际上涉及人的道德属性、道德理想和道德教化等伦理问题。佛性平等思想宣称所有人，不论其出身的门第、家族，在佛教的精神世界面前人人平等，人人都有成佛的可能性。

同时佛教传入中国后，由于中国社会与印度社会的自然环境的差异，以及经济生产发展、文化传统等的不同，平等观的差异还表现在教徒生活方式的差异上。印度热带雨林的气候和丰富的食物资源使得印度原始佛教主张不劳而获，乞食纳衣成为常态，而作为农业社会的中国，僧徒不劳动事实上不太可能，所以中国僧众特别是中国化佛教的典型代表禅宗提出

“一日不作、一日不食”的“普请制度”，形成了“农禅”这种独具特色的中国禅宗形式。这种劳动制度的确立，既体现出了禅宗经济生活的自立原则，也从一个侧面反映了禅宗僧众之间的平等关系。

佛教在中国的发展再往后，到当代的人间佛教所提出的僧俗平等、人我平等和人间平等的新型平等观，同样也是对当代社会在精神资源、人与人之间和国与国之间的不平等现实的改变和重建。“二十世纪以来西方文明的巨浪席卷整个世界，机器的运作加快了人们的脚步，物质的增产刺激了人们的享受欲望。人们随着机械的轮子，马不停蹄地汲汲于营生糊口，而忘记停下脚步来看看自己；生活竞争的激烈，人和人之间的疏离越来越严重，感官的过度享受，使人们麻醉了自己的性灵，虚无、失落，遂成为这个时代的时髦名词。”① 同时生态破坏、能源枯竭，社会生活中人种、宗教间纷争歧视频仍，国家地区之间战事不断等，针对种种社会问题、人心问题，从太虚大师、印顺法师到星云大师、赵朴初居士等大德所倡导的人间佛教，“提出种种解决方案：以佛法的平等思想对治人间的不平等，提倡人人相互尊重，争取世界和平；以佛法的人本思想对治对生命的不重视，制止杀戮，保护动物，巩固人论；以佛法依正不二的思想对治环境的破坏、生态的失衡，让全人类觉醒‘地球是我们的家’，惜缘、惜物、惜生；以佛法自然的缘起观对治行事的悖理，以平衡协调为处事的准则，提高生命的素质；以佛法的因果观对治违法乱纪、道德沦丧，使人们自觉遵守道德规范；以禅的调心对治人心的紧张、孤独、迷惘，使人们摆脱烦恼的缠缚，保持轻安、活泼、自然、纯净的心态。”② 谆谆劝诫人们如法获得身心的健康、家庭生活的美满、人际关系的和谐、环境的保护。太虚大师等大德们倡导的人间佛教“本质上是一场思想革命，其出发点是对明清佛教‘非人间性’之弊病的反省批判”③。将畸重出世、鬼本神本的佛教引向以现实人生为本，强调学佛须先做好人，过好物质的、伦理的、精神的生活，发达人生，完善人格，从而“人成即佛成”。将佛教平等观发展为僧俗平等、人间平等和人我平等。

第二，不仅提出了平等理论，而且把这种平等原则贯穿于实践中。

---

① 《星云大师讲演集》（四）第310页，转引自陈兵：《佛法在世间》，中国时代经济出版社2008年版，第125页。

② 陈兵：《佛法在世间》，中国时代经济出版社2008年版，第126页。

③ 陈兵：《佛法在世间》，中国时代经济出版社2008年版，第99页。

首先，释迦牟尼身体力行平等原则，为后世奠下永远不灭的真谛。佛教僧团中不分种姓、贵贱一律平等。佛经记载两个典型事例，一是优婆离的出家：首陀罗族中的理发匠优婆离，缘遇佛陀大弟子舍利弗，告知佛法是慈悲平等，带他前往皈依佛陀，且比七王子先受剃度为师兄，备受七王子尊敬礼待。一个被人认为下贱的佣人，出家名次竟在他服侍过的王子前，这是佛陀僧团中没有四姓差别的真平等。二是摩登伽女的出家：摩登伽女是出身奴隶族的贱女，佛陀接受其出家为尼。当此消息传出，社会对此行动极力批评与反对，但佛陀坚持自己不移的平等观，说出四姓平等的主张，男女也一样享有此种权利，使摩登伽女因祸得福。

佛祖在前世舍身饲虎也是佛教主张和实践众生平等的极致典范。这个故事是说：佛祖的前世曾是大车王国的三太子萨埵，有一天，三位太子入山游玩，见到一只母虎领着数只幼虎，因饥饿所逼，将食其子，三太子见状不忍，为救虎命，决定以身饲虎，使用谎言支走二位兄长后，脱衣投崖，置身虎前。没想到母虎实在太衰弱了，根本无力啖食太子，于是重新上崖，用木刺破自己的咽喉，再度投身崖下，这回，饿虎吸吮其血，以啖食其身，得以重获生命，太子因此功德死后升入兜率天。佛教正是因为助长这种没有差别的平等，所以大力提倡要关怀众生，救度众生，为天下众生服务。

佛陀教育弟子，对弟子说法，采取的方法就是极富平等特征的交谈方式，比如《金刚经》便记录了佛陀在祇树给孤独园与弟子须菩提的一次交谈。

时长老须菩提，在大众中，即从座起，偏袒右肩，右膝着地，合掌恭敬，而白佛言："稀有世尊，如来善护念诸菩萨，善付嘱诸菩萨；世尊，善男子，善女人，发阿耨多罗三藐三菩提心，应云何住，云何降伏其心?"佛言："善哉善哉，须菩提，如汝所说，如来善护念诸菩萨，善付嘱诸菩萨，汝今谛听，当为汝说。善男子，善女人，发阿耨多罗三藐三菩提心，应如是住，如是降伏其心。""惟然，世尊，愿乐欲闻。"

就这样，佛陀向须菩提谈开了佛法，其间须菩提还顺着佛陀的思路问了其他一些问题，佛陀也都一一作了回答。须菩提如佛陀之间的这种往来问答和相互交谈就构成了《金刚经》的主体内容。在这里，佛陀只有在"启请"的情况下才开口说话，在交谈过程中，佛陀始终把须菩提当作平等的交谈对象，完全没有居高临下、唯我为是的导师架势，再看《金刚经·庄严净土分》中佛陀与须菩提之间的另一段对话：佛告须菩提："于意云何，如来昔在燃灯佛所，于法有所得不?""不也，世尊，如来在燃灯佛所，于法实无所得。""须菩提，于意云何？菩萨庄严佛土不?""不也，世尊。""何以故？庄严佛土者，即非庄严，是名庄严，是故须菩提，诸菩提摩诃萨，应如是生清静心，不应住色生心，不应住声香味触法生心，应无所住而生其心。须菩提，譬如友人，身如须弥山王，于意云何，是身为大不?"须菩提言："甚大，世尊，何以故？佛说非身，是名大身。"

在这段对话中，佛陀心平气和地用佛法真理来开导和教育须菩提。从那句反复从佛陀口中说出的征询式的"于意云何"中，可以想见佛陀"是在以商量的探讨问题的口气与须菩提说话，并在与须菩提平等交换意见的过程中，让须菩提懂得了佛法的真理，这完全像是一位负责任的有经验的教师在循循善诱地教导他的学生。"①

其次，为了保证平等原则的贯彻，佛教制定了许多可操作性的保障措施。

佛教僧团内部实施"六和敬"。"六和敬"是指：身和同住、口和无净、意和同悦、戒和同遵、利和同均、见和同解。戒和同遵是指在戒律、法制上，人人平等，没有特权。见和同解是指在思想上，建立共识，使思想相通归一。利和同均是指在经济上均衡分配，保持平等。意和同悦是指在精神上志同道合，目标一致。口和无净是指在言语上，和谐无净，亲切相待。身和同住是指在行为上，利益他人，和乐相处。佛教僧团中地位平等、怨亲平等、男女平等。

不杀生、布施和报恩。不杀生，主要指不杀人，也指不杀鸟兽虫蚁，还指不乱砍草木等。不杀生是"五戒"之首，十善业中最大的善，杀生是十恶业中最大的恶。中国佛教还特别反对战争和刑杀，并提出断酒肉、吃素食和放生等主张。佛教不杀生，体现出一种尊重生命、保护生命的平等生命观。布施是大乘佛教的最重要修持方法，它要求佛教徒以自己的财力、体力和智力去救助贫困者和满足需要者，并强调应以净心布施，即不带任何利己动机，认为这样才是真正的布施。中国佛教还重视报恩，强调要报四恩：父母恩、众生恩、国土恩和佛法僧三宝恩。父母有生身养育之恩，众生有无始以来经转百千劫，而于多生之中互为父母之恩，国土使人

① 陈坚：《论佛的教育思想》，《觉群·学术论文集》，商务印书馆2002年版，第146页。

有所依附之恩，三宝有救度众生脱离苦海不可思议之恩。佛教的报恩思想，表现了对所受的恩惠、恩德都要给予回报，认为这是一种义务和高尚的德行。

（二）平等观的超越性

佛教平等观的超越性特征，主要是指其平等思想的远离世俗社会的现实生活特征。这种“远离”又表现为两方面：一是佛教平等观的最终价值取向的超人间性，二是佛教对平等的追求不是立足于现实生活，而主要是从心灵方面、从人的主观精神方面进行的追求，因而对现实人生来说，佛教的平等思想具有超越性、超脱性。

安徽社会科学院哲学所的余秉颐研究员将人类的平等思想区分为宗教平等思想和世间平等思想两个部分，认为“从平等思想提出的角度及其所主张的实现途径来看，世间平等思想主要有法制型的平等思想和伦理型的平等思想。法制型的平等思想从社会生活秩序的角度提出平等诉求，主张通过法律制度实现人与人的平等；伦理型的平等思想从个体道德自觉的角度提出平等诉求，主张通过伦理规范实现人与人的平等”[①]。也就是说，在世俗社会中人们是从法律制度和伦理关系方面追求平等的，换言之，世俗平等思想是立足于现实生活的。与此相对比，佛教平等观所追求的平等对于现实人生来说，显然具有超越性。它是在对彼岸世界的追求中表达出人类的平等诉求，并不追求对现实不平等的变革。

第一，佛教平等观最终价值取向的超人间性。

佛教自创立起，就体现了对人的深切关怀，释迦牟尼正是基于社会的不平等和人民生活的困苦创立了宣扬平等的佛教。但是，佛教解决人生问题的方式是否定性的，不是以人为中心，而是以佛为导向，对现实问题的解决采取了超现实的方式。这就决定了佛教平等观的最终价值取向的超人间性：涅槃成佛。大乘佛教中，涅槃成佛“不仅被悬为个人的最高理想境界，而且要普度全宇宙一切有情皆达涅槃彼岸”[②]。涅槃成佛的这种最终价值取向也就决定了这种平等思想的提出不可能是对现实人生中的不平等问题的积极回应，也不是以维护人们在现实生活中的权益为宗旨的。不可否

---

① 王莉耀、余秉颐主编：《宗教平等思想及其社会功能研究》，安徽大学出版社 2006 年版，第 185 ~ 186 页。

② 陈兵：《佛法在世间》，中国时代经济出版社 2008 年版，第 281 页。

认，佛教平等观的提出是对当时印度社会现实不平等的反抗。正是针对古印度社会的不平等的等级制度——种姓制度，释迦牟尼提出了“四姓平等”“一切众生悉皆平等”的平等理念。并且在佛教僧团内，释迦牟尼努力践行这种平等理念，包括不分出身等级、种姓贵贱，也不论男女性别、地位尊卑一律吸收加入教团，给予平等授记等。但是这并不能改变一个基本事实，这就是佛教的终极关怀不是改变现实的不平等社会，不是着眼于全体社会成员在现实生活中能够享受公平和正义，对于与人们现实利益相关联的各种社会制度不具有变革性。

佛教平等观的最终理想追求是超脱现实社会人生、进入精神绝对自由的涅槃境界。佛教认为现世人生处于六道轮回之中，在现实人生之中，人不仅有生、老、病、死等自然生理上的种种痛苦，还有精神心灵上的种种痛苦，无法逃避，所以，现实人生是不值得留恋的。因而佛教对现世生活的态度是轻视、回避乃至否定的，把终极关怀投注在神秘的、神圣的“彼岸”世界，认为现实世界不过是人们通过修行进入彼岸世界的桥梁，世间的现实生活对于人来说，只具有过程的意义，而没有终极的意义。现实世界中流转变化的万事万物，包括人的生命和现实生活，都不具有终极的价值和意义。因此佛教强调应当消除人生的各种欲望，特别是贪欲，断灭生死轮回之因，从痛苦的现世人生之中解脱出来，进入涅槃寂静的成佛境界或佛国净土，得到无上的幸福。

佛教所说的涅槃，“指的是一种精神绝对自由，没有任何痛苦和烦恼的、美好的神秘境界。达到了涅槃的境界，也就断灭了现世人生的所有欲望、烦恼和痛苦，摆脱了因果报应、生死轮回的束缚，成就了佛果。”① 尽管佛教各派对于涅槃、佛的理解并不完全相同，但都承认涅槃境界、佛境是与现实人生截然不同的一种神秘的、没有痛苦的、美好的精神状态，是超越于现世人生的境界。佛教平等观的这种终极价值追求表明了一种对于现实生活乃至物质生命的超然态度。也就是说佛教平等观的终极追求是具有超越性的解脱上的平等，这种平等只能在彼岸世界，无论是印度佛教还是中国化的佛教都不例外。差别仅仅在于，印度佛教表现为追求超越一切、普度众生的心外佛——侧重于外在超越，中国化佛教则主要表现为人心本具、“心、佛、众生三无差别”的心内佛——侧重于内在超越。佛教

① 尚九玉：《宗教人生哲学思想研究》，北京师范大学出版社2000年版，第130页。

从印度传入中国，至隋唐完成自身中国化的过程，一方面形成了天台、华严、法相、禅、净土等分宗并弘的寺僧佛教和寺僧佛学，同时，佛教学者们援孔孟老庄入佛，把觉悟的终极追求转向人的心性问题的探讨，这样，超越一切、普度众生的心外佛，一变而为人心本具，“心佛众生三无差别”的心内佛，外在的超越转向内在超越。

另外，佛教平等观作为一种宗教基本教义之一，从其宗教赖以存在的基础来讲，也决定了佛教平等观必然具有超越性特征。释迦牟尼创建佛教时构想出的教义，其基本内容主要是着眼于如何使人从生、老、病、死等使人痛苦烦恼的力量的压迫下解脱出来，进入永恒寂静的涅槃境界。很显然，对于生、老、病、死之类，我们很难说成是超自然力量，而应该承认它们是人类生活中极其常见的、也是合乎自然法则的现象。但是，正因为它们是任何生命皆不可避免的自然必然性，所以，绝对超出这种自然必然性、永远摆脱生老病死之苦的涅槃境界，当然只能是与自然与人间绝对对立的超自然、超人间境界，如果否定这种境界，也就取消了佛教赖以存在的基础。这说明，人间力量的宗教化，世俗力量的神圣化，宗教理想境界的超自然化，乃是宗教产生的前提。宗教信仰对象表现为超人间力量或超自然境界的形式，乃是宗教的基本特征，普遍适用于各种宗教。[①]

总之，佛教平等观作为一种宗教教义和宗教伦理原则，它关注的不是现世生活中的平等，而是彼岸世界的平等，佛教并不将平等诉求在现实世界、现实人生中的实现作为自己的最终追求。这就使得佛教平等思想不像世间平等思想那样与人们的现实生活紧密关联，而呈现出超越性特征。

第二，佛教平等观实现途径的超现实性。

佛教平等观所追求的平等实质是一种精神层面的平等，因而其实现途径只能是个体的内心体验。个体通过自治其心、自净其心，断除烦恼，提高精神境界，自塑完美人格，从而达到精神的绝对自由状态，也就成就了佛果。正如陈兵所说：“用如实知见的智慧‘自治其心’、‘自净其意’，因而成为佛陀所示解脱世间诸苦、提升精神境界的要道。”[②]

佛教认为，“心”是决定众生苦乐升沉的关键。正如《杂阿含经》卷十云：“心恼故众生恼，心净故众生净。”心的染净决定了众生终极价值目

① 吕大吉：《宗教学通论》，中国社会科学出版社 1989 年版，第 65 ~ 66 页。
② 陈兵：《佛法在世间》，中国时代经济出版社 2008 年版，第 268 页。

标的虚实。因此，“佛陀从对人生痛苦和存在意义的反省入手，以人内心深处了生死、趋求常乐的终极关怀为核心，对人心的结构、内容、性质及造成苦恼的因果作了明晰的解析，通过切身的实践验证，提出了一整套自治其心以达到‘现法安乐’乃至涅槃解脱的技术。后世的佛教大师们，对佛陀教法不断发挥补充，形成精深博大的治心之学。”① 陈兵认为佛教的修行体系，从归依、发心到戒定慧三学、三十七道品、大乘菩萨行的六度、密法瑜伽等，都是为治理自心而设计。

具体怎样通过自治其心、自净其意达到涅槃解脱呢？陈兵先生归纳为十二种方法。一是以正信、正归依、正见安心：强调要有正确的终极理想，正确的世界观、人生观、价值观，皈依佛法僧三宝。二是以发心振作心：包括法增上心获得今生后世的利乐，法出离心获得涅槃常乐，发菩提心以利乐众生、庄严国土为己任，带动众生同趋生命的顶峰即成佛。三是以持戒约束心：依戒律之规范约束自己的身口意三业，做到“诸恶莫作，众善奉行”。四是以方便心对治调伏心：采取种种方法诊治烦恼和不良情绪。五是以智慧观心：用佛教真理观照自心，体察真如实性，这被认为是佛教用以把握和净化自心、断灭烦恼的最根本、最有效的方法。六是以忏悔清洗心：通过忏悔清洗恶业、过错的积垢，放下心理包袱，使心从罪过错误的重压下解脱。七是以慈悲软化心：培养对众生的大慈大悲心，使温暖、友爱之心遍及于全宇宙一切众生。八是以喜乐滋养心：常怀喜乐，给人喜乐，能使自他身心健康，延年益寿，人际关系和谐融洽。九是以“舍”宽松心：舍弃烦恼、忧愁等不良情绪，舍弃贪惜吝啬，使激动的心平静，紧张的心放松、堵塞的心开通。十是以安忍炼心：磨炼自心，在任何情况下都平静不动摇，临危不惧、赞誉不喜、难忍能忍。十一是以精进磨砺心：以精进断恶修善，精进被强调为成就世间、出世间一切事业所必须。十二是以禅定凝练心：是以禅定修习提高专注一境的不散乱的定心的能力。②

佛教寻求终极解脱的特点在于，它是通过个人的内心体验去把握生命存在的至高境界，并通过对这种生命境界的把握，使人的身心达到一种圆融无碍、解脱自在的状态，使人从自我的迷执和人生的痛苦和烦恼中解脱

---

① 陈兵：《佛法在世间》，中国时代经济出版社 2008 年版，第 268 页。

② 陈兵：《佛法在世间》，中国时代经济出版社 2008 年版，第 269 ~ 273 页。

出来，让生命由此得到完全充分的肯定。佛教的方法不是认知，而是体验，通过个人的内心体验而获得终极的觉悟。

二、诸多平等命题本身直接体现出世俗性和超越性的统一

（一）出世入世不二

历史上早期的印度佛教是以“出世”为主要态度的，佛教的僧侣们过着远离世俗的生活，独身、乞食，专门从事解脱生死轮回为目的的修行，这一点我们可以通过对佛教最早期的经典“四阿含”的考察得到答案。“阿含经”的出世思想主要体现在两个方面，一是对世间生活的厌离，二是所追求的“涅槃”与世间的对立。在“四阿含”中，释迦牟尼教导弟子观察世间的无常与痛苦，从而产生对世间的厌离心，有厌离心才能远离世间的贪欲，从而能够得到“心解脱”，这种出离心反映在修行者的生活上就是离开世俗生活的修行——出家。小乘佛法追求的涅槃，无论是有余涅槃还是无余涅槃，都是涅槃后不再回到世间，这样的涅槃理论在对世间超越的同时，实际上包含着对世间的否定和舍弃，可见小乘佛法的世间与涅槃是对立的。

相对于小乘的自证解脱而言，大乘佛教更加注重慈悲的作用，体现出其入世特点。大乘佛教以帮助所有众生得到解脱为目的，提出“地狱不空，誓不成佛”的悲愿。从理论上讲，大乘佛教由于直接从缘起性空出发，而非象小乘的声闻、缘觉从“无常故苦”出发，因而避免了对世间的厌离，从而走上了“不住生死，不入涅槃”的入世道路。

特别是中国佛教始终把世法看作出世法不可分离的另一面，即所谓“真不离俗”。正如六祖所说的“佛法在世间，不离世间觉”。“立足充满生死恶欲的现实世间，不舍一切众生共赴向善的目标，这正是天台、华严、禅宗等善恶观中共同的意旨，也正是中土佛教自利利他、自益益他、化世导俗、扶世助化的大乘精神的伦理本怀。”①

印度佛教中小乘的各个部派，其间有部的毗昙学与经部相关的俱舍学都曾引起过不少大师的重视；印度的大乘佛教，有讲因缘性空的中观，有讲万法唯心的唯识，都没能在中国原封不动地保存下来。这是因为在中国，从孔孟以来的思想都要以人世为重心，这样的理论兴趣影响到中国社

---

① 王月清：《中国佛教伦理研究》，南京大学出版社 1999 年版，第 31 页。

会主要关心的是人和人的现世需要。因而观音普贤代表的菩萨道成为中国佛教徒的理想，菩萨道强调上求下化，度尽一切众生的利他的目标，是一种积极的入世的解脱之道。

出世入世不二体现出佛教终极关怀与现实关怀的统一性。《维摩诘所说经》是大乘佛教终极关怀与现实关怀相结合的典型。维摩诘是一个在家的居士，拥有无量的资产，他既有超越沙门的“般若正智”，又有无限灵活的“善权方便”，一方面他讲的佛理，高出于出家的大菩萨，他的三昧神力能够调动诸佛，他有着佛一样高的精神境界；另一方面，他又住在大城闹市，过着十足的世俗贵族生活，上交王公大臣，下游各种场合。他的这一切世俗行为其动机全是为了救度众生，出离世间。维摩诘充分说明了大乘佛教的主张：佛国并不是脱离世间众生之外的另一种存在，它就存在于众生日常生活之中，因为佛国不可能在空中建成，而是通过菩萨教诲众生、净化人的心灵来实现的。所谓“以意净故，得佛国净”，“秽土”即是“净土”，离开“秽土”，即无“净土”。体现出大乘佛教终极关怀和现实关切的有机统一。[①]

“佛家因慨叹人生之苦而悟万物皆空。这个‘空’实际上是否定，是否定之否定，因而处处表现不甘沦溺俗界生死海的‘终极追求’，于是发展成一种无生、无死，即超越生死，超越一切的永生的思维境界。这种非现实的理想，从表面看含具显而易见的出世倾向，事实上，正是这种超越精神，却表现了太多的愤世嫉俗的批判意识，表现了对现实世界刻骨铭心的关注。大乘不舍世间，自利利他；小乘虽主张自证生死、灰身灭志，然根本旨趣仍在救人脱离生死之海。所以表面的出世，本质上则在于救世。”[②] 在这里，麻天祥教授论证了佛教的出世入世不二的思想。

大乘佛教的人生态度可以用超越现实人生来概括。这种“超越”特性实质就体现了出世与入世不二的精神。“所谓超越现实人生，是指在现实人生的基础上，超出现实人生层面，赋予现实人生以一种全新的意义，在现实人生之中求得精神的自由和来世的幸福。”[③] 这包括两层含义：一是佛教认为，现实人生是痛苦的，没有什么价值，因而人不应当看重和留恋现

---

① 班班多杰：《试论藏传佛教的终极关怀与现实关怀》，佛源主编《大乘佛教与当代社会》，东方出版社2003年版，第64～67页。

② 麻天祥：《20世纪中国佛学问题》，武汉大学出版社2007年版，第340～341页。

③ 尚九玉：《宗教人生哲学思想研究》，北京师范大学出版社2000年版，第181页。

实人生，特别是不应当贪恋现实人生的物欲享受，而应当追求有意义、有价值的人生，也就是悟道成佛的理想人生；二是在佛教看来，有价值、有意义的人生并不是与现实人生完全隔断联系的另外一个人生，而是同一个人生，正是由于被赋予了新的意义，充满了苦难的现实人生才变成了有意义、有价值的人生。正是基于此种超越现实的人生态度，所以大乘佛教主张世间与出世间不二，世间就是出世间，出世间就是世间，“烦恼即菩提”，成佛并不是要脱离世间到另一个地方，而是在世间求出世间，在苦难的现实人生之中觉悟佛法，成就佛果。中国佛教禅宗则将这种出世入世不二发展到极致，更进一步认为，“担水砍柴，无非妙道”，只要觉悟了佛法，现实人生就是佛陀人生，离开苦难的现实人生去追求成佛，“离世觅菩提，恰如求兔角”是荒谬绝伦的。

关于佛教的入世精神，陈兵在《佛法在世间》一书中这样写道：佛教本义，并不像一些中国儒士所理解的那样不管现世生活只谈出世间的事，只管出世，仅仅是在中国封建社会特定的政治文化环境中形成的衰落期佛教的特性。从释尊的言传身教看，他并非只管出世间的山林瑜伽士，而是一位极度热心于济世导俗的法王。虽出家修道得成大觉，而不忘报答亲族国恩。如为父王说法送终，尽人子之责；当琉璃王率兵攻伐佛陀故国迦毗罗卫时，虽知国人业报难逃，仍于半路劝阻琉璃王退兵，国亡城破后，亲率僧众回国看望被琉璃王残害的释迦族妇女，说法抚慰，表现出炽烈的爱国爱民之心。佛陀成道后深入人间化导众生，四十余年诲人不倦。不仅说四谛、十二因缘等法教人自净其心超出生死，而且谆谆教诲在家人如何营生治事、持家理财、交友尊师、夫妻和谐，过好世俗生活，获得现世安乐、后世安乐。佛陀还多次教导频婆娑罗、波斯匿、阿阇世等印度名王如法修身治国，推行民主法治，以十善导民，使人民丰衣足食，社会祥和安定。佛陀不仅每天耐心教诲众多前来求教的人们，而且谙知时事，关心民众疾苦，主动为民众排忧解难。如释迦族与拘利族争水，佛陀特地远道赶去调解。佛陀以其身教表明：历尽社会责任，关心民众生活，乃佛法之正旨。①

释迦牟尼这种入世本怀被大乘佛教发扬光大。大乘教导佛弟子应报四重恩——父母恩、众生恩、国王恩、三宝恩（或称天下恩、国主恩、师尊

① 陈兵：《佛法在世间》，中国时代经济出版社2008年版，第138～139页。

恩、父母恩。）《心地观经》称“如是四恩，一切众生平等荷负”。既然荷负四恩，则知恩报恩，报效父母、师长、国家、社会乃至全人类，乃不容推诿的责任。

中国化佛教的典型——禅宗，吸取印度佛教大乘中观派“涅槃与世间，无有少分别”的思想和《维摩诘经》在世俗生活中求佛的修行方法，更是将出世的宗教追求与入世的生活方式巧妙地糅合在了一起。《坛经》中有一段著名的偈颂：“佛法在世间，不离世间觉；离世觅菩提，恰如求兔角。”“佛向性中作，莫向身外求。自性迷即是众生，自性觉即是佛。”只要心净，在家亦可求佛，不修禅、不持戒也可进入天堂，充分体现出出世入世不二的精神。

（二）凡圣不二

大乘佛教认为，不但佛界与世间之间密切相连，而且在凡人与圣佛之间也有内在必然性，即圣凡不二。圣凡不二充分体现出佛教平等观的世俗性与超越性的统一。一方面，神圣的佛性高高在上，有超越的意义，同时佛性又贯注于人身之内，内在于人而成为人之性，具有现实世俗性，就是说，佛既超越于世界之上，又内在于人心之中。人通过修行实践，提升自己生命的内在本质来体悟这一佛性的神圣性，即人通过道德实践体悟佛界并不是一个屹立在彼岸的、可望而难即的神灯，而是人的理性、本性自我觉醒的过程，是本心性智自明自了、自我显发的过程。

大乘佛教强调悲智双运，“智”是指修养的境界，“悲”则强调利他的实践。悲智双运精神必然要求“凡圣不二”。佛教认为众生由于造业受报轮回于“六道”之中。六道即天、人、阿修罗、畜生、饿鬼、地狱这六种生命状态，“六道”被视为是低级的生命状态或境界，称之为“六凡”，超越于其上的境界就是圣人的境界，它也有四种生命形式或状态，即声闻、缘觉、菩萨和佛这“四圣”。佛教的生命观认为，生命的具体形态是“五蕴”集合而成，即所谓色、受、想、行、识，“五蕴”聚合则人生，“五蕴”散灭则人死。人的生命既然是因缘和合而成，不由外物或神制造，因此，佛教生命观强调人不必依靠外物或神的保护、救赎，只要运用佛教的智慧就可以认识到生命的真实本面，也就可以进入一种心灵获得解放的自由境界，达到自己解救自己，超凡入圣。由凡入圣，实现个体自身的解脱，这仅仅是小乘佛教追求的境界，只不过是一个“自了汉”，大乘佛教追求的是“众生度尽，方证菩提”，“超圣入凡”救度众生，“真正的大乘菩萨精神是既不会高居在悟的顶峰舍弃众生不顾，也不会因为投身众生之中而丧失了悟之心。在炽烈的红尘欲火之中，圣洁的了悟之花依然绽放。大乘佛教的核心是大菩提愿为本，大悲心为上首，空慧为方便的。”[①] 因此，“由凡入圣”后必须要跳出圣境“由圣入凡”，为众生的疾苦而努力奋斗。“凡圣不二，是一种舍身入世、积极救度众生的大乘精神，它要求在进入圣境后一定要跳出圣境，不被圣境所束缚，而要以平等不二的心境去对待凡夫、凡境和圣者、圣境，以不舍众生的精神返回众生凡夫之间去救度众生。”[②]《法华经・普门品》云：“是观世音菩萨成就如是功德，以种种形游诸国土，度脱众生。”观世音就是体现凡圣不二精神的菩萨，她能观察众生的不同根基，用不同的方法救度他们。释迦牟尼佛、维摩诘、地藏菩萨等也都是大慈大悲、随缘应度众生的“凡圣不二”的楷模。

凡圣不二的理论基础是“一切众生皆有佛性”，佛与众生在本性上是无差别的。佛与众生本来无别，人人皆可成佛，佛与众生只是觉与迷的区别而已。一念觉即为佛，一念迷即为众生。正如慧能所言：“菩提般若之智，世人本自有之，只缘心迷，不能自悟。……愚人智人，佛性本无差别。只缘迷悟不同，所以有愚有智。”也就是说，生佛凡圣之所以平等无二，是因为人人都有佛性。佛性也叫做“如来藏”种子，“如来藏”人人具足，且清净平等，是一切众生本来具有的如来法身。“如来藏”虽然人人具足，但它受无始以来的“虚伪恶习”的熏染，被客尘烦恼所障碍，成佛之途就是要将被污染的“如来藏”再转变成清净的“如来藏”，所以说凡与圣在其本质上是平等的。[③]

凡圣不二，要求“由凡入圣”与“由圣入凡”的统一，只有这样才真正做到凡圣一如，由凡入圣，或曰超凡入圣，就是实现世俗生命的解脱。怎样实现“由凡入圣”呢？佛教强调要靠自己解救自己，即靠自己的觉悟，靠自己对佛教教义的理解。

---

① 唐中毛：《月印万川——佛教平等观》，宗教文化出版社2003年版，第124～125页。

② 唐中毛：《月印万川——佛教平等观》，宗教文化出版社2003年版，第119页。

③ 唐中毛：《月印万川——佛教平等观》，宗教文化出版社2003年版，第120页。

第二节　自律性和他律性的统一

佛教平等观既遵从自律原则，也重视他律，体现出自律性和他律性的统一。这种统一主要表现在两个方面：一是平等终极目标的实现是自律性和他律性的统一，二是业力果报平等内蕴自律性和他律性的统一。

一、实现平等终极目标的自律性和他律性的统一

佛教平等观是佛教伦理的伦理原则之一，作为一种宗教伦理其平等追求的终极目标同样是解脱成佛。那么，怎样达到这种理想的精神境界呢？佛教伦理在论述达到涅槃佛境的方法途径时体现出自律性和他律性的统一。

（一）佛教强调成佛主要靠自我觉悟

佛教平等观的基本思想之一——“一切众生皆有佛性”表明，平等原则所追求的道德理想或终极的道德境界，本来就先天存在于每个人的心中，所以不存在能否成就道德理想的问题，只存在能否认识自己的道德本性问题。其中内蕴着佛教平等观终极目标的实现主要靠个体自身努力修持，高扬了主体的自律精神。

释迦牟尼本人的得道成佛是主体自律精神发扬的结果。从凡夫俗子的乔达摩·悉达多到得道成佛的释迦牟尼，佛教创始人得道成佛的道路无非就是凭借个人的生命体验和生活经验、通过自省和反思而自我体认和诠释人生的痛苦、苦恼并觉悟和设想出解脱人生痛苦、苦恼的出路和方法，归结起来，无非是教人如何自我抑制和自我调谐自己的需要（包括以本能和欲望的形式存在于人身上的自然生理需要、以与人交往的形式存在于人身上的社会交往需要和以追求理想的形式存在于人身上的精神追求需要），以及教人如何去恶存善（去除一切形式的恶，包括存在于人的内心世界以欲望和本能以至于以理智、情感和意志的形式存在的恶）以善待自己的外部世界（包括他人、群体的人和类的人以及自身自然和外部自然），其中无不体现出极强的自律性要求。

从理论上讲，佛教的终极目标本质上是一种精神的绝对自由状态，这种精神自由的获得只能是主体的自身觉悟。从此意义上，必然凸显出主体的自律精神。佛与涅槃、空作为一种佛教追求的终极实在本质上是同义

的。都是指人从现实经验世界的各种束缚中获得的彻底解放，即精神的极大自由状态。这种状态是怎样达到的呢？主要靠个体自我的觉悟。即运用佛教的般若智慧证得宇宙万物的“无常”和“空”，放弃对一切外在之物包括自身的“执著”：诸如功名利禄和自我存在意识等，这样就能摆脱经验世界的各种束缚，进入彻底自由的精神状态——佛境。佛教看来，人生存的经验世界面临许多令人苦恼的状态，如生老病死等，佛教把这个世界看作是永无止境、变化无常的现象世界，它的一切现实存在都是短暂的，没有本身的稳固性和产生的原因，是由其他外在的因素控制的。因此，这个经验世界永远处于一个由其他因素的决定而存在，同时也由其他因素的作用而随时可能消失的过程之中；经验世界处于“缘起”之中，人的生命处于“轮回”状态。这样，人与包括人自己在内的经验世界之间的关系就成了一种对人生命的煎熬状态：人活着拼命获取世间的功名利禄，但人和所获得的功名利禄又会转瞬消失；想到这个结局，患得患失的人们不免心灰意冷。但不想去获取它们又挡不住它们的诱惑，于是，人便开始在内心的烦恼和诸多的矛盾纠葛中折磨自己。但是，佛教却能启示给我们一个彻底解决苦恼的方法，那就是通过内心的自觉或彻底的觉悟，使我们完全忘记或放弃对这些经验世间价值的追求，甚至主观地忘记自己主体作为经验世界一部分的存在；这样，人就获得了一种彻底的精神解放，一种意志的完全自由，这就是人的涅槃境界，是摆脱了此岸诸苦之后到达的彼岸世界。这时的人虽然表面上看还是原来那个人，但在精神上或在本质上已变成了佛，生命的轮回和经验世间的烦恼已经彻底解决了。①

在中国化佛教的禅宗那里，更是把这种对自我觉悟的强调发挥到了极致。禅宗伦理具有鲜明的主体性精神，比如在道德修行和道德认识活动中的自力精神、独立精神、对权威的否定和对亲证的强调都反映出这种主体性，由此也体现出禅宗伦理对道德自觉和自律的强调，而道德自觉和自律在禅宗伦理中具有广泛的方法论意义。在成就最终的解脱上禅宗要求人们依靠自身的力量，通过自修、自悟、自度，自己成就解脱，而不是把解脱的希望寄托在他人身上，特别是寄托在佛、菩萨身上，寄托在禅师身上。关于佛，百丈怀海如是说：“佛是无依著人，无求人，无依人。”② 佛就是

---

① 单纯：《宗教哲学》，中国社会科学出版社 2003 年版，第 105 ~ 106 页。

② 《古尊宿语录》卷二。

依自力的人，修行成佛就是要成就这样的人。因此禅宗反对对佛的崇拜，认为佛就是人，人就是佛。“本性是佛，离性无别佛，佛是自性，莫向身外求。”① 慧能把自性与佛视为一物，认为离开自性外没有别佛，而所谓自性，即在人性之中，不可离生身而另求佛。

禅宗强调成佛目标的平等性，强调觉悟的可能性是基于两个内在的根据：一是众生本有的佛性或道德本性，二是众生本有的佛智慧。众生都平等具备这些条件，但事实上真正成就佛性的很少，禅宗的解释是：原因在于众生自身对于佛教真理的无知，在于迷。因此禅宗认为，成佛就是转迷为悟，从不觉到觉，觉悟是通过明心见性的内省式方式实现的，是依自力“自识本心，自见本性”②。“无明或迷是众生不能成佛的原因，无明、迷情的消除就是悟，而迷和悟的最直接的不同结果，就是导致众生和佛两种不同的道德境界。”③ 大珠慧海禅师曾如是说：“佛是心作，迷人向文字求，悟人向心而觉；迷人修因待果，悟人了心无相；迷人执物守我为己，悟人般若应用现前；愚人执空执有生滞，智人见性了相灵通。”④ 迷的人不知佛是自心作，而从语言中求佛，文字中求佛，执著于语言文字；觉悟者了知佛是自心，离自心无佛，而向内发明佛性。《五灯会元》中有这样一段对话生动地表明了迷与悟的差别：

师问僧曰：“夜来好风？”曰：“夜来好风。”师曰：“吹折门前一枝松？”曰：“吹折门前一枝松。”次问一僧曰：“夜来好风？”曰：“是甚么风？”师曰：“吹折门前一枝松？”曰：“是甚么松？”师曰：“一得一失。”⑤ 同样的问话，第一位不生分别心，是悟，第二位执著太重，是迷，所以说，两人一得一失。

为了达到涅槃佛境，成就终极理想目标，大乘佛教提出了一系列修行法门，通常主要有“六波罗蜜”或“六度”，即布施、持戒、忍辱、精进、禅定、智慧六种法门。此六度强调的都是依靠个人努力而证道，具有强烈的个人自律的精神。以布施为例，佛教对布施有多种不同分类，但归根结底不出财施、法施、无畏施三大类，归纳到一点，就是慷慨无私地帮助一

① 敦煌本《六祖坛经·般若品》。
② 敦煌本《六祖坛经》第16节。
③ 董群：《禅宗伦理》，浙江人民出版社2000年版，第210~211页。
④ 《大珠慧海禅师语录》卷下。
⑤ 《五灯会元》卷三，转引自董群：《禅宗伦理》，浙江人民出版社2000年版，第212页。

切需要帮助的人，救度一切需要救度的众生。同时佛教以布施度悭贪，则表明佛教的布施功德，不仅仅是助人于急，救人于难，解人于倒悬，更可贵的是提倡一种人类的团结、互助、关心、爱护、舍己为人的崇高道德风尚，有利于去除冷漠之心，建立人与人之间的理解、信任和沟通。布施强调布施者要从慈悲心出发，自觉的欢欢喜喜的舍施，不能有我是能施的（产生优越感），你是被施的（产生轻贱感），或者计较布施者所施财物的数量多少、价值贵贱，认为这些心态都是有违布施的平等理念的。

（二）佛教不否认“他力”的作用

众生悉皆具有佛性，平等一如，都能成就佛果。但这种理想目标的实现需要他人的导引。佛教把佛法即佛陀的说教视为人生解脱的根本指导，认为解脱离不开佛、菩萨的救助。从而在平等理想目标的实现途径上体现出他律性特征。

释迦牟尼曾说：“一切众生，皆具如来智慧德相，只因妄想执着，不能证得。”“一切众生皆具如来智慧德相”，说明众生是生而平等的，不存在高下卑贱的问题，因此所有一切众生皆应得以脱离轮回苦海成就涅槃佛境。然而，由于世人多为无明业障所牵缠，故而深陷轮回苦海中不能自拔，因此，需要拯救。因而佛菩萨们誓愿“度一切苦厄”，如地藏王菩萨即发大誓愿说：“地狱不空，誓不成佛！”佛教设定了诸多菩萨拯救众生，有点类似于其他宗教设定神对世人的救赎。特别是普贤菩萨的“宏愿”中把佛教“他力”救助众生的精神体现得淋漓尽致。

《普贤菩萨行愿品》中普贤菩萨的十大行愿为：“尔时，普贤菩萨摩诃萨称叹如来胜功德已，告诸菩萨及善财言：善男子，如来功德，假使十方一切诸佛，经不可说佛刹极微尘数劫，相续演说，不可穷尽。若欲成就此功德法门，应修十种广大行愿。何等为十？一者礼敬诸佛。二者称赞如来。三者广修供养。四者忏悔业障。五者随喜功德。六者请转法轮。七者请佛住世。八者常随佛学。九者恒顺众生。十者普皆回向。”[①]这里，普贤菩萨的十大行愿，礼敬佛、称赞佛、供养佛、向佛忏悔、随喜佛功德、请佛说法、请佛住世，更多地强调的是依靠佛力而证道，虽然持十大行愿，

① 见《普贤行愿品》，唐般若译，收于《大正藏》第10册。此品全名为《大方广佛华严经入不思议解脱境界普贤行愿品》，原是般若所译四十卷《华严经》的标题，《普贤行愿品别行疏钞》将此作为品名，专指《四十华严》的最后一卷。

并没有否认个人努力，但努力的方向，在祈求佛力加持。

可见，虽然佛教给予了人们美好的道德承诺：只要按照佛法努力修持就能得到人生的解脱，进入美好的涅槃境界，成就佛果，因而佛教往往被人们称为“自力拯救”的宗教。其实作为宗教，佛教同样具有借助外力拯救的宗教特质，佛教认为人的解脱离不开佛、菩萨的救助。佛教认为，人生是痛苦的，痛苦的根源在于人对佛法的愚昧无知（无明），如果没有佛赐给人们佛法，用宇宙人生的真理教导人们，人就如同盲人摸象，永远不知道人生的真谛，找不到解脱人生苦难的正确道路，只能在生死轮回的苦海中受煎熬。从此意义上可以说，佛教同样认为，仅靠人类自身的努力，是不可能获得人生的解脱的。

那么佛、菩萨是怎样救助众生、度其超出生死获得解脱的呢？佛救助众生的方法是：向众生传授佛法和戒律。通过传授佛法给众生，并且给众生定下戒律，使众生能够通过闻听佛法明白人生的本质，依照戒律修持，得到正果。

佛对众生的救助一方面表现为佛、菩萨救人脱离苦海，使人得到彻底解脱。如净土宗认为，阿弥陀佛有无边的法力，成佛之时曾经立下宏愿，要救度一切众生出离苦海，所以众生只要信仰阿弥陀佛，一心称念阿弥陀佛的名号，就可以得到阿弥陀佛的救助，凭借阿弥陀佛的“愿力”，脱离苦海，往生西方极乐世界，享受极乐之福。

对于净土的理解，信奉弥勒的人相信其是与众生居住的世俗世界相对立的无欲世界，而信奉阿弥陀佛的人相信其是至善至美的极乐世界。那么怎样才能往生净土呢？净土宗认为由于世俗的风气太浑浊，没有佛的帮助，仅靠“自力”是很难解脱的；靠“自力”寻求解脱的教义是“难行道”，而凭借佛的愿力往生净土是“易行道”，往生净土需要将念佛行业的“自力”与佛的愿力的接引结合起来，只要口念佛名，如“南无阿弥陀佛”，日至一万声至十万声，就可以进入佛国净土。① 印光法师也有类似的思想：“佛法浩瀚，博地凡夫欲于现生了生脱死者，除信愿念佛求生西方外，别无有能满其所愿者。世有多少聪明特达之士，专以研究大乘经论为志事，而于此最简便最圆顿之法，反浅近视之，而不肯修。盖其平素注意深妙之理性，而不详思佛力之叵测，以故弃佛力而仗自力，自负为大通家，

① 单纯：《宗教哲学》，中国社会科学出版社2003年版，第313~314页。

卒致只得其名，罕得其实。反逊愚夫愚妇无知无识者横超三界，高登九莲，致自己仍在生死苦海中沉沦莫出，岂不大可哀哉。此世间学佛者之通病。”①

从净土宗的这个例子中，我们看到了佛教对生命本质的理解上的宗教意味：祈求来世和永生。有西方学者如是说：“净土宗寻求的是天堂中的新生，在这个净土天堂里他们期待的也是快乐和享受。尽管净土宗到目前为止仍然是佛教中的小宗，但它却印证了一种复活投身的宗教祈愿。”②

另一方面佛对众生的救助还表现在：帮助解除人在现实生活中遇到的苦难，保佑人的平安与幸福。佛教中地位仅次于佛的菩萨就以救苦救难为使命，对处于危难之中的众生随时给予救助，化危险为平安，变灾祸为幸福。如观音菩萨，梵文 Avalokite，又作观世音菩萨、观自在菩萨、光世音菩萨等，从字面解释就是“观察（世间民众的）声音”的菩萨，是四大菩萨之一。他相貌端庄慈祥，经常手持净瓶杨柳，具有无量的智慧和神通，大慈大悲，普救人间疾苦。当人们遇到灾难时，只要念其名号，便前往救度，所以称观世音。根据《法华经》，“若有众生多于淫欲，常念恭敬观世音菩萨，便得离欲。若多嗔恚，常念恭敬观世音菩萨，便得离嗔。若多愚痴，常念恭敬观世音菩萨，便得离痴。”

以上说明了佛教在实现平等理想目标上对“他力”的倚重，体现出他律性伦理特质。同时，佛教为出家僧侣制定的各种戒律也体现出这种他律性伦理特质。佛教给不同层次的僧人规范了相应的戒律，在家的男女居士修持三皈依和五戒，三皈依为皈依佛、法、僧，表示对佛教三宝的信仰；五戒是要终身奉持的，不杀生、不偷盗、不淫欲是防身之恶，不妄语防口恶，不饮酒兼防身口之恶，这是最基本的道德要求，尤其是前四戒，更具有道德普遍性。如果在家居士需要体验像正式僧侣一样的生活，这时需持八戒，在五戒之上加不眠坐高大华丽的大床、不装饰打扮及视听歌舞、不食非时食；出家后的 7 岁至 20 岁的僧人守十戒，对于比丘和比丘尼，则必须受持具足戒，受持此戒后，才取得正式僧人的资格，按《四分律》，比丘戒有 250 条，比丘尼戒则有 348 条，此外，佛教对僧人行住坐卧、洒扫应对等日常生活和社会交往过程中应守的礼节即僧人“威仪”也做出了规

---

① 《印光法师文钞三编》福建莆田广化寺本三，卷二第 313 页“复郭汉儒居士书一”。

② 大卫·斯蒂沃特：《宗教哲学的探索》（英文版），普兰提斯－会所公司 1998 年版，第 293 页。David Stewart，Exploring the Philosophy of Religion（PrenticeHall，Inc. 1998）。

定，比丘号称有三千威仪；以成就菩萨为理想的修行者，则要持守菩萨戒。戒律必然具有强制的他律性的一面，或者准确地说从迷悟的不同角度来看，迷则依他律，悟则依自律。

佛教戒律的强制性，还体现在作为“出世的律法”所包含的惩戒措施，对违律行为的惩处，各种戒律中规定得十分详尽。以《四分律》为例，比丘犯杀、盗、淫、妄语4条重罪，开除，逐出僧团。犯僧残法，留僧团察看，佛教有安居法，印度夏季雨天的3个月内，僧人集中修行，称夏安居，夏安居结束时，僧人应对僧众检讨自己的过失，也请别人尽情揭发自己的过失，是一种严格的批评检讨制度，称“自恣法”。可见在佛教伦理中，注重依靠制度的强制来发挥道德规范的作用，这也体现出佛教道德超越于世俗道德的一面。①

当然佛教的这种人生超越论从根本上说是错误的。它把摆脱现实苦难、获得人生幸福的希望寄托在佛身上。按照马克思主义的观点，宗教所信仰的神灵不过是人们虚幻的产物，是根本不存在的，因而所谓佛、菩萨对人的救助也同样是人们幻想的产物，正如《国际歌》所唱的那样“从来就没有什么救世主”，可见佛教解脱论的基本前提是错误的。而且按照马克思主义历史唯物主义的观点，现实人生的苦难和罪恶，根源在于社会生产力的不发达和人剥削人、人压迫人的不合理的社会制度，因而，要消除人生的苦难和现实生活中存在的罪恶现象，获得美好幸福的生活，必须运用人类自身的力量，通过现实的社会活动，改造世界，改造人自身。佛教这种把超越现实苦难的希望寄托在通过佛法的指导、按照佛教戒律修持的途径，从根本上说，是对人们改造社会的现实活动的否定，因而是根本错误的，在实践上也是极为有害的。②

二、业力果报平等内蕴自律性和他律性的统一

（一）业力的普遍性、必然性体现出强制性，凸显出伦理道德的他律性精神

作为平等观理论依据的业力因果法则，认为业一旦造成，便成为因果相续连环中的一个环节，一个“业因”，因必生果，业必受报，即所谓

① 董群：《佛教戒律的伦理诠释》，《东南大学学报》（社会科学版）1999年第8期，第20～22页。

② 尚九玉：《宗教人生哲学思想研究》，北京师范大学出版社2000年版，第206～212页。

“因果报应”。佛经中多处强调：因必生果、业必受报，乃铁定的自然规律，不以人们意志而转移，亦非出于神意。一切众生，不论高低贵贱，在这无情的自然法则面前一律平等，所谓：“福德之反报，不问尊与卑。”大乘《大宝积经·入胎藏会》佛偈云：

诸业六和集，造者自逐去，譬如债物主，追逐人不置，是诸业果报，无有能转者，亦无逃避处，非求哀可免。假使百千劫，所作业不亡，因缘会遇时，果报还自受。

《增一阿含经》卷二三佛讲了一个“四仙避死”的故事：有四兄弟精勤修炼，成就仙果，得大神通，以神通得知业报成熟，死期将至，乃各自施展神通，以图逃避，老大凌空升腾，老二潜入海底，老三钻进须弥山岩石中，老四钻入地下，结果四人的神通都敌不过业力，一个也未能逃脱死亡业报的追逐，都死于所藏身之处。

“从个人的利害关系着眼，并紧密结合人们的终极关怀问题而施设伦理教化，乃佛陀业力论的又一重要特质。从个人的切身利益，眼前今后的苦乐、损益出发，考虑当为不当为、当言不当言，实际上是社会上尤其是现代商业社会绝大多数人言行的基本出发点，抓住人们的这一言行出发点宣言行为准则、道德规范，只是作为一种合理生活的智慧提供于人，不借助神意和社会契约、政治权力等外在力量的强加，无疑较易被人们接受，较少借契约、神意、习俗等外力施行社会教化难免产生的抗阻性，因而应具有最佳的社会教化功能。尤其是将‘诸恶莫作，众善奉行’与了生死的大事相结合，作为获得现世、后世、究竟的利乐，了脱生死永享常乐的必行之道，更能引起人们的深切关注，起到法律和世俗文化所难以起到的社会教化作用。”①

（二）业报法则也体现出自律性精神

业报法则强调“自作自受”，不仅肯定了成败盛衰的个人际遇并非出于神意、偶然、命运、不可知力，使个人的道德自律避免了神意论、宿命论、偶然论、不可知论的干预，同时也强调个体自律的必要性。由于对业

① 陈兵：《佛陀的智慧》，上海古籍出版社2006年版，第112页。

报法则的认识，个体对作为业果的人生际遇有了理性的认识，进而对造成未来苦乐的业因有了自主的力量，从而摆脱了生命的荒谬与虚无，并赋予个体生命以意义和尊严。于是道德的选择成为了个体的必然选择，伦理也不再只是束缚人的社会公约，它更内化为人接受道德信条的自觉，个人行为的善恶选择便有了坚实的基础和明确的方向。”①

根据业报法则，虽然业报不可逃脱，但是人可自主其业。因为业由心造，人心有能自主其业的自由意志，可以凭智慧掌握业力定律，力行众善，忏悔宿业，自铸善良人格，提高生命境界，从不可思议的业力束缚中获得自由。充分显示出佛教鼓励人发挥主观能动性、做自己命运主宰的精神。业力虽然具有普遍性、必然性、强制性的特点，但同时业力又是由心而造的，“心生则种种法生，心灭则种种法灭”。在业力面前，人并未失去自主其业的自由意志，并可凭借智慧去认识业力规律，力行众善，忏除罪恶，人就可以从业力的束缚和压迫下得以解脱。当下的身心状态既是过去所作所为的结果，又决定了未来的生活，所谓一念善是天堂，一念恶是地狱，缔造未来简直易如反掌。“同时由于业报法则具有超越社会习俗、契约、意识形态的一面，即使个体面对社会制度的不公、道德风气败坏以及固守信念的种种身心方面的不幸和挫折时，仍可具有‘寿夭不二，死生以俟之’的气概与节操。”②

佛教生命轮回、因果报应的道德价值取向值得借鉴。虽然佛教伦理建立在善恶报应论基础上，倡导修行以立地成佛是一种关于人生的功利主义，但是客观上增长了道德的自律心理，为民间大众所乐意遵循。中国传统文化中的天人合一的理论致思方式使天谴人祸、因果报应成为国民的精神信仰。因此，挖掘社会道德心理资源，有助于解决道德惩戒力量的不足，提高公民道德的感通能力，增进道德评价，促进道德建设。③

---

① 佛源主编：《大乘佛教与当代社会》，东方出版社 2003 年版，第 312 ~ 313 页。
② 佛源主编：《大乘佛教与当代社会》，东方出版社 2003 年版。
③ 邓纯余：《探寻我国佛教生命伦理的当代价值》，《宿州教育学院学报》2007 年第 6 期。

第三节　生命观、自然观和理想价值观的统一

方立天教授在其佛教巨著《中国佛教哲学要义》中有这样一段话："佛教的平等观体现了生命观、自然观与理想价值观的统一。佛教强调宇宙间一切生命的平等，关爱生命，珍惜生命，尊重生命；又主张无情有性说，敬畏自然，珍爱自然，摄护自然；还宣扬众生与万物以解脱为终极目标，以进入清净、美妙、庄严的佛国净土为最高理想。这些都表现了佛教平等观的广泛性、普遍性和神圣性。"① 在这里，方先生从现代价值的角度对于佛教平等观的高度概括正好是对其伦理特性的准确把握，生命观、自然观和理想价值观的高度统一，是佛教平等观的伦理特性之一。

一、佛教平等观的生命观

佛教平等观强调宇宙间一切生命的平等，体现了关爱生命，珍惜生命，尊重生命的生命观。"佛教生命观的基本点就是爱护生命，保护生命，敬畏生命，护持一切众生。"② 佛教这种生命观可以从如下几方面得到说明，其一是戒杀护生，其二是敬畏生命。

（一）关于戒杀护生

"一切众生，皆有佛性"的命题表明，佛教认为，一切众生，包括各种生命体皆具有与佛一样的本性，皆能够成佛。"这意味着对每一个生命存在价值的尊重，进而也是对一切生命完善自己以达到至高精神境界权利的尊重。仅就人来说，如果承认人人皆有最完善的佛的本性，那么也就意味着承认他们不仅拥有生存权，而且也有发展权、教育权、平等权。基于这种思想，人们不仅应当尊重社会上的不同种族、不同性别，处在不同地位，从事各种职业的人们，而且也应当爱护生活在大自然中的各种动物。由此可以推导出，人们应当致力于各民族的平等与团结，男女平等，关心和热爱民众，并且致力于维护自然界生态平衡的活动。"③ 佛教从众生皆有

① 方立天：《中国佛教哲学要义》（下），中国人民大学出版社2002年版，第1216页。
② 辛世俊：《人圆佛成——佛教人生观》，宗教文化出版社2006年版，第94页。
③ 佛源主编《大乘佛教与当代社会》，东方出版社2003年版，第12页。

佛性的平等观出发，必然逻辑地推导出尊重一切生命、尊重一切生命的价值的佛教生命观。

“佛教认为众生平等，用现代生态学、生命学的观点来看，无疑是正确的，在人类现有的视野内，至少在太阳系内，只有地球上才存在着生命。从宇宙范围来看，从生命发展史的角度来看，地球上的一切生命，不论是动物、植物还是微生物，其意义是平等的。它们与人类的关系是互为兄弟姊妹，是生机盎然的地球生命的不可分割的整体。系统生态学认为，个体生命物离开了群体就意味着死亡，单一的生命类群离开了生态网就意味着绝灭。这不仅是生命科学、生态科学上的意义，也是生命伦理学上的意义，并将成为下一世纪人类文明的主要课题。”①

佛教生命观的基本点首先在于爱护生命、珍惜生命，强调不应伤害其他生命，对一切生命都应善加爱护，“护生”成为佛法中一切伦理规范的终极精神。众生平等，而人类作为一切动物的高级生灵，不但应爱惜自己的生命，不愿受到别人的伤害，也应该怜惜其他有情的生命。世俗道德认为，杀猪宰羊以宴宾客是热诚待客的美德，但佛教认为：杀生之恶，尤过于好客之善，所以不但待客不宜杀生，就连祭祀也不可杀生。这在佛教的“不杀生”戒中得到充分体现。佛教的最基本戒律是“五戒”，而五戒之首就是戒杀生。不杀害其他生命，被认为是慈悲、平等的第一要件。佛教所讲的十善业，以不杀生为第一，十恶业以杀生为首。珍惜生命，是佛家的第一要求。如果触犯此戒，灭绝人畜的生命，不论亲自杀，还是让他人杀，都属于同罪，死后将入地狱、饿鬼、畜生等三恶道，即使生于人间，亦要遭受多病、短命两大恶报。“可见护生、惜生、关怀生命，或夺取人类及其他众生的生命，成为佛教中最大的善恶，也成为佛教与其他宗教相区别的重要标志。这种以慈悲、平等、宽容、和谐为核心的护生精神，自始就是佛教文化与佛教文明最宝贵的伦理观念。”②

佛教护生论的生命观，体现的是人与人、人与众生、人与自然环境的一种互惠，是法性等流、和谐共生的生命智慧。因为基于众生平等和缘起论，一切众生法性平等不二，共生一体，同体相关，关心众生与关心人是一致的；尊重众生与尊重人是一致的。关怀大自然的万物众生，必然关心

① 冯学成：《心灵锁钥——佛教心理学》，四川人民出版社 1995 年版，第 24 ~ 25 页。
② 觉真：《和谐人生——佛教伦理观》，宗教文化出版社 2006 年版，第 40 页。

万物众生赖以生存的大自然，因而护生与爱护环境、保护生态环境也是一致的。可见佛教的“护生”论，“已不仅仅涵盖人类，而且及于大地一切众生，及于人与人、人与万物生命、人与自然环境，人与所有的存在”，其伦理价值具有普世意义。①

众生平等的生命观，有利于保护生态环境，营造和谐的生存空间。目前人类生存环境的日益恶化、生态平衡的被破坏，固然有多方面的原因，但文化理念上的缺失也许是更根本的、更深层的。“一是否认自然界的其他生物是‘生命的存在’，有其内在的生存规律和价值；二是认为人类有‘主宰性力量’，一切都应为‘我’所用。佛教‘依正不二’的理念，其目的就是教化人类体认生命尊严的广泛性意义，在心灵和精神中建立牢固的富有文化教养的状态，这才是和平的关键。人类私欲与狂妄的极端膨胀，漠视其他生命的权利，必然导致冷酷、残忍、争斗，最终导致自身生存困难乃至尊严的丧失。”“大乘佛教这种生命观，如果作为一种广泛的文化理念被接受，作为共同的社会道德被遵守，对维护世界和平，净化人类心灵与生存环境，将产生深远的和积极的意义。”②

（二）关于敬畏生命

“众生平等”“佛性平等”是佛教平等观的基本理念。敬畏生命是这种理念的具体体现。南朝沈约在其佛学著作《因缘义》中说：“凡含灵之性，莫不乐生，求生之路，参差不一。一尔流迁，涂径各异；一念之间，众缘互起；一因一果，内有差次。好生之性，万品斯同，责任所察，非由缘立。”③ 沈约肯定凡具有情识灵性的生物都对生命有积极的追求和肯定的评价，只是求生的道路各种各样，并且由于各自因缘的差异，生命的形式与内容也各不相同。但是，他们对生命的热爱和追求则是共同的，这一点不由因缘决定，而是生命的自然本性。因此佛教强调重视生命，珍爱生命，反对轻生。

禅宗佛教主张动物、植物都具有佛性、灵魂，都具有生命的自主性和主观性，所谓“郁郁黄花莫非般若，青青翠竹尽是法身”。无论是动物，

---

① 觉真：《和谐人生——佛教伦理观》，宗教文化出版社 2006 年版，第 41 页。

② 刘元春：《网络时代的中国传统文化伦理》，佛源主编：《大乘佛教与当代社会》，东方出版社 2003 年版，第 360 页。

③ 《广弘明集》卷二二，转引自张怀承：《佛教的生命价值论》，《株洲工学院学报》2003 年第 6 期。

还是植物，甚至青草，都具有佛性，都处在觉悟的过程中，有生命的灵性与生存的权利，在人类和非人类的存在物之间不存在任何不可跨越的界限。

敬畏生命，也就是体认生命的尊严与可贵，并珍视生命，在每一个生命之前保持谦恭与畏敬之意。从语义上讲，敬畏生命，包含着两层意思：一是敬重生命，二是畏惧死亡，而且人们对死亡的畏惧往往通过对生命的敬重表达出来，敬生畏死是人类最基本的认知和生存情态。人类最大的“畏”莫过于死，对死亡的恐惧让人类对生命产生了深深的敬重。在生命伦理学视阈中，“敬畏生命”是指敬畏自然界的一切生命。①

佛教戒杀、尊重生命、珍惜生命的观念成为了史怀泽（A. Schweitzer）“敬畏生命”伦理的直接精神资源和宗教基础。史怀泽认为，“生的意志”是神圣的，应予肯定、尊重；而“生的意志”，一切生物都有。因此，史怀泽指出，如果只爱护人的生命，不爱护其他一切生命，那便是人类伦理道德的不彻底。史怀泽呼吁“把爱的原则扩展到一切动物”，以实现伦理学的革命。人类为了自身生存，无可避免地要牺牲一些动物的生命，但这只是“出于不可避免的必然性才伤害和毁灭生命”，但“从来不会由于疏忽而伤害和毁灭生命”，人类应尽可能摆脱以其他生命为代价保存自己的必然性。无论如何，人类伤害和毁灭动植物的生命，是对生命的罪恶。因此，人类也应该为动植物付出心力，来拯救它们的痛苦。在史怀泽看来，如果人类确实能做到这点，那么世上的罪恶必将减少和消灭，从而开拓出正义、幸福与和平的未来。②

按照史怀泽的观点，“善是保存和促进生命，恶是阻碍和毁灭生命。如果我们摆脱自己的偏见，抛弃我们对其他生命的疏远性，与我们周围的生命休戚与共，那么我们就是道德的。只有这样，我们才是真正的人，只有这样，我们才会有一种特殊的、不会失去的、不断发展的和方向明确的德性”③。

史怀泽认为，生命之间存在的普遍联系是敬畏生命的缘由所在。人是地球生物共同体的成员，自然界是一个相互依赖的系统，人的存在不是孤

---

① 陆树程、朱晨静：《敬畏生命与生命价值观》，《社会科学》2008 年第 2 期。

② 顾平、尹生良：《史怀泽敬畏生命的启示》，《湖北经济学院学报》（人文社科版）2008 年第 10 期。

③ 阿尔贝特·史怀泽：《敬畏生命》，上海社会科学院出版社 1995 年版，第 19 页。

立的，它有赖于其他生命和整个世界的和谐。史怀泽说："我们越是观察自然，我们就越是清楚地意识到，自然中充满了生命……每个生命都是一个秘密，我们与自然中的生命密切相关。人不再能仅仅只为自己活着。我们意识到，任何生命都有价值，我们和它不可分割。出于这种认识，产生了我们与宇宙的亲和关系。"①

佛教"敬畏生命"的伦理精神有助于人们学会尊重、学会关爱、学会宽恕、学会共同生活，懂得生命受之于父母，成于社会，凝聚了众多感情，寄寓无限希望。生命的存在只有在相互关爱中才有可能，也只有在爱他人中，自己的生命才能获得真正的提升。人只有体味到人与人之间错综复杂的关系，体会到爱与被爱、付出与收获、尊重与被尊重之间的辩证关系，在社会生活中适当约束自己的行为，使小我与大我融为一体，建立起人与人彼此间的良性互动，共同构建一个温馨、和谐的社会。人不仅生活在人群之中，还生活在自然之中，宇宙之中，敬畏生命包括了宇宙中的一切生命现象，因此，必须学会尊重差异，敬畏自然，胸怀社会，只有这样，人才能真正解读生命之理念，理解生命之目标，体味生命之层次，从而创建人与人、人与自然、人与社会和谐相处的格局。②

敬畏生命，可以唤起当下被"技术理性""工具理性"所遮蔽的"价值理性""人道尊严"的追求，从人道主义出发，恢复人类对生命神圣的体认，维护生命本身的尊严、地位、权利，反对生命被完全"工具化"、"对象化"的倾向，只有这样才能避免生命被异化，才能把人们对生命的敬畏和对生命的科学认识、改造有机结合起来，才能真正实现当代生命价值观的理性回归。

二、佛教平等观的自然观

佛教平等观主张无情有性说，体现了敬畏自然，珍爱自然，摄护自然的自然观。佛教生命观运用于自然万物，就有了生命与自然的和谐要求，从而得出热爱一切有生命的东西，保护好大自然，保护环境，用一种欣赏的眼光，去体味生命的美的佛教自然观。同时，由于佛教，特别是中国化

---

① 陈泽环、朱林：《天才博士与非洲丛林——诺贝尔和平奖获得者阿尔贝特·施韦泽传》，江西人民出版社1971年版，第161页。

② 顾平、尹生良：《史怀泽敬畏生命的启示》，《湖北经济学院学报》（社科版）2008年第10期。

大乘佛教将平等原则进一步贯彻到无情世界，提出了“无情有性”的万物平等的思想，因而更加突出了佛教自然观的独特价值。

佛教认为众生虽有圣、贤、愚、不肖之差，有动、植物之别，但一切生命依业受生，今世所杀之物，在过去可能是亲眷。众生虽千差万别，但在佛性上，在追求安宁幸福地生存方面却没有根本的不同。因此，佛教主张尊重生命，慈悲“无情有性”，提倡“众生平等”。佛教信徒普遍崇尚自然，尊重生命，不随意杀生，对生物充满爱心，对野外的飞禽走兽更是爱惜如一，形成了一种自然与生物和谐共存共荣的理念。

人与自然的关系是人们必须面对的、不可绕开的。人生活于自然之中，须臾不能离开。恩格斯明确指出：“我们连同我们的肉、血和头脑都是属于自然界和存在于自然之中的”，“我们越来越有可能学会认识并因而控制那些至少是由我们的最常见的生产行为所引起的较远的自然后果。但是这种事情发生得越多，人们就越是不仅再次感觉到，而且也认识到自身和自然界的一体性，而那种关于精神和物质、人类和自然、灵魂和肉体之间的对立的荒谬的、反自然的观点，也就越不可能成立了……”① 在这里，恩格斯明确说明人与自然是一种一体性关系。理解人与自然的这种一体性，有助于人与自然关系的正确定位。虽然人类高出于自然万物，是万物之灵长，但人并非生活在自然之外，更不能把自己凌驾于自然之上，相反，人必须与自然和谐相处，准确地讲是人作为自然的一个组成部分而同周围的环境和谐相处。

自近代以来，随着人类改造自然的能力迅速增强，人类于是宣称要战胜和征服自然，自然便被人类摆到了自己的对立面，成为征服和改造的对象。对此，恩格斯有一段经典名言概括了这种行为的实际效果：“我们不要过分陶醉于我们人类对自然界的胜利。对于每一次这样的胜利，自然界都对我们进行了报复。每一次胜利，起初确实取得了我们预期的结果，但是往后和再往后却发生完全不同的、出乎预料的影响，常常把最初的结果又消除了。”② 现代社会，人类受到的自然报复同恩格斯所处年代人类遭受的自然报复不可同日而语，由于世界各国特别是少数发达国家大量排放各种温室气体和消耗臭氧的化学物质，导致全球温室效应增强和臭氧层破

① 《马克思恩格斯选集》第4卷，人民出版社1995年版，第384页。

② 《马克思恩格斯选集》第4卷，人民出版社1995年版，第383页。

坏，危及整个人类生存和发展，不得不通过国际协议来减少温室气体和消耗臭氧物质的排放；一些杀虫剂和化学物质最初被研制成功时曾誉为重大发明，并大量使用，后来才发现最终却会严重危害人自身，不得不禁止使用；一些国家和地区实行“先污染后治理”的发展模式，各种污染物大大超过环境承载限度，不得不投入并消耗巨大的人力物力财力来治理污染，实际上在很大程度上抵消了经济发展的成果，甚至得不偿失；国内一些地方毁林开荒，导致土地荒漠化，最终不得不退耕还林。这类事例不胜枚举。

“无情”在佛教中是与“有情”相对的一个概念。“有情”指有感觉、情欲的生物，佛教又称为“众生”。“无情”则指无感觉、情欲的无机物，如草木瓦砾之类。“无情有性”的“性”指佛性、善性。佛教根据佛性即真如、真如生万物的思想，推论万物皆有真如佛性，不只有情有佛性，而且无情亦有佛性。这就是“无情有性”说。此观点，最早由三论宗创始人吉藏提出：“一切众生悉有佛性，草木亦耳。”“一切草木是佛性也。”后来，天台宗湛然根据《大乘起信论》真如生万物的思想，著《金刚錍》加以发挥，提出“无情有性”命题。

“本净”之心是佛具有的“真如”本性，因此称为“佛性”。众生皆具本净之心，由于被“无明”所遮蔽，本净之心受到了染污。小乘佛教认为，可以成佛的只有释迦牟尼一人。大乘佛教主张人人皆有佛性，众生皆可成佛。不仅人可以成佛，就是猫狗牛羊等动物，也能成佛。南北朝的著名学者竺道生首倡“一阐提人”① 也有佛性，也能成佛之说，在当时引起轩然大波，竺道生也被逐出僧侣界。后来《大般涅槃经》被译出，经中也有一阐提人成佛的说法，这场争端才告平息。到了禅宗的慧能，更是高扬

① 注：指作恶多端，不思悔改，断绝一切善根之人。一阐提，梵语为 icchantika（或 ecchantika）的音译，亦作一阐提迦、一阐提柯、一颠底迦，略称阐提。或意译为“断善根”或“信不具”。《大乘入楞伽经》将一阐提分为两类，即断善根阐提、菩萨（或大悲）阐提。前者谓不信或诽谤菩萨乘者，后者谓怜悯众生流转三有而发愿不入涅槃者。《成唯识论掌中枢要》卷上（本）说三种阐提，即断善阐提、大悲阐提、无性阐提。断善阐提谓起邪见，焚烧一切善根的迷倒凡夫，此辈虽无成佛之期，但若逢佛威力，发菩提心仍可入涅槃。大悲阐提谓愿度尽众生之大悲心菩萨，因本着大悲心，发愿度尽一切众生，但众生无量无边，众生中有的又无佛性不能成佛，以致自己永远停留在因位，终无成佛之期，故称为阐提。无性阐提谓缺本来解脱之因，毕竟不能成佛者，即指定性二乘。《楞伽经》等谓众生有毕竟不成佛者。但《涅槃经》则谓一阐提辈也有佛性，以佛性不断故，众生皆得成佛。华严、天台等一乘家也认为一阐提终将成佛。

“自性若悟，众生是佛；自性若迷，佛是众生”[①] 的大旗，倡导众生皆有佛性，人人只要认识本心，就能获得解脱，就能成佛。因为“本性是佛，离性无别佛，佛是自性，莫向身外求”[②]。慧能把自性与佛视为一物，认为离开自性外没有别佛，而所谓自性，即在人性之中，不可离生身而另求佛。“一切众生都有佛性”也就是说，一切有情生命，在本性上平等无二。因此，人们的出身、血统、种姓没有任何理由成为不平等的依据，它只是一个自然事实，不足以区分人的高低贵贱。如果说人类对自身有所褒贬，那么，其依据也只能是人自己的行为即所造之业的善恶性质。这就表明，佛教认为人与人之间只存在道德善恶大小之别，而不存在等级的高低。历史上任何积极的道德思想都无一例外地追求人际关系的平等。中国儒家思想强调推己及人，人与人之间相亲相爱，“己所不欲，勿施于人”，隐含了人与人之间的“类”平等。尽管他们也强调人性本善，人皆可以成为尧舜，但却认定人性有两重性，即有义理之性和气质之性，这两种人性的对立及其错综复杂的关系，使得现实的个人在本性上不可能齐一，只能是相近，这就隐蔽地肯定人在本质上的不平等。西方基督教也强调“四海之内皆兄弟”“在上帝面前人人平等”，但这种平等以不平等为前提，任何人都不可能与上帝平等，人与人之间的平等乃是上帝的恩赐。这些平等观念反映了社会不平等的现实，而佛教的平等观，则是对不平等的社会现实的反抗，因此比同时代的任何学说都彻底。

其一，众生平等的生命观，有利于保护生态平衡，营造和谐的生存空间。

目前，人类生存的环境日益恶化，生态平衡遭到严重破坏。这既包括自然环境的破坏，也包括人文环境的被污染。这固然有多种外在因素，但在文化理念上的缺失是不容忽视的。一是否认自然界其他生物的“生命的存在”，否认其内在的生存规律和价值，二是认为人类有“主宰性力量”，一切都应为“我”所用。佛教“依正不二”的理念，其目的就是教化人类体认生命尊严的广泛性意义，在“心灵和精神中建立牢固的富有文化教养的状态”。人类私欲与狂傲的极端膨胀，漠视其他生命的权利，必然导致冷酷、残忍、争斗，最终导致自身生存困难乃至尊严的丧失。大乘佛教特

① 敦煌本《六祖坛经·付嘱品》。
② 敦煌本《六祖坛经·般若品》。

别主张“戒杀”，把它作为“五戒七善”之首，就是要求人们培养和善的、平等的、公正的、报恩的品行。这是和谐人际关系的基础，维护生态平衡需要科学的、法制的手段。但只注重技术手段的改进往往是治表不治里，亡羊补牢式的方法将造成极大浪费和被动。不能忽略道德理念潜移默化的作用。大乘佛教的这种生命观，如果作为一种广泛的文化理念被接受，作为共同的社会道德被遵守，对维护世界和平，净化人类心灵与生存环境，将产生深远的、积极的意义。

当代深层生态学认为生态问题不仅仅是一个自然科学技术的问题、社会或政治的意识形态问题，更是人的心灵与价值取向乃至生活方式的问题。也就是说，深层生态不仅需要改善人类与环境的关系，也需要改变人类自身的生活方式与生活态度。有学者提出了“灵性生活”的概念，所谓“灵性生活”就是倡导素朴的生活，重视人的心灵和精神层次的生活。佛教生态关怀的灵性生活就是要求信徒本着“依正不二”的果报思想生活。“依正”是指众生的依报和正报两种果报。“依报”是众生身心所依止的一切世间事物，如土地、江河、房屋、衣食等，属于众生共同业力所感的果报。“正报”指众生的身心，由众生过去所造业而感得的果报正体。众生的内在身心（正报）与外在环境（依报）虽然属于两种不同类别的果报，但二者却不可截然分离，而是息息相关的关系，即所谓“依正不二”。简单讲就是生命与其生存的环境是互相影响的，一荣俱荣，一损俱损，生态失衡、洪水旱灾、水土流失等都与人类的行为密切相关。①

三、佛教平等观的理想价值观

佛教平等观宣扬众生与万物以解脱为终极目标，以进入清净、美妙、庄严的佛国净土为最高理想，体现了佛教平等观的理想价值观。

现实生活总是有诸多不尽如人意、甚至令人痛苦而绝望之处，宗教正是利用人的心理需求提供伦理承诺，宣称按照宗教的原则生活就能得到真正幸福。然而，要改变人的现实生活，解除人生的痛苦，绝非轻易之事，所以宗教所许诺的没有矛盾和痛苦、幸福美好的生活，必然只能到现实世界之外去寻找，这就是所谓的来世、彼岸。著名宗教学家吕大吉如此说道：“各种宗教为了拨动善男信女的宗教情感，激发他们对神灵的信仰，

---

① 王雪梅：《宗教生态关怀的三个基本向度》，《中国宗教》2008 年第 8 ~9 期，第 58 页。

一般总是把世界二重化，在现实世界之外虚构一个幸福的天堂和极乐的净土，并把它们与现实世界对立起来。按照宗教的说法，尘世生活都是短暂的，天堂才是永恒的；尘世生活充满罪恶，天堂才无限美好；尘世生活虽乐实苦，天堂生活才无限幸福。宗教不可能取消来世的天堂，也不可能把来世天堂说得和现实一模一样，因为如果这样讲法，宗教就会失去对善男信女的吸引力。夸大来世天堂的幸福，就会相应地强调现实世界的苦难。"[①] 正因为宗教把来世的幸福视为永恒的幸福，处于现实生活矛盾和苦难之中的宗教徒，才会把获得来世幸福当作最高理想，视彼岸的福地为人生的美好归宿。

佛教所追求的理想境界是涅槃。涅槃是指熄灭了一切烦恼痛苦所达到的神秘精神境界。关于涅槃，大小乘佛教的看法有很大不同。小乘佛教把涅槃分为有余涅槃和无余涅槃两种。有余涅槃是指断除了贪欲和烦恼，灭绝了造成生死轮回的因，但是作为前世惑业之果报的肉身还在，是不彻底的涅槃，如阿罗汉果位就是处于有余涅槃境界。无余涅槃不仅灭除了导致生死轮回的因，也灭尽了生死轮回的果，灰身灭智，不再进入六道轮回。大乘佛教不满意小乘佛教的涅槃说，提出了与之不同的涅槃说。认为涅槃的境界和世间万物的本性是一致的，两者都是"空"，是不可言说的妙有，是完全统一的。正如龙树所说的"涅槃与世间，无有少分别；世间与涅槃，亦无少分别，涅槃之实际，及与世间际，如是二际者，无毫厘差别"[②]。只要认识到世间一切事物的本性——"实相"，就能够达到涅槃的境界。因而也就是说，涅槃只有在现实人生中方能实现。涅槃就是要消除对世间一切事物的颠倒分别，使人认识世间一切事物的"空"性。这就是大乘佛教的"实相涅槃"。同时大乘佛教还主张，涅槃不是个人的解脱，而应以众生的共同解脱为最高目标，即普度众生，即使自身已经觉悟了佛法，达到了佛的境界，也决不进入涅槃，所谓众生度尽，方证涅槃。这就是大乘佛教所说的"无住涅槃"。

"大乘佛教所说的实相涅槃，把人们对来世幸福的追求与现实生活结合了起来，强调了世间与涅槃的统一性，无余涅槃则强调了自我解脱与众

---

① 吕大吉：《人道与神道——宗教伦理学导论》，上海人民出版社 1993 年版，第 152 页。

② 龙树：《中论·观涅槃品》。

生解脱的一致性，体现了佛教大慈大悲、济世度人的博爱精神。”①

大乘佛教认为“涅槃”具有常、乐、我、净四种美好德性，在常乐我净的涅槃境界中，没有任何烦恼与痛苦，充满了欢乐和幸福，我国著名佛学家任继愈这样评价“涅槃四德”：“涅槃四德的提出，也为佛教一贯消极悲观的基调中增添了若干欢快的希望。按世俗的理解，‘常’是长生不老，‘乐’指幸福快乐，‘我’指自主自由，‘净’指道德高尚。这是一个与世界现实生活截然相反的，又是人们在现实生活中往往容易憧憬的理想境界。”②

进入“佛国净土”是佛教徒的理想归宿。大乘佛教虚构出了形形色色具象的、美妙无比的佛国净土世界。比如中国佛教宗派净土宗、华严宗的“西方极乐世界”和“莲花藏世界”说就是对这种佛国净土的具体描述。③《无量寿经》、《阿弥陀经》着力宣扬“西方极乐世界”，把其描述为：“彼极乐界，无量功德具足庄严，永无众苦、诸难、恶趣（即三恶道）、魔恼之名，亦无四时、寒暑、雨冥之异，复无大小江海、丘陵坑坎、荆棘沙砾，铁围（山）须弥（山）土石等山，唯以自然七宝黄金为地，宽广平正，不可极限，微妙奇丽，清净庄严，超逾十方一切世界。”④ 总之，美妙无比，无论人与人之间，还是自然环境都完美无瑕。关于这种美妙之处，禅宗传人延寿在其《万善同归集》中归纳为“二十四种乐”　“三十种益”。⑤

佛国净土作为与世俗众生所居的“秽土”、“秽国”相对的理想福地，一切都是美好如意的。如在阿弥陀佛极乐世界中，既没有人与人之间的冲突和斗争，也没有尘世间的种种痛苦和烦恼，用《大阿弥陀经》的话说就是“无有诸痛痒，亦无复有诸恶臭处，亦无复有勤苦，亦无淫佚嗔怒愚痴，亦无有忧思愁毒”。在这里，生活是幸福快乐的，人们之间互相敬爱，寿命无限。极乐世界自然环境极其美好，国土庄严，黄金铺地，气候温暖；同时，生活在极乐世界里的众生具有非凡的智慧和容貌，拥有完美的

---

① 尚九玉：《宗教人生哲学思想研究》，北京师范大学出版社 2000 年版，第 137 页。

② 任继愈主编：《中国佛教史》第 3 卷，中国社会科学出版社 1981 年版，第 174 页。

③ 祁志祥：《中国人学史》，上海大学出版社 2002 年版，第 333 页。

④ 黄念祖：《大乘无量寿经白话解》，上海佛学书局 1994 年版，第 342 页。

⑤ 祁志祥：《中国人学史》，上海大学出版社 2002 年版，第 335 页，书中著者详细列举了 24 种乐和 30 种益。

生活条件和居住环境，衣食住行，皆遂人意，精美丰足。一句话，极乐世界是一个完美得无可挑剔的世界，“比现实世界不知要好几千万倍。现实世界的一切局限性，那里全没有，一切美满珍贵的东西，那里都齐全”①。

从佛教平等观出发，还可以推导出：诸缘和合是佛教理想的社会观。“和”是其中的核心，社会的各组成部分都不能过分强调自我，而各因缘协调、互助，社会稳定才能维持。由此，佛教强调教徒个人之间，亲属家庭之间都要“和”与互助，“世间人民，父子、兄弟、夫妇、亲属，当相敬爱，毋相憎嫉。有无相通，毋得贪惜。言色常和，莫相违戾。”② 在家庭内部，佛教认为，子女之孝为“报父母之恩”，父母也要“敬事其子”。强调家庭关系不能脱离“平等”基础。这种诸缘和合的理想社会观，同时强调佛教徒对国家社会也负有责任，首先是遵守法律。其次，要报社会、国家之恩。“世间之恩，有其四种：一父母恩，二众生恩，三国王恩，四三宝恩。如是四恩，一切众生平等荷负。”③

“以最高成佛为模范，把人的本性实现出来，从人生体现出全宇宙的真相，才完成人的意义。”④ 实现人的本性、完成人的意义只在于成佛，从这里我们可以看出，佛教对生命的本质的理解上的明显的宗教意味：祈求来世和永生的生命观。虽然佛教相信生命是一个业报轮回的过程，人的命运始终由自己所造的业所控制，但同时又相信生命的最终目的或最高追求是成佛，即脱离业报轮回。

佛教的理想价值观就其根本前提和内容来讲都是根本错误的。其理想价值观以虚幻的佛、菩萨为其基本前提，而不是基于对现实世界和人生的把握来设计未来的理想，当然不可能提出合理科学的人生理想。其理想观追求的来世幸福在现实生活中是根本不存在的，因而也是不可能达到的。这就决定了佛教的理想论对现实生活具有很大的消极作用，容易使得人们把对美好生活的希望寄托在来世，轻生现实的人生，对现实人生持悲观态度，特别是导致放弃对现实社会的批判和改造。

尽管如此，佛教的理想论作为人类对人生问题的一种反思，它也包含着某些合理性的内容，具有一定的借鉴价值和积极意义。首先，反映了人

---

① 任继愈主编：《中国佛教史》第1卷，中国社会科学出版社1981年版，第446页。

② 《无量寿佛经》。

③ 《心地观经·报恩品》。

④ 太虚：《佛陀学刚》，引自陈兵《佛法在世间》，中国时代经济出版社2008年版，第8页。

们对现实生活的不满，是对人类苦难的社会现实的间接的抗议和批判，表达了人们对美好生活和理想社会的深切向往。佛教强调人生是苦的思想，是对现实之人生痛苦和社会罪恶的认定。人类现实生活中，确实存在种种罪恶和苦难，生理的、精神的痛苦，个人的、社会的罪恶，尤其是私有制带来的阶级剥削和压迫，正是人生苦难和罪恶的根源，当然对此佛教并没有清醒的认识和揭露。其次，佛教的理想论在一定程度上起到了止恶扬善的行为规范作用，对于人类社会生活具有一定的积极意义。涅槃境界的美妙、佛国净土的庄严，吸引和激励着佛教徒努力按照佛法的原则生活，规范自己的行为，努力践行大乘佛教倡导的菩萨行，自利利他，在利他中实现自利。

第五章　佛教平等观的现世伦理价值

宗教对于平等的追求从根本上说是一种消极地、保守的追求，但这样说并不意味着宗教的平等思想在社会生活中不产生任何影响和作用，不具有任何社会功能。相反，作为社会上层建筑的重要内容，作为人类精神文明的宝贵成果，宗教平等思想始终对人类的社会生活产生着影响、发挥着作用，表现出它的社会功能。

从历史上看，宗教的平等思想对于人类社会的进步产生过促进作用。例如，基督教平等博爱的思想借助于信仰的力量得到广泛传播，产生了深刻的社会影响，推动了欧洲社会平等化的历史进程。它也促进了“罗马法”向着平等化和人道主义的方向进行改革。基督教的平等思想融入欧洲文化，被资产阶级启蒙思想家所吸收，进而发展出“天赋人权”的资产阶级民主思想，促进了欧美现代文明的形成。这种平等思想对于欧美国家宪法的立法原则和精神产生了重要影响。美国黑奴制的废除，从思想上讲，基督教的平等思想是功不可没的。

中国伦理思想史上没有哪家哪派像佛教如此明确地、大张旗鼓地宣扬平等思想，尽管它没有也不可能在中国古代社会建立起人际关系的真正平等，但却在专制社会的黑暗中发出了一声震耳欲聋的呐喊，表达了民众对平等的向往，并随着佛教的传播而把平等的观念纳入人们心中。到了近代，中国社会开始了推翻专制统治、建设民主社会的历程，在反对专制的斗争中，维新派与改良派都不约而同地吸取佛教平等观念作为自己的思想武器。康有为的政治纲领《大同书》，无论是其入世救众苦，还是对未来理想社会的描述，都渗透着佛教的平等思想。章炳麟认为平等的思想源于佛教，他以佛教的平等观解释自然，分析社会，主张消除一切不平等，并肯定佛教最恨君权，与专制相对立而“与恢复民权的话相合”。佛教的平等思想作为一种文化资源，曾经推动了中国近代社会的变革。这一历史事实，向人们展示了佛教平等价值观念的积极意义。

今天时代虽远别于古代及近代，但佛教平等观作为一种道德规范和伦理准则，对于处理各种人际关系直至人类与自然的关系依然具有重要意义。“佛教的平等思想并非高深莫测的理论玄想而只是一种对待世界的方式，是一种以平等的方式对待自己和他人以至于与自己的内心世界相对相关和相互作用着的外部世界，从而达致一种平等观物、一切众生本无差别的境界。”① 本章对于佛教平等观的现世伦理价值问题的思考，以伦理关系的三个方面为线索展开，即自我身心关系、人我（含个人、群体、社会）关系、人与自然的关系。

第一节　佛教平等观关于自我身心关系的伦理启示

自我身心关系问题是每个有自我意识的人所必须面对的问题。现代社会普遍存在的价值危机和信仰危机，如自我的迷失、意义的虚无、精神的失衡等表明自我身心关系上存在严重的问题，这些问题的存在不仅造成了现代人较为普遍的亚健康状态，严重者甚至导致精神分裂等精神疾病。而佛教平等观运用于自我身心关系上得出的诸多结论也许有助于缓解现代社会的上述种种病症。这些结论主要包括三方面：其一，从“生死不二”的平等原则出发，形成了佛教生死双遣的豁达人生观；其二，从“果报平等”的平等观出发，形成了德行和幸福一致的价值观；其三，从“生佛不二”的平等观出发，形成了佛教现实性和超越性统一的理想观。

一、佛教平等观关于自我身心关系的主要观点

（一）“生死不二”——生死双遣的豁达人生观

人从哪里来，要到哪里去，人在宇宙中的地位如何，人死后是怎样的等关于自身的问题一直困扰着人类。古希腊的斯芬克斯之谜，苏格拉底的“认识你自己”都道出了人类的心声：探索人的自身之谜。这个问题对以“智慧生命”自命的人类而言，是如此重要，以至于成为决定人生态度、

---

① 王利耀、余秉颐主编：《宗教平等思想及其社会功能研究》，安徽大学出版社2006年版，第41页。

人生目标，建立人生观、价值观的基石。《中国哲学发展史》有这样的一段话："人死后，是否还有某种'生活'？如果没有，那么人生前的善恶还有多少意义？如果有，那么人生前的行为对死后有什么影响？这一切，都要落实到人生前应如何行动，应如何对待自己的一生？"① 破解生死之谜是人类的内在要求，是每个人自觉不自觉思考的问题，也是人类智慧面临的首要问题。几千年来，一代又一代的哲学家和宗教家都在致力于生死问题的探讨，对生死问题都做出了自己的解答。佛教给出的答案最富特色。

佛教对人类生死之谜的解答，可以简单地概括为：生死双遣。这种生死双遣、不以生死为累的豁达人生观得益于佛教平等观的"不二平等"思维方法。如前所述，佛教平等观作为佛教的根本教义之一，也是佛教伦理的基本原则，随着佛教的发展，平等观理论也随之变化。到大乘佛教时期，佛教平等观的发展主要表现为"不二法门"的思想。"二"即分别的意思，"不二"即平等无分别的意思。在佛法的所谓"八万四千法门"中，"不二法门"是最为殊胜的法门，因为佛教从本质上讲就是要破除一切差别的观念从而获得心灵的超越和人生的解脱，而一切差别皆起因于"二"的对立、分别思维，而"'不二法门'就是能于一切差异处见不异，从一切不同中见相同，从一切不平等中见平等。"②

正是基于"不二平等"的思维方法，佛教考察人生后，得出了它的独具特色的充满辩证法色彩的"生死不二"的人生观。

首先，佛教认为，在人生所有的重大问题中，生死是头等大事，生死关勘不破，一切都无从谈起。"从伦理学上看，生死观决定人生观、人生态度，慎重考虑人必死亡的下场，是决定如何积极生活的前提。"③ 人有乐生、畏死、趋乐、避苦的本性，对死亡的畏惧，是潜藏在每个人内心深处的蛀虫，人们为了驱除死亡焦虑，无意识地用爱情、事业、信仰、科技、艺术、娱乐等英雄主义手段战胜死亡焦虑，实则至多只能暂时自我麻醉，不可能从根本上解决问题。死亡焦虑若不从无意识上升为有意识并予以妥善解决，按心理学之说，肯定会导致种种精神的、社会的疾病④。佛教认为，生死是人类人生最大的根本问题。按佛法说，佛为一大事因缘出世，

---

① 陈兵：《生与死——佛教轮回说》，内蒙古人民出版社 1994 年版，绪言第 1 页。
② 唐中毛：《月印万川——佛教平等观》，宗教文化出版社 2003 年版，第 97 页。
③ 陈兵：《佛陀的智慧》，上海古籍出版社 2006 年版，第 50 页。
④ 陈兵：《佛陀的智慧》，上海古籍出版社 2006 年版，第 49 ~ 50 页。

说法四十九年，所为何事？即为人类人生解决此一根本问题，即所谓“了生死”问题。佛教度人化人，首先是破除众生的生死关，对于生与死的妄见不除就无法入我门来，因此佛教的一切劝导、一切修持都是为了超脱生死、灭除生死，最终进入不生不死的境界。正如宋僧明本所说：“古云：参禅无秘诀，只要生死切。何以如此？三世佛，历代祖，种种建立，种种发挥，必欲破除众生生死情妄而后已。”①

那么佛教怎样破除生与死的妄见呢？佛教认为生死本是平等不二的。佛教根据缘起的智慧考察生命现象，提出了三世论，认为生命是不常不断的，生命不仅包括现在，还有着生生不已的过去和未来，人这一期的人生仅仅是生命延续中的一个片段。“生命像流水，从无穷的过去一直延续到无尽的未来；生命又像铁链，一环套着一环。我们现有的生命形式，仅仅是其中的一片浪花、一个环节。”② 所谓死，只是一期生命的结束，只是生命形式的改变，但同时也是下一期生命的开始。也就是说，死不过是两种生命形式的过渡，死并不可怖。现世生活是生命的表现形式，生死是一期生命的开始和终结。人生最本质的东西，不是现世生活，不是生死，而是生命，而生命是一个不常不断的延续过程。因此，佛教告诫人们在关心个体现实人生幸福的同时，还要关心未来生命的幸福，其实质最终又落到了现实人生价值的创造，正如佛教菩萨道所提倡的，全身心浸润在普度众生、利乐众生的无尽悲愿和忘我奉献中，这样就不会汲汲于考虑肉体的死亡。

其次，关于生，佛教的基本观点是人生苦短无恒。《华严经·譬喻品》佛偈言：“三界无安，犹如火宅，众苦充满，甚可怖畏，常有生老病死忧患，如是等火炽燃不息。”把三界（欲界、色界、无色界）比作一大火宅，只要没从其中跳出来，便难免生老病死烧身之患。而且三界众生之苦，更在于死亡并非苦的结束，死后皆难免依生前的作为，再生于六道中，然后再死，再生……永远没完没了。人世间更是一大苦海，认为人生有不能逃避的“八苦”，即生、老、病、死、爱别离、怨憎会、求不得、五蕴聚。或者说有苦苦、行苦、坏苦三苦。苦苦就是直接的、具体的、客观的、痛苦的感受；行苦就是间接的、无形的、变化的、不苦不乐的感受；坏苦就

① 《示海印居士》，《天目中峰和尚广录》卷五。

② 济群：《生命的回归》，《济群法师谈人生系列丛书》（上），上海古籍出版社，第7页。

是指直接的、具体的、主观的、快乐的感受必将坏灭，从而产生痛苦。人之所以不能逃避这种种苦难，是由于“无明”引起的。诸法（万物）本来无常无我，是无自性的因缘和合的产物，可人们却追求永恒与不朽，并执著于现象的真实，这就给自己带来无量痛苦，其中最令人困惑的就是生与死的烦恼。佛教的教义就是教人如何脱离苦海、超脱生死轮回，达到常乐我净的涅槃境界。并指出了一整套离苦海、了生死的修行法门。

但是，佛教一面力揭人生诸苦，一面又认为“人身难得”犹如“盲龟值浮木孔”，应该珍惜。佛教虽讲人生皆苦、人生如梦，却并没有彻底否定生活的意义。佛教并不主张因为人生之苦就轻视生命、抛弃生命，相反应该重视自己的生命。释迦牟尼认为，生而为人，是值得庆幸的事，《增一阿含经》记载：“我身生于人间，长于人间，于人间得佛。”颇以生在人间为荣。佛教肯定人间、肯定人生，原因在于人有其他类众生所没有的一大资本，即自身禀赋的“勇猛强记”的特性：意志力、进取力、记忆力和理性能力，因而能够拥有知识和智慧，而人类所特有的这些意志力和理性思维正是人类得以自我解放、超出生死苦海的根本资粮。因此，佛教强调人应该珍惜生命，不能轻生。重视生命是对生命本质的把握，而非放恣于形骸。生命的价值不在于七情六欲，不在于追求世俗的物质享乐，而在于尊其心、养其心。追求物质享乐，恣口体之欲，世俗以为乐，其实，它并不能给人带来真正的快乐，只能给人造成更大的痛苦。因为人的物欲永远也无法满足，以恣欲为乐便永远处于不满足的遗憾之中，所求愈多，所得愈苦。正如《无量寿经》中所描述的，求到田宅又思车马，有了车马还求奴婢，有了奴婢更求玩物，与人比富，挥霍无度，身心俱劳，坐起不安。只有心的宁静，精神的完善与崇高才是持久的、真实的快乐。佛教指出，这种持久的、真实的快乐就是：在般若智慧指导下，通过佛教的修行，证悟宇宙人生的真实本面，进入绝对自由的精神境界，获得终极的解脱。

应该说，明白生死是苦，并不是消极、胆怯的表现，相反正是一种对生命认真负责的态度，也是对人生的局限充满挑战性的无畏精神。在照见“生死是苦”的黑暗后，进而看到解脱此苦的光明。

最后，生死之苦是可以解决的。解决生死之苦是整个佛法的真正内涵和终极理念。佛法分为世间法和出世间法，世间法就是对世间各种差别相状的描述，出世间法包括解脱道和菩萨道。解脱道主要在于对生死之苦的解脱，而菩萨道的重心，则在于帮助他人解脱生死之苦。佛教的四谛、十二因缘、六度，就是三种解脱生死之苦的主要内容，包括理论和方法。四谛是一种“依苦寻因，慕灭修道”的解脱法，十二因缘是一种“推因知果，观果断因”的解脱法，而六度则是一种“自利利他，摄末归本”的解脱法。此外还有人天乘的方便法，建立现实人间的美好生活，宣说彼此共生、共存的理念。①

中国禅宗的解脱法更是简便易行。其生死观的基本观念是“明心见性”“见性成佛”。慧能认为，佛性就是人的本心，明了人之本心，即洞见佛性。也就是说，佛性就是每个人的内在生命本体，如果一个人能够自觉地把握其生命的内在本体，那么他就达到了超越生死的成佛的境界。用什么方法到达这种超越生死的成佛境界呢？禅宗立了一直接简单的修行法门：以无念为宗，即在接触外物是心不受外境的任何影响，“不于境上生心”。因此，人不需要离开现实生活，也不需要坐禅、读经、拜佛等形式的东西，在日常生活中照样可以达到超越生死的成佛境界，所谓“挑水砍柴无非妙道”。超越与否，只在一念之间，“自性迷，佛即众生；自性悟，众生即佛”②。

尽管整个佛法的解脱生死之方，有着各个宗派的差别，修行的方法次第和论理模式也各有特色，但有一个共同点：解脱生死之苦的关键是破除“我执”。破除我执，用缘起的智慧观照人生，充分认识到财富、地位、家庭、事业、名誉及世间的一切，甚至包括自己的色身，都是无常变幻的，不可能永远拥有，更不能将它们当作是真正的我。认识到这一点，就能减少对世间万物的执著，从而从物欲中解脱出来，不为其左右，有了这种超然的心态，也就有了对生死的超脱。

（二）“果报平等”——德行与幸福一致的德福观

佛教认为，生命是有轮回的，轮回的具体样式是同“业力”结合在一起的，善业则轮回到人天等善道，恶业则轮回到畜生、地狱等恶道，这就是因果报应说。正如释昭慧法师所说：“佛法指出了‘德、福一致’的另一项自然律——依于‘业与轮回’的原理，善心与善行将获得快乐、美好或幸福的异熟果报，恶心与恶行将获得痛苦、丑陋或残缺的异熟果报。”③

---

① 达照：《饬终——佛教临终关怀的思想和方法》，浙江大学出版社 2005 年版，第 7～8 页。

② 汤一介：《佛教与中国文化》，宗教文化出版社 1999 年版，第 104～105 页。

③ ［台湾］释昭慧（Chao－HweiShih）：《有关“自然律”与“自然道德律”之佛法观点》，台湾：《哲学与文化》，2006 年 33 卷 3 期，第 92 页。

根据因果报应说，佛教认为，人的生活和生命不是决定于天神的意志，也不是命中注定不可改变，更不是无缘无故的，而是决定于人自身，是人自己造业，自己受报。善有善报，恶有恶报，果报人人平等，德福一致，没有例外。

据学者考证①，轮回，源于印度《奥义书》，指生命在诸道中的生死轮转。无论是印度的婆罗门教还是以佛教为代表的沙门诸派中，生死轮回都是痛苦的不得已的流变，是需要出离和解脱的。（当然现代科学也认为是需要破除的，因为那是迷信和无知）但轮回其实体现了人类的深深的无奈，一种无法把握自己的命运、无法摆脱生死的根本的、强烈的痛苦，其中也展示了人对生命的无限留恋。当轮回与业力结合起来，使每个生命个体的善恶行为成为他自己的生命流转的动力时，行善成善，行恶成恶，于是轮回与因果报应联系在一起，变成了由人的行为决定的必然结果，具有了善恶性质，成为道德教化和人生改造的道德工具。

一方面业力果报说肯定了自力的作用。业力说事实上是说人的命运完全是由自己决定的，自己的过去决定了自己的现在，自己的现在又决定了自己的未来，因此除了自己的行为之外，不存在任何其他的决定因素，因此人应当自己对自己负责，出了问题也要主要从自身寻找原因，不可怨天尤人，求神问鬼。强调自力，否定他力，这就使得神灵丧失了自己的位置，具有破除迷信、高扬自信的作用。同时还有助于提高人的责任感，增强人的自信，培养自由人格。佛教虽然承认业力果报，但并不因此成为完全扼杀人现时的自由的命定论者，认为，现世的人同样是自由的，可以选择某种方式改变自己的命运，对于过去的业力造成的影响，佛教也不主张只是被动地忍受，更不赞同以苦行消除恶业，因为苦行是主动地增加痛苦，而痛苦并不符合人的本性。人的本性是追求幸福和快乐的。所以佛教主张以健康快乐的方式消除恶业，即按八正道行事，觉悟得道，过去的恶业就会完全消除。

同时业力果报说还有明显的道德教化作用。行善得善报，作恶得恶报，人现在的行为成了将来的生活和命运的决定者，这就使人不得不为将来的状况而注意现在的行为的合理性。业报说不仅能够止恶，还有劝善的作用。行善得善报，使得好人做起好事来更加踏实，更加起劲。付出应该

① 徐文明：《轮回的流转》，北京语言文化大学出版社 2001 年版，绪论。

得到回报，如果一个人只是付出，只是奉献，而得不到社会和他人的任何关心和回报，那么他总会有伤心失望之时，即便此人道德高尚，不计得失，但人不是永动机，不可能只产出，不投入，他总会有力量枯竭之时。让好人得到好报，这是完全应当的。

德行与幸福一致的果报平等观认为，道由己悟，解脱只能靠自己，只能依靠自己的觉悟，自己是自己的主人。这种观点似乎与大乘菩萨道“自觉觉他”的精神相悖，实则不然。因为菩萨道所讲的“自觉觉他”不是指以某种神秘力量救他人出离苦海，而是指把自己觉悟的正法传授出来，就像释迦牟尼证得菩提之智后住世弘法，引导众生断除妄念、走上正道，但最终能否觉悟以及觉悟的程度还是取决于修行者本人。所谓自己生死自己了，任何人都不能替代。正如萨达提沙所说：“皈依佛并不意味着佛陀本人保证会使其信徒达到目的。相反，他说‘显然恶自作，清净亦由己。染净皆己事，他人勿代劳。’说到趋向目标时，他常用这样的说法：‘自证自觉。’”①

佛教的业报轮回思想强调业果相续的客观性和必然性，显然同唯物主义的观点相悖。但是不能否认的是，这种思想中其实强调了行为主体的自主性和能动性的一面。也就是说，人的命，不是由什么神秘的力量来掌握，也不可能由他人来操纵，完全是自种因，自受果，果由业生，有什么样的业力，就会有什么样的果报，种善因结福果，种恶因结苦果。因此人的命运掌握在自己手中，人们可以通过自己的努力，改变自己人生的命运，从而可以鼓励人们追求理想的积极性。现实生活中那些成为阶下囚的贪官的最终结局也从反面证明了命运掌握在自己手中。一些人掌握了一定权力后，错把公共权力当作自己的私人权力，以权谋私，大肆侵吞国家财产，享受一时之乐，但法网恢恢，疏而不漏，最终沦为阶下囚，正应验了佛教的“自作自受”的果报平等论。

（三）“生佛不二”——现实性与超越性统一的理想观

所谓理想，它是人对自己未来生活的希望和设计，“对所追求的、具有现实可能性和合乎自己意愿的奋斗目标的构想，它表达人的一种信念或愿望”②。不同的文化传统有不同的理想追求，如西方侧重于对外在自然的

---

① ［英］哈玛拉瓦·萨达提沙：《佛教伦理学》，上海世纪出版集团2007年版，第32页。

② 袁贵仁：《价值学引论》，北京师范大学出版社1991年版，第373页。

探索，因此视智慧的人生为理想的人生；以孔子、孟子为代表的中国儒家文化则视道德人格的完善为人生理想；印度佛教作为一种宗教则以人生的解脱为最高理想。

人生不能没有理想。理想是人之为人的题中应有之义。人作为万物之灵，人高出于动物在于人的存在方式的实践性。动物的存在方式是适应自然，而人如果仅仅适应自然则首先不可能有人的产生，其次人生存所需要的一切自然界不会主动提供。因此为了生存人必须要从事实践，加工改造自然，创造出吃、穿、住等一切生活和生产资料。所以说，实践是人的存在方式。而实践的前提条件是必须有高出于现有存在的超现实的意识或曰想法，从此意义上决定了人必然有高出于现实的对未来的设想，换言之，人必然有理想。从而可以说，人是一种超越性动物，人也总是站在未来的角度审视当下，人总是把未来看得比现实更重要，把理想看得高于现实。所以说人生不能没有理想，没有理想，人也就无异于动物，人将不成其为人。

对美好来世的追求是宗教教义的基本内容。大凡宗教都要给自己的信徒提供一种希望，哪怕是幻觉也好。佛教也不例外，佛教在对世俗生活诸苦进行淋漓尽致的揭示之后，又告诫其信徒还是有希望超越于“六道”之外而获得解脱，进入一个超越的境界。佛教在其宗教教义中对这种超越的人生理想境界和人生理想归宿做出了美好的设想和描绘。人生的理想境界是常乐我净的涅槃境界，人生的理想归宿是佛国净土。作为个体来讲，人生的理想状态就是解脱成佛。成佛，这是人生命中最崇高的、最普遍的价值。佛教所说的涅槃，指的是一种精神绝对自由，没有任何痛苦和烦恼的、美好的神秘境界，达到了涅槃的境界，也就断灭了现世人生的所有欲望、烦恼和痛苦，摆脱了因果报应、生死轮回的束缚，也就成就了佛果。因此佛就是一种对宇宙万物的奥秘有大彻大悟的涅槃境界。佛是“佛陀”的简称，意为“觉者”。觉，有自觉、觉他、觉行圆满三层含义，所谓自觉是指自身已经觉悟，觉他是指能使众生觉悟，觉性圆满是指自己的觉悟达到了圆满的程度。三觉齐具就是佛，这是佛教修行的最高果位。在佛教中，佛是修持佛法取得最高成就的大彻大悟者，是四圣中的最高者，它通达了宇宙间的一切真理。大小乘佛教对佛的理解有所不同。小乘专指释迦牟尼本人，认为佛只有一个。大乘佛教所说的佛，泛指一切觉行圆满者，宣称，三世十方，到处有佛，如过去有七佛、燃灯佛，未来有弥勒佛，东方有药师佛，西方有阿弥陀佛等。大乘佛教的这种“三世十方，到处有佛”的观点为众生涅槃解脱的理想追求提供了理论依据。

那么怎样才能达到涅槃解脱的佛境界呢？佛教认为涅槃解脱成佛的基础在于现实之中，只有在现实人生中才能解脱成佛。即所谓“佛法在世间，不离世间觉”。不仅如此，佛教特别是大乘佛教基于佛教的平等理念宣扬“生佛平等”“生佛一如”的思想，认为涅槃解脱的美好境界是每一个体都能实现的理想。

生佛不二、生佛一如的理论依据在于，众生与佛在本质上都具足真如佛性。佛教认为迷妄的众生并不灭其真如佛性，觉悟的佛也并不增加其真如佛性。就同样具有成佛的可能、基础这一意义来说，众生与佛是平等不二的。所谓“心佛与众生，是三无差别”，而之所以有凡圣之异，乃在于迷悟的不同。迷即佛是众生（此时佛性微而不显著），悟则众生是佛（此时佛性现而不遗）。

这就是佛教的理想观，主要有两个要点，一是认为涅槃成佛是每一众生都能实现的理想。萨达提沙在其《佛教伦理学》一书中这样写道：“在有神论的宗教中，人是附属的被创造物，永远处在上帝或众神之下，除非它们想要提高他的地位。与此相反，佛教徒则靠自己的力量提高自己，只要他愿意努力，想提多高就多高，佛教徒的精神从不受限制；无须牺牲思想和意志的自由。……佛教的朝圣者踏上了有价值的旅程，处在幸福的期盼中，有足够的资质和好机会取得成功。”① 这种理想观充分体现了佛教的平等精神，也为佛教徒实现自己的理想追求提供了强大的精神动力。

二是认为涅槃成佛唯一途径是立足于现实生活。正如龙树所说的“涅槃与世间，无有少分别；世间与涅槃，亦无少分别。涅槃之实际，及与世间际，如是二际者，无毫厘差别”②。只要认识到世间一切事物的实相，并在现实人生中加以正确的运用，以作为修行的根据和指导，就能够达到涅槃的境界。透过佛教的理想观可以发现，作为一种宗教，佛教把对现实世界与现实生命的超越当作追求的终极目标，但在另一方面，又主张对终极目标的追求不能离开现实生活，并在对现实世界和人生的目标与价值的解析和批判的过程中，凸现了佛教对人生本质、人生价值以及生命完善的途

---

① ［英］哈玛拉瓦·萨达提沙：《佛教伦理学》，上海世纪出版集团 2007 年版，第 33 页。

② 龙树：《中论·观涅槃品》。

径和终极意义等问题的理解与探索，依禅宗六祖慧能大师的说法就是："佛法在世间，不离世间觉，离世觅菩提，恰如求兔角。"也就是说要在现实中寻求超越，在超越中关注现实。特别是太虚等倡导的人间佛教思想更是强调：世法和出世法是等同的，出世法只能通过世法来显明。使得佛教的精神境界和理想旗帜紧紧依存于社会现实，以往认为只有在世外才能实现的理想价值观，人间佛教认为就应在生活中、在现实的政治环境中实现。

佛教这种现实性和超越性统一的理想观表明，佛教解脱观的实质是生命意义的超越，精神境界的提升。"佛不是一个永恒的生命形式，也不是一个天堂般的生存环境，而是一种对宇宙万物的奥秘有大彻大悟的涅槃境界。在这种境界中，生命形态的存废已失去了意义，因为修行者的内心觉悟已产生了质的飞跃，使他能灭绝一切苦难和烦恼。"①这种最高的精神境界并不是超越我们这个经验世界的另一个神圣存在，它本身就是这个经验世界，就是对这个经验世界的内心觉悟，觉悟到宇宙万物都是流转生灭的，从而也就不会诱发产生贪欲，也就免除了永恒的痛苦折磨，获得精神的自由和解放，而有了这种觉悟，世间的一切苦难便自行化解、灭绝了。"这种对超越和提升的追求，使人能以长远的终极的眼光客观而冷静地反思人生的历程、审视自身的缺陷，并不断地努力规范自己，提高境界；也有助于在个人心理上产生安顿、抚慰、调节、支撑、激励等诸多功能，从而缓解甚至消弭人的种种无奈、焦虑、烦躁、悲伤和痛苦。"②

二、佛教平等观关于自我身心关系的伦理启示

（一）生死双遣的生死观的伦理启示

基于"生死不二"得出的生死双遣的豁达人生观，体现出佛教对生死的独特看法以及超脱生死的独特方法，从中我们可以得到如下启示：

第一，生死乃人生中的自然现象，不可回避，必须面对。有生必有死，符合唯物辩证法的观点。马克思说："辩证法在对现存事物的肯定的理解中同时包含着对现存事物的否定的理解，即对现存事物的必然灭亡的理解；辩证法对每一既成的形式都是从不断的运动中，因而也是从它的暂

---

① 单纯：《宗教哲学》，中国社会科学出版社2003年版，第311页。

② 方立天：《中国佛教哲学要义》（下卷），中国人民大学出版社2002年版，第1220页。

时性方面去理解；辩证法不崇拜任何东西，按其本质来说，它是批判的和革命的。”① 在辩证法看来，世界上的任何事物都不是永恒的、绝对的，总是要被否定的。具有必然性的东西是人力所不可扭转的，因而正确的态度就是正视它、了解它，从而用良好的心态面对它。对生命的渴望是人类的本能，但死亡毕竟是所有人都无法避免的必然规律。儒家的圣人说“未知生，焉知死”，这表现了儒家的现实主义精神，但事实上死是不能回避的，所以人类一直在用各种各样的方式来对抗死亡，如从灵魂说到神仙术，从益寿延年到长生不老方，从唯物主义与无神论的达观到各种宗教的“麻醉”。佛教通过对人生之苦和死的必然性的如实揭示，唤醒世人，不要执著于虚妄无常的暂时存在为永恒的真实，那样只能给人带来更多的痛苦。表达了一种敢于直面人生真实痛苦的无畏的勇气。陈兵评价说：“佛陀直面人存在的根本问题，将对死亡的无意识焦虑变为有意识，冷静地省视人生，揭示人生缺陷和社会弊病，并力图用清澈的智慧开辟出了生脱死的大道，以此为中心，提供给人足以安身立命的信仰。”②

佛教这种生死关怀对于中国儒家传统是一个重要补充。在中国，早在魏晋时代，人们就发现了佛教与固有的儒家学说是内外有别的两种学问，正如南朝宋时的宗柄在《明佛论》中所说：“中国君子明于礼义而暗于知人心”，“就是说，中国的知识分子对于儒家的一套礼制德教可以很熟悉，但若非佛教，他们对于生死关怀这样的大事，却是不清楚的。讲到治理俗人的世间，自然必须采用尧、舜、周、孔的一套理论；但要解决幽冥冲虚的生死大事，还得从佛教去汲取资源。因此佛教对于世间的价值，就社会生活而言，可以助王化；对个人生活而言，使其明生死”③。

第二，既然生死是人生的自然规律，因此既不要执著于“生”，也不要执著于“死”，树立一种生死双遣的达观人生。人必有一死是不可逆转的自然规律，人应正视此现实，无须畏惧死，无须白费力气去考虑死的问题，应把全部的注意力凝聚于现实人生价值的创造。佛教力揭死苦，在“四圣谛”之首“苦圣帝”中，揭示了死为人生最深重的痛苦，但其最终旨趣在于教人直面死亡现实，从终极价值的角度冷静反思人生的价值与意

---

① 《马克思恩格斯选集》第2卷，人民出版社1995年版，第112页。

② 陈兵：《佛陀的智慧》，上海古籍出版社2006年版，第50页。

③ 宋立道：《中国大乘佛教精神与社会关怀》，佛源主编《大乘佛教与当代社会》，东方出版社2003年版，第53～54页。

义，把对死亡的本能性畏惧转为理性的审视，从而激发战胜死亡的强大意志。不可否认，对现代人而言，生死观问题同样是人生头等大事，解决不好，影响身心健康，严重的会导致心理疾病。佛教的三世论或许并不能为我们所认可，但是佛教认为死只不过是生命形式的改变却是与我们现代科学观念不相悖的。现代人都承认物质不灭能量守恒定律，因此我们也就应该懂得，死也不过是改变了物质的存在形式而已。重要的是怎么样珍惜现实人生，在有限的生命历程中提高生命质量、为后代留下更有价值的精神资源。

（二）德行与幸福一致的德福观的伦理启示

佛教基于平等原则得出的“德行与幸福一致的德福观”在今天仍具现实价值，它可以让我们得到如下启发：

第一，人生的幸福不是物质享受，而是多行善业。当前，社会上有的人成为了生理需求、物质欲望的奴隶，奉献拜金主义、享乐主义、极端个人主义，甚至贪污腐化、盗窃走私、吸毒卖淫……这是人性的扭曲，人格的堕落，人类的悲哀。佛教的这种幸福观有助于缓解对现实境遇的执著，对治物欲横流，淡化享受，淡泊名利，提高精神境界。在《佛教遗经》中，释迦牟尼有这样一段话：“汝等比丘，当知多欲之人，多求利故，苦恼亦多；少欲之人，无求无欲，则无此患。直尔少欲，尚宜修习，何况少欲能生诸功德。少欲之人，则无谄曲以求人意，亦复不为诸根所牵。行少欲者，心则坦然，无所忧畏，触事有馀，常无不足。有少欲者，则有涅槃，是名少欲。”[①] 这里是强调过多的欲望会阻碍宗教修道者的解脱。其实对于每一个体来讲，过多的物质欲望何尝不是一种灾难，所谓欲壑难填，就是说人的物质欲望是无止境的，一个欲望得到了暂时的满足，新的欲望又会接踵而至，最终被欲望所摆布，成为欲望的奴隶。如果把幸福定为在物质享受上，其结果是永远不会得到幸福的满足。

第二，幸福的源泉不在于外在神灵的赐予，也不取决于他人的恩赐，而在于自身的德行。一方面，行善本身即是一种快乐。人不同于动物在于人有复杂的情感意识，人在做善事的过程中能体会到自身力量的发挥、自身价值的实现的快乐。同时，积善可以成德，不断地积累小善，量变引起质变，就能成就自己的崇高人生。把帮助别人视为自己应做之事，看作是

① 济群：《佛教的环保思想》，上海古籍出版社，第5页。

自己的快乐，这是每个社会成员应有的社会公德，是有爱心的表现。这种爱心和美德是人一生取之不尽、用之不竭的精神财富，正所谓“赠人玫瑰，手有余香”。另一方面，行善可以招致善报。虽然佛教的三世报应论与现代科学相悖，唯物主义不承认来世说，但是提倡诸恶莫作、众善奉行对于整个社会来讲当然是一种莫大的善。只要人人都献出一点爱，世间将变成美好的人间。同样，只要人人都致力于行善，社会自然会更美好。德福统一，体现了佛教平等理念的道德激励作用，有助于提升社会风气。如果一个社会好人得不到好报，恶人得不到应有的惩罚，人们的道德信仰就会发生动摇。

第三，凸显了人的道德责任感和道德自觉性，因而具有鼓励人们积极创造未来生活的伦理意义。佛教认为，德福一致，善有善报、恶有恶报，人类生活的任何遭际都是自己所造业因的果报，自作自受，每个人都必须对自己的行为和生活承担完全的道德责任，自己的一切必须自己负责。既然自己现在的行为关系到自己的未来，任何不良行为都必然受到惩罚，因此出于对自己负责的态度，每个人都会慎重选择自己的行为。德福统一可以起到劝善止恶的作用。在现实社会中，好人好事未必会及时得到应有的回报，在体制不健全的情况下，甚至好人还会作出更多的牺牲，在这种情况下，许多人会认为好心没有好报，好人总是吃亏。依照德福一致的佛教因果报应理论，善人所做的好事是不会抹杀的，尽管这种善报不一定马上到来，但善业和功德的积累，对人生来说是一笔真正的可以不断增值而永远不会亏损的财富，其意义远远超过了一般的物质财富的积累。表面看来，好人一时有可能吃亏，但从长远来看，好人永远不会因为他的善心而受损失。

往事不可追挽，未来犹可造就，人生幸福与否，取决于自己的所作所为。把个人利益放在为他人谋利益的事业中，先天下之忧而忧，后天下之乐而乐，这样的人生是高尚的、伟大的；把个人幸福建立在他人痛苦之上，把个人利益凌驾于他人和社会利益之上，这样的人生是渺小的、被人们所鄙夷的。

（三）现实性与超越性统一的理想观的伦理启示

佛教基于“生佛不二”平等理念的理想追求，把理想的超越性和实现理想的现实性有机统一对于今天具有积极的伦理价值。

第一，人应该有高于现实的理想追求。如前所述，理想是人之为人的题中应有之义，是人区别于动物、成为万物之灵的标志，因而人必须要有理想。没有理想的人生将失去前进的方向。理想源于现实，又必须超越现实。理想在现实中产生，但它不是对现状的简单描述，而是与奋斗目标相联系的未来的现实，是人们的要求和期望的集中表达。理想指引人生的奋斗目标，理想一旦确立，就可以使人方向明确、精神振奋，不论前进的道路如何曲折、人生的境遇如何复杂，都可以永不迷失前进的方向。理想提供人生的前进动力，它能使人以惊人的毅力和不懈的努力，成就事业，创造奇迹。理想可以提高人生的精神境界，理想作为人的精神生活的核心内容，一方面能使人的精神生活的各个方面统一起来，使人的内心世界成为一个健康有序的系统，保持心灵的充实和安宁，避免内心世界的空虚和迷茫；另一方面又引导人们不断地追求更高的人生目标，提升精神境界，塑造高尚人格。一个人的理想信念越崇高、越坚定，精神境界和人格就会越高尚。

佛教解脱成佛的终极目标是一种极富超越性的理想追求。佛就是觉悟的意思，觉悟人生的真实，觉悟宇宙的真实。当然佛教所讲的真实不同于科学意义上的实事求是，而是一种运用宗教的出世性智慧所获得的、不可言说的神秘体验。但如果排除其宗教神秘性，则佛教的理想追求也提示我们，理想必须具有超越性。理想作为一种推动人们创造美好生活的巨大力量，其动力根源于对现实的超越性、对未来的预见性。理想必须高于现实，假如理想与现实完全等同，那么理想的存在就没有意义。人生是一个在实践中奋斗的过程，要使生命富有意义，就必须在有意义的奋斗目标的指引下，沿着正确的道路前进。理想虽然源于现实，但又超越现实。理想在现实中产生，但它不是对现实的简单描述，而是与奋斗目标相联系的未来的现实，是人们的要求和期望的集中表达。科学的理想是人的主观能动性与社会发展客观趋势的一致性的反映，是对社会历史发展规律的正确把握，因而对人们有着巨大的感召力，对人生实践具有重要的指导作用。

第二，理想的实现必须立足于现实。人作为具有理性思维能力和情感要求的生命存在，总要追求一种生活的意义和价值，以作为人生的精神寄托，这是人类的天性。怎么追求？很显然，人不能生活在理想世界，人只能是生活在现实世界中，只能是立足在现实生活基础上，用理想引导现实生活朝着预期目标前进。每个人理想的实现，都只能是通过自己所从事的事业来展现，在自己的岗位上脚踏实地、埋头苦干，发挥聪明才智，为社会作出贡献，从而实现自己的人生价值。当然立足于现实的理想，也包括理想必须与时代需要相一致，脱离现实而谈理想，理想就会成为空想。树立理想应该是如实认识自己和如实认识社会的统一，只有把个人的追求同社会的需要结合起来，理想才具有现实意义，也才有实现的可能性。

第二节　佛教平等观关于人我关系的伦理启示

个体的存在总是离不开他人和社会，因而人我关系，包括个人与他人、个人与社会的关系也是人的存在中的题中应有之义。现代社会，在人我关系方面，同样存在诸多不尽如人意甚至极为严重的问题。比如，由于物欲的极度膨胀和道德良知的缺失，许多人走上了犯罪道路，向社会、国家或他人伸出罪恶之手，堕入罪恶的深渊；有的人沉溺于物欲而沦为物欲的奴隶，为满足一己私利而不择手段，甚至违法乱纪，危害社会；有的人只关心一己得失，对社会和他人漠不关心。佛教平等思想作为一种平等的对待世界的方式，追求达到一种平等观物、一切众生本无差别的最高境界。因此佛教平等观在运用于社会关系中处理人我关系（含人与人、人与社会关系）时也得出了独特的观点，对于我们现代社会处理人际关系具有重要启发意义和伦理价值。

一、佛教平等观在人我关系问题上的主要观点

佛教平等观运用于人际关系上，得出了处理人际关系的基本原则，这就是众生平等，无有高下，人和人都平等无别。

虽然现实生活实际是，人与人之间处于种种极度的不平等状态。从经济状况来说，总是有富有贫；从政治地位来说，总是有贵有贱；从道德表现来看，总是有圣有凡；从行为价值来看，总是有美有丑；从人生境遇来说，总是有福有祸。这种种不平等形成了众生现实生活的苦难。在佛教看来这种种苦难，源于众生自己的无明或不觉，因不觉我空法空，不明佛教真理，造种种业，特别是道德上的恶业，受相应的恶报，从而经受种种不平等的生活。要改变这种不平等的状况，最根本的就是觉悟佛教真理，依善的原则行善业。怎样依善而行呢？佛教认为，在人与人的关系问题上，主要表现为两个方面：第一，要有正确的人己观念；第二，要有正确处理

人己利益的行为。

(一)“自利利他”的人己观

大乘佛教强调修行六度，自利利他，要顺应菩萨道，反对违背菩萨道的“纯自利”和“纯利他”。《菩萨地持经·方便处自他利品》说：“违菩萨道者，应知应断；顺菩萨道者，应当修学。”违背菩萨道的自利是“为己乐故，求财自用；为秘法故，求佛解法守护执持；为生天故，受持禁戒、精进、禅定、智慧等法；为世间贪果故，供善佛塔；为贪利故，作求利相；为欺彼故，无缘自说种种功德，贪他亲附，非法摄受，自住禅乐，舍为众生。是名纯自利，应知应断”。完全为了自己的享受和名利而求取钱财和修持佛法，而不是为了众生，这种自利是纯粹的自私自利，是违背菩萨道的自利，应该断除。违背菩萨道的利他，如“无因无果邪见布施，犯戒违道为他说法”，“是名纯他利”，这种纯他利，“应知应断”。就是说，不问青红皂白，不管该不该布施而布施，或者违反佛教的戒律和规制为他人宣说佛法，不是符合菩萨道的利他，应该断除。①

不仅如此，大乘佛教还主张自利利他应该是主观能力与客观效果的统一。《菩萨地持经·方便处自他利品》说：“若菩萨虽自有力而彼不从，不名利他。若自无力而受化者顺，亦不名利他。若自有力，受化者顺，是二具足，则能兼利。菩萨具足二法，能自行佛法，以三乘法成就众生，能自究竟无上菩提，众生熟者令得解脱。”菩萨“自有力”或“自我力”是化度众生的主观能力，“彼不从”或“受化者顺”是被化度众生的态度。自己有化度众生的能力，但众生不接受化度，不能达到利他的目的；相反，众生虽然接受化度，但自己没有化度众生的能力，同样不能达到利他的目的。只有在自己具有化度众生的能力，即精通觉悟佛法，众生接受佛法的情况下，才能达到利他的目的，使众生得解脱。②

可见佛教的人己观体现了自利与利他的辩证统一。自利与利他二者互为条件，相辅相成，相互彰显，即在利他的过程中完成自利，在自利的同时实现他利。“他利共自安”“自利共他”自他“二俱利”为最圆满的修行，反对将自利与利他割裂的非菩萨道的“纯自利”和“纯他利”。

---

① 吕有祥：《佛教自利利他思想及其现代价值》，《中华文化论坛》2003 年第 2 期，第 136 页。

② 吕有祥：《佛教自利利他思想及其现代价值》，《中华文化论坛》2003 年第 2 期，第 136 ~ 137 页。

同时佛教人己观的“自利利他”不等于世俗功利主义。菩萨道的自利不是获得现世的物质利益，而是为了克服贪嗔痴，弃恶修善，净化自我，提升自己的人格。菩萨道的利他不是为了获得受利者的回报，而是积累功德，成为证得佛菩萨果位的资粮。例如普贤菩萨十大宏愿中有“恒顺众生”一愿，其愿内容如下：

> “复次善男子，言恒顺众生者，谓尽法界虚空界，十方刹海所有众生，……我皆于彼随顺而转，种种承事，种种供养，如敬父母，如奉师长及阿罗汉乃至如来，等无有异。于诸病苦，为作良医；于失道者，示其正路；于闇夜中，为作光明；于贫穷者，令得伏藏；菩萨如是平等饶益一切众生。何以故？菩萨若能随顺众生，则为随顺供养诸佛；若于众生尊重承事，则为尊重承事如来；若令众生生欢喜者，则令一切如来欢喜。何以故？诸佛如来以大悲心而为体故，因于众生而起大悲，因于大悲生菩提心，因菩提心成等正觉。……是故菩提属于众生，若无众生，一切菩萨终不能成无上正觉。善男子，汝于此义，应如是解。以于众生心平等故，则能成就圆满大悲。以大悲心随众生故，则能成就供养如来。菩萨如是随顺众生，虚空界尽，众生界尽，众生业尽，众生烦恼尽，我此随顺无有穷尽，念念相续，无有间断，身语意业，无有疲厌。”

普贤菩萨的此宏愿充分体现了佛教自利利他的菩萨精神的伟大之处。世间只知为社会服务为人群服务，对象甚小；我们应该效法普贤，扩大服务的对象以至于无限。世间只知对于与我有关的集团服务，有亲疏之分；普贤则是以平等心饶益众生，不分冤亲。世间宗教只知崇奉教主，普贤则以承事众生为承事如来，以供养众生为供养如来。世间只知尽此一世服务人群，普贤则以无穷长久的时间服务众生，永无疲厌。佛教之绝非厌世，观此益信。

佛教“自利利他”“自度度他”的菩萨精神以“无我”论证和体验真我，给予迷失自我的现代人以终极关怀，使人们认识到自身存在的价值，实现自利、自度，同时，又认识到他人对自身存在的价值和意义，发慈悲心，以利他、度他来成就终极的自度，从而真正地解脱自在。其社会伦理意义就在于，它高扬行为者个人的主体性价值，要求信徒设身处地为他人着想，以成就他人来成就自身，从而使双方都能够获得进一步的发展，以此保证社会的和谐与稳定。“佛教主张宇宙和其他一切生命跟自我之间的调和与融合，主张在这里才有人生的理想和幸福，为实现这种幸福，其实践就表现由慈悲而产生的‘利他’。通过这一高尚的理念，自然地把欲望克服下去。也就是说，通过对‘大我’（普遍的自我）的觉醒，去克服跟欲望相通的‘小我’个人的自我。”①

（二）恭敬布施忍辱的利乐众生行

既然人与人都是平等的，人与人之间就应该营造和谐的人际关系。佛教提出了许多具体待人处世的准则。

对待僧众彼此之间的关系，佛教制订了严格的僧团组织原则“六和”。六和原则即：戒和同遵、见和同解、利和同均、身和同住、口和无诤、意和同悦。“和”就是和谐一致的意思。戒和同遵是指在戒律、法制上，人人平等，没有特权。见和同解是指在思想上，建立共识，使思想相通归一。利和同均是指在经济上均衡分配，保持平等。意和同悦是指在精神上志同道合，目标一致。口和无诤指在言语上，和谐无诤，亲切相待。身和同住是指在行为上，利益他人，和乐相处。可见，“六和”的原则是以平等为基础的。六和敬的原则，不仅适用于僧团，任何社会团体，乃至国家，若能以和敬的精神组织管理，一定会团结融洽，给全体成员提供一个和乐的生活环境。

为了实现“六和”原则，佛教还制定了许多相关的制度，如恭敬、布施、忍辱等。

恭敬：即不轻视他人。关于这一待人方式，《法华经》中的“常不轻菩萨品”给予了详细论述。“常不轻”的意思是“从不轻慢”。他为何名叫常不轻呢，因为这位菩萨凡是见到任何比丘、比丘尼、优婆塞、优婆夷，都会礼拜、赞叹说：“我对你们绝无丝毫轻慢。因为诸位日后都将成佛。”②因为人人都有佛性，都有成佛的可能性，对他人的尊重，也就意味着对佛的尊重。因此佛教伦理强调必须在身、口、意三业方面不断修恭敬行，身

---

① ［英］汤因比、［日］池田大作著，荀春生等译：《展望21世纪》，中国国际文化出版公司1885年版，第381页。

② ［日］菅野博史著，孝顺师（池丽梅）译：《法华经——永远的菩萨道》，财团法人灵鹫山般若文教基金会附设出版社2005年版，第245页。

业之恭敬，即体现在行为上的恭敬；口业之恭敬，就是法施；意业之恭敬，即尊重他人。恭敬的原则在儒家伦理中也是基本的人际关系原则，为四端之一，被认为是一种先天的道德心理，推辞谦让的道德本能，是礼的萌芽。慧能禅宗也特别推崇恭敬行，“常行于敬，自修身是功，自修心是德。”①

布施：众生需要什么就给什么。正如《般若经》所言：“一切有情欲食与食，求饮与饮，乃至乘物、花香、璎珞、房舍、床榻、卧具、伎乐、侍卫，随其求而喜施，无使贫乏。”普贤菩萨的“恒顺众生”宏愿中也强调布施：“谓尽法界虚空界，十方刹海所有众生……我皆于彼随顺而转，种种承事，种种供养，如敬父母，如奉师长及阿罗汉乃至如来，等无有异。于诸病苦为作良医；于失道者，示其正路；于暗夜中，为作光明；于贫乏者，令得伏藏。菩萨如是平等饶益一切众生。”②“种植园果故，林树荫清凉。桥船以济渡，造作福德舍。穿井供渴乏，客舍给行旅。如此之功德，日夜常增长。如法戒具足，缘斯得升天。”③

忍辱：忍辱是“六度”之一，即由生死相续、生死苦恼的此岸，度脱到涅槃清净、安乐自在的彼岸的方法之一。对于每个人而言，它即是方法，也是原则，是佛陀教导的处世待人、关心与帮助别人的原则。佛教认为，行忍辱度，永离于嗔恚，这是成佛的根本，也是做人的根本。忍即忍、忍受，辱，即侮辱、羞辱、屈辱。对他人施予我的打骂、讽刺、挖苦、诽谤、中伤、陷害，以至一切侮辱、污蔑、冤屈等身处横逆境界中，而能忍受，不生嗔恨心、恼怒心、报复心。这就叫忍辱。做到人嗔我不嗔，人恼我不恼，怜悯恶人的侵犯、凌辱，是他们愚昧可怜，身陷迷误，不懂道理，害人必自害，伤人必自损。这就是生忍（即众生忍），同时，忍受逆境，比如对于身心造成伤害的一切寒、热、饥、渴、水、火、风、沙、衰老、病痛等，既不为以上种种逆境的苦所妨碍，也不为顺境的享受、快乐所动摇、转移。这就是法忍，对一切法性的体认和接受。④归纳

① 敦煌本《坛经》第34节。

② 《华严经普贤行愿品》，转引自陈兵：《佛法在世间》，中国时代经济出版社2008年版，第45页。

③ 《杂阿含经》卷36，转引自陈兵：《佛法在世间》，中国时代经济出版社2008年版，第46页。

④ 觉真：《和谐人生——佛教伦理观》，宗教文化出版社2006年版，第135～136页。

起来，佛教之“忍”，首先是能忍受常人难以忍受的痛苦而安之若素。其次是忍辱，即能忍受恶言、屈辱和各种违逆之境而不生嗔恚怨恨之心，人生而有自尊心，恶语、羞耻、委屈、侮辱、忤逆，是对人与生俱来的自尊心的严重侵犯。然而，佛教强调以忍辱度嗔恚，教人们杜绝恨人怨人之心。因此形成了佛教徒修行方式的一大特点：逆来顺受、忍辱负重，乃至以苦为乐、以辱为荣。

《佛教遗经》中说：“忍之为德，持戒苦行所不能及。能行忍者，乃可名为有利大人。若其不能欢喜忍受恶骂之毒，如饮甘露者，不名入道智慧人也。”觉真法师认为佛陀的这段教导，包含了三个要点：第一，忍辱、忍耐，是一种德行。难忍能忍，很不容易做到，能够做到，就是一种功德，持戒苦行都不能及。第二，忍耐还不够，还要做到欢喜忍受，对于对方所施加的恶骂之毒，不但不加嗔怒，而且还要做到如饮甘露那样，乐于接受。如果做不到这一点，那就不叫如道智慧人了。可见，欢喜忍受，才是慈悲喜舍俱足的菩萨行，才是真正的入道智慧人。第三，能行忍者，才可名为有力大人。可见，忍耐不是软弱，不是无能，不是退缩，不是苟安。忍耐，是无畏，是坚强，是勇猛，是精进，是自己增进自己的德业。有忍耐心、忍耐力的人，是具有强大生命力的人。① 为了实现伟大的事业，崇高的人生目标，必须要有好不退转的坚定信心。

二、佛教平等观关于人我关系的伦理启示

（一）处理人际关系、乃至人与世界关系的关键是“自净其心”

在处理人己关系问题上，佛教基于众生平等的理念，强调人际关系的和谐。但事实上人与人之间难免会有各种摩擦、冲突、甚至争斗等。面对各种问题，应该怎么处理解决呢？佛教提出的解决方法是“自净其心”。各种矛盾的产生，各种利益的冲突都是由于心生执著、心受外物的纠缠。如果能做到自净其心，就能摆脱各种心理的束缚，熄灭妄想，掌握自己的生命，断除种种烦恼，完善人格，得大自在。

正如陈兵②所分析的那样，佛教的思维方式具有极为浓厚的心理分析色彩。佛教的宗旨在于解脱人生诸苦，彻底解决人存在的根本问题——生

---

① 觉真：《和谐人生——佛教伦理观》，宗教文化出版社 2006 年版，第 137 页。

② 陈兵：《佛教心理学》，南方日报出版社 2007 年版。

死。“了生死”被佛教看作人生的根本问题。如何“了”？佛教是从自心中去追溯造成生死苦恼的根源，寻求解脱诸苦、超出生死之道。四谛法将生死苦恼的根源归结于心中所起的贪、嗔、痴等烦恼，十二因缘法从心理上一环环追究老病死忧悲苦恼产生的原因，将其根源最终上溯于自心的“无明”。通过修行戒、定、慧等正道，熄灭烦恼、无明之因，则生老病死等苦果自然除灭，永恒安乐的涅槃自然现前。佛教对心高度重视。以心为佛法枢机，重视对自心的研究、治理，是从原始佛教到大乘、密乘一贯坚持的立场。佛教将了生死的人生根本问题的解决，大乘“庄严国土，利乐有情”宏伟理想的实现，都落实于对自心的认识、调伏、净化、庄严。陈兵在《佛教心理学》一书中评价说：“佛教虽然不乏对物质现象的研究，但所侧重显然在心理现象；佛教虽然志在改造、净化、庄严整个世界乃至全宇宙，但其着眼点无疑在改造、净化、庄严人心；佛教教义理论探讨的重点在心，其三学、六度等修行之道，皆是调伏、净化、庄严自心的技术，其实质皆是修治自心。全体佛学，实际上可以看作专门究心、治心的‘内学’。”虽然“自净其心”有将“心”之作用绝对化的主观唯心主义倾向，现实生活中人我关系的复杂性仅凭“自净其心”断然解决不了，但在一些非原则性问题上，自净其心不失为一种协调矛盾、减少烦恼的有效方法。

（二）正确看待个人利益与他人利益的关系

倡导自利利他精神，有助于提升人的道德境界。当今社会虽然物质丰富，但思想道德的发展并不同步。唯利是图、贪污腐败、抢劫偷盗，生产假冒伪劣产品等损人利己的现象屡禁不止。这些现象固然需要用法律手段来治理，但单靠法律手段显然是不够的，还必须提升人的道德境界，法治与德治并重。佛教的自利利他精神可以使人明白人生的最高价值在于为人类社会谋求福利，造成人们高尚的内心世界，养成高尚的人格，净化心灵，净化社会。因此社会主义社会道德建设中不妨借鉴佛教的这种自利利他精神，将其作为我们道德建设的重要范畴加以弘扬。

倡导自利利他精神，有助于增强人们的环保意识，维护生态平衡和人类的生存环境。有助于缓解人与自然的紧张关系。当今社会人们利用自然、改造自然的手段在增强，物质生活日益丰富，但人的需要是无止境的，一些人为了满足自己的需要或暂时的利益，不惜捕杀珍奇动物，破坏生态环境，其后果必然遭到自然的报复，危害人类的长远利益。

倡导自利利他精神，有助于化解当今社会各种矛盾。当今社会科学技术高速发展、物质财富日益增多，但同时国与国、民族与民族、集团与集团、人与人处在激烈的竞争中，各种社会矛盾此起彼伏。这些社会矛盾从物质层面来讲，可以说与资源有限、贫富不均有关；从精神的层面来看，与自利利他精神的缺失有关。由于自利利他精神的缺失，只关心本国、本民族、本集团、本人的利益，不关心他国、他民族、他集团、他人的利益，甚至为了本国、本民族、本集团、本人的利益而损害他国、他民族、他集团、他人的利益，一句话，不是“自利利他”，而是“自利害他”，于是出现各种矛盾和冲突甚至各种暴力战争。自利利他精神的平等慈悲观念，对当代社会缓和社会矛盾、卫护和平、反对战争，具有积极意义。

（三）有效协调个人与他人的矛盾

置身于社会关系中，人与人之间难免会产生各种各样的矛盾。佛教基于平等原则倡导的诸多道德行为能有效协调人际之间的矛盾，对于我们今人协调人与人之间的利益关系、形成和谐共处的社会人际关系具有启发意义。

道德行为很重要的一条就是如何处理好经济利益关系。大乘佛教的六度、四摄都把“布施”列为第一位，虽然布施包括财施、法施、无畏施三方面的内容，财施是指物质方面的帮助，即包括以金银财宝饮食衣服等物惠施众生的“外财施”，也包括以体力、脑力施舍与人的“内财施”和捐资修寺造塔的“大财施”；法施是指知识的启迪（佛教专指佛法的弘扬）；无畏施是指精神的呵护，但其中“物质财富的占有与舍予，最能真切地反映个人的价值取向以及社会的文明程度，佛教讲布施不是反对个人物质利益的获得，而是针对物质欲望赋予了道德责任，要求它必须能够提升生命境界，而且有利于社会”①。布施体现了大乘佛教菩萨行的“利他”特质，是出于“慈悲心”、不求报酬与果报、不存私心杂念的利他之举。大乘佛教所崇尚的布施根本在于教化人们在心灵深处培植一种公平、公正的健康心态，培育一种善良、理智的生活态度，培养一种能够适度克制欲望、充分发挥爱心的道德情操。

布施体现出一种人与人之间的互助关系。互助是协调个人与他人关系的必然要求。在人与人的交往中，相互关心，相互帮助，对增强彼此的理

① 刘元春：《网络时代的中国传统文化伦理》，佛源主编《大乘佛教与当代社会》，东方出版社 2003 年版，第 359 页。

解，加深彼此的感情，有着重要的意义。人生活在世界上，总会遇到这样那样的困难，每一个人既离不开他人的帮助，也能够帮助他人，因此，在交往中了解他人的困难，主动地帮助他人，为他人排忧解难，是交往关系中一个重要的原则。

除了主动布施外，佛教还提倡忍辱。正如祁志祥所评价的，“佛教的行为方式除了戒恶行善的道德特征之外，另一个性格化特征就是‘能忍难忍’”[1]。《华严经》认为菩萨应“悉能忍受一切诸恶，于诸众生，其心平等，无有动摇。譬如大地能持一切，是则能净忍波罗蜜”。[2] 强调菩萨必须以平等心忍受众生的各种恼害，才能称为行清净的忍辱波罗蜜。因此佛教把“忍辱”视为“六度”之一，被看作是摆脱人世烦恼苦难、觉悟成佛必须具备的素质之一。中国民间流行着这样的谚语：忍字头上一把刀，是说，凡事要忍，不忍就可能招来横祸，所谓“小不忍则乱大谋”，相反能忍则能“和气生财”。可见“忍”包含了柔与刚的辩证法。中华民族历来提倡忍辱负重，含辛茹苦，吃苦耐劳，固然与儒家的“克己复礼”、“己所不欲，勿施于人”的思想哺育有关，其实佛教的“忍辱”行的影响力也不可小看。佛教之“忍”，一方面是要能忍受常人难以忍受的痛苦而安之若素。另一方面是要能忍受恶言、屈辱和各种违逆之境而不生嗔恚怨恨之心，做到人嗔我不嗔，人恼我不恼。人生而有自尊心，恶语、羞耻、委屈、侮辱、忤逆，是对人与生俱来的自尊心的严重侵犯。佛教提倡以忍辱度嗔恚，杜绝恨人怨人之心。不但逢到逆境要忍耐，使意志不被动摇，就是逢到顺境，如受人颂扬恭敬等，也要忍住，不起好名心，要看得像恭维别人一样，直到利、衰、毁、誉、称、讥、苦、乐八风不能动的境界。“佛教徒能忍天下难忍之事，显示了顽强的克制力、忍耐力、意志力和坚忍不拔的毅力，体现出崇高的常人难以企及的人格力量。”[3] 但同时也应看到，佛教“忍辱”行背后的逆来顺受的一面，难免有纵容恶势力、失去原则性等软弱性特征。

宽容：宽容是协调个人与他人关系必不可少的条件。宽容就是心胸宽广，大度容人，对非原则性的问题不斤斤计较。在与他人交往中，由于性

---

① 祁志祥：《佛学与中国文化》，学林出版社 2001 年版，第 290 页。

② 《大正藏》第十卷，第 97 页。

③ 祁志祥：《佛学与中国文化》，学林出版社 2001 年版，第 292 页。

格、经历、文化和修养等差异的存在，因误会、不解和意见分歧而产生人际矛盾是不可避免的，这时就要求遵循宽容原则，严于律己，宽以待人，求同存异，相互包容。宽容对于协调个人与他人的关系具有重要的意义，它有助于扩大交往空间，也有助于消除人际间的紧张和矛盾。当然，宽容不能趋于怯懦，宽容不等于无原则地一味容忍退让，更不等于拿原则做交易，在实际交往的过程中要善于把宽容与对坏人坏事的姑息迁就区别开来。

慈悲是实现平等的心性保证，以慈悲的心态来从事平等的事业是佛教平等观念独特的内涵，对我们当代进行平等建设有很强的借鉴意义。要建立平等的社会，不仅需要制度保障，更需要人们有慈悲包容的心灵。只有拥有这样的心灵，我们才能彻底以平等理念对待不同的国家、不同的民族与种族的人，真正实现世界和平。

但必须看到的是，在对待人与人的关系中，佛教显然有一个很大的缺陷，那就是，不承认或不主张人与人之间的竞争。而竞争意识的缺乏显然是与当今时代不相吻合的甚至是格格不入的，体现出佛教平等思想在处理人际关系中的局限性。一方面，现代社会不可避免竞争，另一方面，更重要的是竞争具有积极意义。比如有助于激发主体的进取心，有助于主体客观地评价自我、扬长避短；有助于展现才华、不断提高自我，从而有助于推动社会的发展。竞争产生活力，因而今天社会鼓励竞争、提倡竞争、保护竞争。

第三节　佛教平等观关于人与自然关系的伦理启示

自然是人的无机身体。人类的生存和发展离不开自然界，没有自然界提供的物质生活资料和生产资料，人类作为生物体就无法存活。因此自然界是人类存在的前提，为了保障人类的可持续发展，必须正确对待自然、正确处理人与自然的关系。但是今天社会，在人与自然的关系方面，存在着诸多不理性的行为，特别是对大自然的无限制的开采和掠夺，导致人类面临一系列的问题：生态失衡、物种灭绝、环境污染、能源危机、植被破坏……面对这种种危及人类生存的灾难，人们开始反思并试图找到解决办法，于是环境伦理学、大地伦理学、动物解放理论、深层生态学等诸多理论观点形成并提出各自的解决方案。其实古老的佛教文明中就蕴涵了颇多今天生态学所强调的合理因素。这一点得到了许多西方生态学者的认可。在西方，越来越多的生态学者认识到，生态危机的实质是文化和价值问题。比如阿伦·奈斯创建的深层生态学就把当前的生态危机归咎于西方传统文化中的人类中心主义、二元论和功利主义。一些西方生态学者遂将目光转向了东方，希望在东方宗教中找到生态危机的解决方法。佛教尤其是大乘佛教的“无情有性”“众生平等”思想，深受西方生态学者的关注。[1]

一、佛教平等观关于人与自然关系的主要观点

佛教把平等理念运用于处理人与自然的关系给今天人类解决生态危机、正确认识人类与自然界的关系提供了有价值的资源和解决问题的思路。佛教平等观关于人与自然的关系主要有以下观点：

（一）从“依正不二”思想出发，认为人与自然之间是相辅相成的关系

佛教认为自然界作为人类主体（正报）之依报，与人类息息相关，并非只是征服的对象。佛教认为无论依正都是众生过去所造业而感得的果报。正报是指众生的身心，由众生过去所造业而感得的果报正体。依报是众生身心所依止的一切世间事物，如土地、江河、房屋、衣食等，属于众生共同业力所感的果报。

在人类生存实践中，人与自然的关系一方面表现为人对自然的依存关系，另一方面表现为人对自然的改造活动。在漫长的物种进化史上，人从自然界脱颖而出，成为当之无愧的“万物之灵”。但无论人如何进化，都改变不了这样的事实：人来源于自然界又依存于自然界，人永远是自然界的有机组成部分。物质资料的生产和再生产以及人自身的生产和再生产，都是以自然界的存在和发展为前提条件的，没有自然界就没有人本身。但人又与其他自然物不同，人是有意识、有意志、能动的自然存在物，人并不是消极地依赖自然界生活，而是根据自身的需要利用和改造着自然，人类本身也在对自然的改造活动中不断发展完善着。但是人类对自然的改造

---

① 龚晓康：《“无情有性”与“众生平等”——佛教与当代生态伦理学的比较研究》，《自然辩证法研究》2003 年第 8 期。

存在两面性，一方面创造了丰富的物质财富，另一方面也存在掠夺自然资源、只考虑当前需要而忽视后代利益、先污染后治理、先开发后保护的问题。因此人与自然之间关系的不和谐也与日俱增：水源、空气、土壤受到严重污染，大量的动物和植物变成了珍稀物种乃至灭绝，土地荒漠化、森林和湿地迅速减少，可利用资源日益短缺甚至面临枯竭……人类正饱尝着无节制地向自然开战和索取而造成的恶果。人类改造自然的目的在于使人的生活更加美好，但事与愿违，大自然早已在无情地报复人类。人类如果再不改善与自然的关系，必将遭受更多的灾难。因此，运用佛教"依正不二"的思想，协调人与自然的关系，在促进经济发展的同时保护好人类赖以生存的自然环境，是人类以及人类的每个个体持续、健康发展的重要条件。

热爱自然、保护环境是当今时代社会公德的重要内容。热爱自然、保护环境，从根本上讲，是对全人类的生存发展利益的维护，也是对子孙后代应尽的义务。

（二）从"众生平等"出发认为人与自然、人与其他生命存在物具有平等地位

佛教的众生平等观强调众生无高低之别，皆有佛性，甚至提出"无情有性"的观点。众生皆能成佛，强调对众生要有普遍的无差别的爱心。如湛然在《金刚錍》中说："我及众生皆有此性，故名佛性，其性遍造、遍变、遍摄，世人不了大教之体，唯云无情不云有性，是故须云无情有性。"① 从根本上承认非人类生命的生存权利和存在价值，赋予了自然与人类以平等的地位，将人与自然的关系上升为一种伦理关系。因此，珍爱自然，尊重生命就成为佛教的基本精神。同时佛教由于倡导"无情有性"②，实质上强调了人对自然应该怀有深厚的情感。如《楞严经》中说佛弟子应爱护草木："清净比丘及诸菩萨，于歧路行，不踏生草，况以手拨！"③ 佛

---

① 《金刚錍》，《大正藏》，第46卷，第284页。

② 注：印度的佛性理论认为只有有情众生，有生命、情感的事物才有佛性，《涅槃经》说："非佛性者，所谓一切墙壁瓦石无情之物，离如是等无情之物，是名佛性。"但中国佛教的佛性说发展到后来，把佛性扩大到一切无生命的事物，认为不仅以人类为主的一切有生命物体都有佛性，就是那些山川草木等无情之物也是佛性的体现。湛然在"一切众生悉有佛性"的基础上，提出了"无情有性"说。这种思想其实也就在更宽广的范围里讲"众生平等"，有利于促进人们珍爱自然、保护环境。

③ 《大正藏》，第19卷，第132页。

教对有生命之物的珍爱与尊重集中体现在它的不杀生戒律和素食主义中。佛经《菩萨本生曼论》中尸毗王割肉救鹰的故事，就体现了佛教对生命的极度尊敬。此外，放生也是佛教所提倡和尊重的善行。佛教的不杀生、素食主义和放生对生态环保有着不可低估的意义，它不仅保护了生物的多样性，而且在道德上鼓励了人们的环保行为。

（三）从“众生平等”出发，佛教提倡戒杀、放生、茹素的生态环保型生活方式

佛教生命观的基调是众生平等，尊重生命。佛教据此提出不杀生的生命观，对此，佛经中有非常详尽的规定。例如《梵网经》卷第十四“放火焚烧戒”，明确禁止“放大火烧山林旷野”，反对“烧他人家屋宅、城邑、僧房、田木及鬼神、官物。一切有主物，不得焚烧”。特别指出不得在四月至九月烧山，因为这正是虫蛇鼠蚁繁殖的时期，若放火烧山，会杀死无数小生灵。《梵网经》卷下“第二十不行放生戒”提出，不仅自己要“行放生业”，而且要“教人放生。若见世人杀畜生时，应方便救护，解其苦难”。

杀生，指杀害人畜等一切生灵。诸罪当中，杀罪最重；诸功德中，不杀第一。面对诸多物种不断灭绝的现实，佛教不杀生的理念在今天尤其值得重视。

佛教戒杀、护生的主张体现了对生命的敬畏。西方学者史怀泽提出了“敬畏生命”的伦理学说，他在非洲生活期间，对于在显微镜下才可以看见的白色结核病菌残忍地杀死儿童，感到震惊和痛苦；对于自然界的昆虫用毒刺将毛虫折磨致死，感到困惑不解。史怀泽以其特有的慈悲心肠，号召人类“摆脱自己的偏见，抛弃我们对其他生命的疏远性，与我们周围的生命休戚与共”，并且身体力行，积极实践自己的伦理思想。史怀泽的这种理论与实践与佛教的生命观实质一脉相承，也凸显出佛教生命理念的现实价值。

佛教徒独特的生活方式具有很高的生态价值。这集中体现于素食、放生、美化寺庙等行为中。当代佛教徒的生态关怀则主要表现为和平运动与生活环保。素食是以食用植物为主体的饮食方式，为汉传佛教所遵守，是落实不杀生戒的有力保证。素食的根本目的是在生活中培育人的慈悲佛性。今天，动物种类正在以前所未有的速度消亡，其中很重要的一个原因，就是被人类残杀了。可以肯定地说，素食对于保护动物的多样性具有

直接的促进作用。

二、佛教平等观关于人与自然关系的伦理启示

（一）正确认识人在宇宙中的地位

对人在宇宙中地位的认识，直接决定了关于人与自然之间关系的态度。现代西方生态文化思潮的一个基本理念就是生态整体观，倾向于将生态环境看作一个有机的生态系统整体，人是生态系统整体中的一个有机组成部分，对传统的人类中心主义观念进行了批判反思。佛教从众生平等的观念出发，赋予自然万物与人以平等的地位，把人与自然的关系上升到伦理关系的高度。这种对人的宇宙地位的定位，既充分体现了佛教尊重自然、尊重自然生命的博爱精神，同时对于今天人类面临的诸种生态问题的解决无疑是一种正确的思路。

陈兵在《佛法在世间》一书中有这样一段话："佛学的价值，首先在于它以禅思开发的超越性智能，以全世界为坐标，冷静审视人类在宇宙中的地位和人生的根本问题，揭露人生的缺陷，指出人类文明创造活动的目的，终在突破现前的痛苦、无常、不自由而趋向永恒、幸福、自在。人与自然、人与人的矛盾虽是阻碍人类实现这一目的的直接障缘，但是两种矛盾，终以人与自身的矛盾为本。"① 也就是说，人与自然关系的正确解决，取决于对人本身问题的解决，而能否正确定位人的宇宙地位是关键。佛教对人在宇宙中的地位的认识是建立在理性人道主义基础之上的，对于今天人类颇具启发意义。现代人类物质文明的进展愈来愈快，在不断征服自然解决人与自然矛盾的过程中，物质财富急速增长，却也招来自然界的无情报复，导致生态失衡及种种人与人矛盾的激化、和自己精神家园的疏离。表明人类对创造文明的目的、路线和创造活动的价值、后果，即对人类自身在宇宙中的地位，缺乏明晰的自觉。

佛教平等观在其基本理论"缘起论"的基础上，认为人只不过是自然万物中的一分子，没有任何独特之处。人与自然界中的一切万物都是一种"此有则彼有，此无则彼无"的相互依赖、相互制约关系。正是基于这种关系性思维，佛教教义否定了任何生命主体自身的优越感及其在世界中的

---

① 陈兵：《佛法在世间》，中国时代经济出版社 2008 年版，第 232 页。

优先权，从而最终否定一切自我中心论，达到物我一体，并在此基础上勾勒了把持生命所应奉行的无我、平等、慈悲、民主、超越等生命道德律令。佛教对人的这种宇宙定位，打破了人类中心主义的人类至上的观念。

佛教是怎样分析人的宇宙地位的呢？佛教把人和宇宙间其他一切有情识的生物，称为“有情”“众生”，把与之相对的草木、山河、大地、土石等称为“非情”或“无情”，宣称众生平等，意即宇宙间所有的生命在地位上是一样的，没有高下之分。但在宣称众生平等的同时，佛教又提出了“四圣六凡”的划分。把宇宙间的一切生命体分作十类，称为“十界”，其中四类是“圣者”，六类为“凡夫”。四圣指四种已经证悟得道、获得根本解脱的生命体，即声闻、缘觉、菩萨和佛。六凡又称“六道”“六趣”“众生”“有情”，指处在欲界、色界、无色界三界之内的六种生命体。六凡是没有超脱生死轮回、获得解脱的凡庸者。这些没有解脱的凡夫，依据其所处的善恶业果境地的不同，分为六个层次，从高到低分别为天（天界众生）、人、阿修罗（有神通和威力却无德性的大力鬼神）、畜生、饿鬼、地狱。佛教把六凡之中的天、人、阿修罗称为“三善道”，地狱、饿鬼、畜生称为“三恶道”。人的位置在天之下，阿修罗之上，处于六凡中的第二个层次，而六凡的地位又在四圣之下，所以从总体上来说，与基督教和伊斯兰教的观点不同，在佛教看来，人类在宇宙中的地位不具优势，是比较低的。正如方立天所说：“人不是宇宙的主人，不处在宇宙的中心地位，人的上面有天和其他更高的圣界，人属于凡界……人类所处的现实世界也是没有价值、意义的，是应当超脱的，这就是说，人格价值、人的类价值是不高的。”①

人在宇宙中的地位不具特殊性，但是，佛教同时又认为“人身殊胜”。人具有三类“殊胜”：一是忆念力殊胜。就是说人的思维能力是其他五道众生无法比拟的。人善于思维，人类具有丰富的记忆力，故能记取前人的经验而发展；人能用思维观察等。二是梵行力殊胜。就是说人类有同情心、慈悲心、惭愧心，能自觉按道德规范约束自己，自控欲望，自己净化自心。三是勇猛力殊胜。就是说人为了实现自身的价值，勤劳而勇敢，为了实现自己的理想甚至可以杀身成仁。在这里，佛教也肯定了人和动植物两类有情众生的差异，肯定人在万物生命状态中的特殊性，认为“人之特

① 尚九玉：《宗教人生哲学思想研究》，北京师范大学出版社2000年版，第84页。

性，具有造作、思想、觉悟之自由活动的能力”，正如释昭慧法师所说：“佛法认为，在感知苦乐的能力方面，众生是平等的，因此都应为道德受体；但是动物的知情意，受限于其报体，因此未若人类之发达。……但人也大可不必于‘人类’起不变、独存之自性见，而产生身为‘人道众生’的优越感。人类沙文主义只是无法洞烛缘起法则的愚痴相。”①“人类殊胜”绝不意味着“唯人独尊”，相反，只是为了强调，因为人有思想意识、道德情感，从这个角度讲，人高出于其他类众生，人是道德主体，人应该为自己的行为承担责任。

体恒法师《略论佛教“缘起”思想的生态价值》② 中揭示，“依正不二”原理表明我们所处的环境是由我们自己及他人所造的善业或恶业造就的，因而我们对所处的环境状态负有不可推卸的责任。

（二）正确认识自然万物的价值

佛教平等观在人与自然的关系问题上给今天人类的启发还表现在对自然万物价值的正确肯定。佛教基于平等理念肯定自然及其他生命具有独立于人的内在价值。这与传统观念认为只有人才具有内在价值，人以外的其他生命只具有工具价值的观念大相径庭。佛教中大量记载有不惜生命救护动物的事例就是证明。

佛教蕴含着深刻的生态意识，通过解读佛教经典，考察古往今来佛教徒的实践，都可以清楚地看出这一点。中国社会科学院世界宗教研究所的魏德东认为，佛教的生态理念主要表现在它的自然观、生命观和理想观三个方面。佛教的自然观、生命观从“一切众生皆有佛性”命题可以得到集中体现。这一命题充分肯定了自然万物的价值。佛教徒将自然看作是佛性的显现，认为万物都有佛性，都有自己的价值。中国天台宗大师湛然将此明确表述为“无情有性”，即没有情感意识的山川、草木、大地、瓦石等，都具有佛性。这实质上包含着这样的精神：世界万事万物的存在都有其不言自明的理由和价值，绝不能以人为中心而伤害其他事物，而只能和它们和平共处。禅宗更是强调：郁郁黄花无非般若，青青翠竹皆是法身，大自然的一草一木都有其存在价值。正是基于这一缘由，佛教特别强调清净国

① 台湾释昭慧（Chao - HweiShih）：《有关“自然律”与“自然道德律”之佛法观点》，台湾：《哲学与文化》2006 年第 33 卷第 3 期，第 97 页。

② 体恒：《略论佛教“缘起”思想的生态价值》，佛学研究网，“首届世界佛教论坛论文”网址：www. WUYS. com。

土、珍爱自然是佛教徒天然的使命。佛教的这种自然价值观对于今天保护自然、有效制止生态危机无疑具有积极意义。①

1962 年，美国海洋生物学家蕾切尔·卡逊在《寂静的春天》中发出了一个可怕的关于“明天的寓言”：在美国中部的一片整齐、繁荣的农场中央坐落着一个城镇。春天，繁花点缀在绿色的原野上，秋天，透过松林的屏风，橡树、枫树和白桦闪射出彩色的光芒。即使在冬天，道路两旁也是美丽的，那儿也有无数的美丽的小鸟飞来。洁净而又清凉的小溪从山中流出，形成了绿荫掩映的生活着鳟鱼的池塘……直到许多年前的一天，情况才发生了变化：一些不祥的征兆降临到村落，神秘莫测的疾病袭击着成群的小鸡，大批的牛羊发病而死亡，到处是死神的幽灵，农夫们诉说着他们家庭的不幸，医生们则为此感到困惑莫解。这是一个没有声息的春天。这儿的清晨曾经荡漾着乌鸦、鸫鸟、鸽子的合唱以及其他鸟的声浪，现在一切都没有了，只有一片寂静覆盖着田野、树林和沼泽。曾经是多么吸引人的小路的两旁，现在只有焦黄的、枯萎的植物和失去了生命的小溪。被生命抛弃了的地方只有寂静……这个寓言有些危言耸听，但给人类的警醒却如醍醐灌顶。

人类生态环境的严重破坏已是有目共睹的事实：空气污染、土壤沙化、资源贫乏、水危机、生态失衡……分析其原因不难发现，执著“人类之我”、认为万物皆受人类主宰的人类中心主义是这一灾难的罪魁祸首。“众生平等”“一切众生皆有佛性”的佛教自然万物观则打破了人的这种优越感，剥夺了人对自然万物的随意屠戮权。关于这一点，日本著名佛教学者阿部正雄作了很贴切的分析：“佛教关于人与自然关系的见解可以提供一个精神基础，在此基础上，当今人们所面临的紧迫问题之一——环境的毁坏——可以有一个解决的方法。这个问题与人类同自然的疏离紧密连结，它起因于人类中心主义，由此人们把自然仅仅视为一个障碍或实现其自私目标的手段，因而不断地寻找利用它或征服它的方法。作为佛教涅槃之基础的宇宙主义观点并不把自然视为人的附属物，而是把人视为自然的附属，更准确地说，是从‘宇宙’的立场将人视为自然的一个部分。因此，宇宙主义的观点不仅让人克服与自然的疏离，而且让人与自然和谐相

① 魏德东：《佛教的生态理念和实践》，《中国宗教》1999 年第 2 期，第 16 ~ 17 页。

处又不失其个性。”[①] 阿部正雄所说的“宇宙主义”正是“众生平等”“佛性平等”的体现。

佛教平等观具有万物平等的生态价值观念。佛教从佛性的内在性，万物都能成佛的角度承认了万物的平等性。现代生物学和遗传学证实，人类和生命都是由基本的细胞单位组成，并且大多都具有相同的遗传机理。人类作为生命，与其他所有生命都有共同的根源，都具有共同的本质。因而从原则上讲，人类与所有生命物都是平等的，并没有特殊的地位。佛教平等观蕴涵的伦理情怀，不仅仅局限于动植物等生物生命，而且包括整个宇宙生命在内，因而，佛教讲“无情有性”“有情、无情，皆是佛子”，包括生物生命在内的所有万物在佛性面前都是平等的。

所有佛教派别都具有众生平等与万物平等的价值观。中国佛教的天台宗、华严宗和禅宗等承认，一切众生都具有佛性，佛与众生，由性具见平等，尤其是禅宗认为大自然的一草一木都充满着生趣值得人们去珍爱，所谓“青青翠竹，尽是法身；郁郁黄花，无非般若”就是最好的诠释。罗尔斯顿评价说：“禅宗在尊重生命方面是值得人们钦佩的。它并不在事实与价值之间、在人类与自然 之间标定界限。在西方人看来，自然界并没有内在的价值，它通过科学和技术的力量，才逐渐有了其作为工具的价值。自然界不过是一种有待开发的资源。而禅学并不是人类中心论，并不倾向于利用自然，相反，佛教许诺要惩戒和遏制人类的愿望和欲望，使人类与他们的资源和他们周围的世界相适应。我们知道禅宗懂得如何使万物广泛协调，而不使每一物失去其自身在宇宙中的特殊意义。”[②]

针对现代工业文明的破坏性后果，一些持客观冷静态度的学者认为，应当在寻找科学的、法律的手段解决生态环境危机的同时，寻找道德的手段去改造人心，从而禁止和限制人们对自然的一些错误做法，20 世纪中叶以来的各种生态伦理理论就是这样应运而生的。“在生态伦理学中，道德对象的范围从人类共同体扩大到人——自然共同体，有资格接受道德关怀的不再仅仅是人，还有物……它不是单纯把人而是把人与自然系统当成目

① ［日］阿部正雄：《禅与西方思想》，王雷泉、张汝沦译，上海译文出版社 1989 年版，第 247 页。

② 罗尔斯顿：《尊重生命：禅宗能帮助我们建立一门环境伦理学吗》，《哲学译丛》1994 年第 5 期。

的，不是单纯以人而是以人与自然系统的优化作为价值评判的尺度。”[①]

佛教对自然万物价值的肯定，是基于众生六道轮回的平等、佛性平等的佛教理论，而不是像西方生态伦理学那样通过界定动植物的“权利”或者“价值”得出结论，从而避免了当代西方生态伦理学所面临的理论困境。因为，权利、价值等只是人类的概念，并不具有普遍必然性，权利是一种约定，但人和动物之间显然是不可能进行约定的；其次，对于极其复杂的生态系统，依靠人类的现有技术水平，也无法确定某种动物、植物的真正价值。[②]

（三）改善人类生产和生活方式，促进人与自然的协调发展

马克思指出：“在实践上，人的普遍性正表现为这样的普遍性，它把整个自然界——首先作为人的直接的生活资料，其次作为人的生命活动的对象（材料）和工具——变成人的无机的身体。自然界，就它自身不是人的身体而言，是人的无机的身体。人靠自然界生活。这就是说，自然界是人为了不致死亡而必须与之处于持续不断地交互作用过程的、人的身体。所谓人的肉体生活和精神生活同自然界相联系，不外是说自然界同自身相联系，因为人是自然界的一部分。”[③]如果人类不保持自身与自然的和谐统一，那就会危及自身的生存发展。所以，当今世界出现的生态、环境、人口、资源等全球危机问题，并不单纯是自然系统内平衡关系的严重破坏，实际也是人与自然关系的严重失衡。恩格斯早就提出了自然界“对人进行报复”以及“人类同自然界的和解”问题。经典作家都认为应当合理地调节人与自然之间的物质变换，在最无愧于和最适合人类本性的条件下进行这种物质变换。在这里马克思恩格斯实际上从人与自然的关系角度指出了人类应有的合理的生产和生活方式。

佛教基于众生平等的理念论证了人类应有的合理行为方式。首先，佛教关于“众生”的理念体现出佛教对自然万物的尊重。“众生”是佛教的一个重要概念，它表述了佛教关于人类与其他生命物种、人与自然之间关系的基本观点。在它的视野中，人类与其他的生命物种之间没有高下、贵贱之分：一切“众生平等”。基于这种认识，佛教制定了一系列戒律保证

---

① 刘湘溶：《生态文明论》，湖南教育出版社 1999 年版，第 182 页。

② 龚晓康：《“无情有性”与“众生平等”——佛教与当代生态伦理学的比较研究》，《自然辩证法研究》2003 年第 8 期。

③ 《马克思恩格斯选集》第 1 卷，人民出版社 1995 年版，第 45 页。

这一“众生平等”的具体落实。比如，佛教从一切生命都具有贪生怕死的感受出发，从慈悲的立场和避免杀生恶业的角度，制定了不杀生的戒律。不杀生包括不杀鸟兽虫蚁、不乱折草木等。体现了佛教肯定一切生命价值的平等精神。佛教戒律规定不得随意砍伐树木，菩萨戒还规定佛弟子不得焚烧山林，显然赋予了人与自然之间以伦理关系。从今天的生态伦理角度来看，这种戒律实际上建立起了一种敬畏生命、善待万物的生活方式。这与西方思想中以居高临下的人类中心主义心态来看待、处理人类与其他生命物种关系导致的结果不同，至少佛教的思想与实践起到了平衡生态系统、保护生态环境的积极作用，对当今社会的生态伦理和环境思想具有重要的借鉴意义。

其次，佛教以素食、放生，节俭惜福、节制欲望，植树造林等环保行为作为其生态伦理实践的基本内容。素食即不吃肉，提倡食用植物作为主要的饮食方式，以此来保护动物的生存权利。素食是中国佛教的传统美德，为汉传佛教所遵守，是落实不杀生戒的有力保证。素食的根本目的是在生活中培育人的慈悲佛性。今天，动物种类正在以前所未有的速度消亡，其中很重要的一个原因，就是被人类残杀了。可以肯定地说，素食对于保护动物的多样性具有直接的促进作用。历史上，我国汉族地区僧人从梁武帝时代开始，即全面实行素食，以米、豆、杂粮为主食，佐以蔬菜、瓜果，不沾荤腥。据医学研究证明，人类起源于灵长类动物，无论是牙齿还是肠胃结构，都宜以素食为主。现代文明病如高血压、冠心病、糖尿病、肿瘤或过度发胖等均与饮食高脂、高糖、高盐食品有关。而素食清淡、鲜美、营养丰富，不易伤脾胃，的确是一类有益健康、长寿的理想食品。所谓放生，就是用钱赎买被捕的飞禽走兽鱼鳖等动物，将其放回森林、江河、山野，使其重获生命自由。如果说戒杀是消极地止恶，那么放生乃是积极地行善。放生是戒杀、素食的发展，如果说不杀生、食素是对生命的消极保护，那么放生就是对生命的积极保护。其中，素食、放生体现了对生命的尊重和爱护；节俭惜福、少欲知足的简朴生活观是一种符合生态观念的生活方式，提倡超越单纯物质生活追求，注重内在高层次精神自觉的生活观，启发了一种不同于现代功利主义追求的生活路向。佛教提倡“心净土净”的伦理实践，要求清净人们的心地，去除人们的贪婪之心，启示我们在生态保护中应重视人类心灵的建设，而不是片面强调技术的发展。

佛教徒的最高理想是升入极乐世界。佛教关于极乐世界的描述中，体现出了佛教对理想生态的设定。极乐世界是无苦有乐的世界，具体内容包括：第一，极乐世界充满秩序，井井有条。第二，“水”是生命存在的基本要素，极乐世界有丰富的优质水，称为“八功德水”。第三，极乐世界有丰富的树木鲜花，如各种颜色的莲花等，香气芬馥。第四，极乐世界有优美的音乐，使人快乐。第五，极乐世界有增益身心健康的花雨，使人们身心适悦而不贪著。第六，极乐世界有奇妙多样的鸟类。第七，极乐世界有清新的空气。显然，佛教的极乐世界，蕴含着丰富的生态学内容。从生态角度讲，现代工业化社会高消费、高环境影响的生活方式是一种违背生态学原理、缺乏生态活力的寄生型、高风险的生活方式。在越来越依赖于电、水、气、车和人工合成化学品的过程中，人越来越脆弱，也越来越背离自然。只有当人们的生活方式与自然相和谐，让行为有利于保护环境而不是削弱环境，生态健康的目标才有可能实现。《梵网经》卷下“第四十五不教众生戒”提到，“菩萨人一切处，山林川野，皆使一切众生发菩提心”。与人、畜、自然、山林川泽的和谐相处是佛教的基本信念之一。也正因如此，一般来说，凡是佛教寺院所在的地方，僧人们总是不断地努力植树造林，保持环境幽雅洁净。

总之，佛教的第一要旨就是要做到与宇宙和生命中的“法”相一致，从而走出一条人与自然相生相融的道路。诚如英国历史学家汤因比所言：“佛教把自然的包罗万象和一切众生普遍存在的生命之法，作为自己的根本宗教。”①

① ［英］汤因比、［日］池田大作著，荀春生等译：《展望21世纪》，中国国际文化出版公司1885年版，第382页。

结　语　对待佛教平等观的应有态度及马克思主义的平等观

平等，是人类在久远的古代就开始追求，但迄今都没有完全实现的理想。既是人们的理想，又是人们的价值追求，罗纳德·德沃金（Ronald Dworkin）将其称之为“至上的美德”。在今天时代，平等观念已深入人心，和平与发展成为世界的主题，我国明确提出了构建社会主义和谐社会的战略任务。社会主义需要怎样的平等，应树立怎样的平等观，以怎样的平等观念促进社会主义和谐社会的构建，是我们急需回答的问题。

佛教平等思想属于宗教学说，但也是人类的历史文化遗产，它是从一个特殊视角对人类的道德生活、道德的本质、生命的意义、人的完善探寻后所得出的道德认识成果。我们今天研究佛教平等思想，不能停留于探讨中国传统文化的内容特质和发展规律，还应该发掘其中现代文明建设可资利用的精神资源，用以建构具有中国特色的社会主义道德体系。

方立天认为，“若能有分析地吸取佛教的平等理念，来调整人的价值取向，改变人的心态，转换人的意识，提升人的智慧，必将有助于人类某些矛盾、问题的解决。”① 在目前社会转型时期，由于价值观念出现了嬗变和重组，导致了部分人的信仰危机、思想迷惘和道德失范。佛教平等精神的豁达从容，能使人“不以物喜，不以己悲”，找准自己人生的价值坐标和理想追求，坚定不移地完成人生的历史使命。在市场经济变幻莫测的大海中，许多人因激烈竞争，“适者生存”而向拜金主义、享乐主义和极端个人主义沦落。佛教平等理念的恬淡和高洁姿态能使人“出污泥而不染”有利于提升社会道德和个人道德。“佛教的平等思想既可以为改变社会的不平等现象提供思想理论支持，也可以为平等的社会交往和平等的社会关系的建构提供条件和活动方式……佛教的平等思想及其社会功能，完全可

① 方立天:《佛教平等理念对和平与发展的启导意义》,《中国宗教》2004 年第 1 期。

以与社会主义社会，尤其是社会主义精神文明和政治文明建设事业相适应。”①

学者们的观点充分表明了我们对待佛教平等观的应有态度，用马克思主义唯物辩证法的观点就叫做“扬弃”：既肯定又否定，既克服又保留。肯定其历史地位和意义，保留其合理精神，否定其消极避世的出世追求，克服其负面作用。

一、佛教平等观的积极性

（一）佛教平等观的历史积极作用

佛教平等观以追求出世解脱为最高理想，表达了对永超苦海的极乐世界的向往，透露出对人生永恒幸福的一种追求。佛教作为一种本质上追求出世的宗教，其立论的基点是对人生所作的“一切皆苦”的价值判断，其根本宗旨即在于把人从现实的人生苦海中解脱出来，佛教的全部理论学说都可说是在论证解脱的必要性和可能性，所谓“四谛”“五蕴”“八正道”“十二因缘”“三法印”等基本的教义，其重心都在于说明万法无常、缘起无我，从而揭示人生痛苦的本质及其原因，并为人们指出超脱生死轮回、达到涅槃解脱的途径与修行方法。但是，佛教实现解脱的重要理论基础业力果报论，具有两个特点：一是强调“业力”而否定天帝、鬼神等外在的赏善罚恶的主宰或执行者；二是强调业报的“自作自受”，否定他人（包括子孙和其他家族成员）代为受报的可能性。这种业报轮回说把人的遭遇和命运的主动权交到了人们自己手中，从而把人引向了“诸恶莫作，众善奉行”的人生道德实践，强调通过自身的努力来实现美好人生，显然蕴涵着劝人向善、积极进取的精神。② 正因如此，佛教平等观具有其他宗教平等思想所不可具有的价值。

佛教的平等观所倡导的精神，不但解救了当时印度民间的疾苦，也解救了千百年来人类精神的饥渴：使人皆可以提升自己，实现追求自由、达到解脱的理想。

释迦牟尼创立的佛教在印度具有划时代的意义，它是在反当时印度的

---

① 王利耀、余秉颐主编：《宗教平等思想及其社会功能研究》，安徽大学出版社 2006 年版，第 57 页。

② 洪修平：《中国佛教文化与现代社会人生》，佛源主编《大乘佛教与中国社会》，东方出版社 2003 年版，第 81 ~ 82 页。

传统思想并补救各种思想的偏蔽条件下产生的。在吠陀文明开始至沙门，经历了种种思想上的斗争和转变，他们由信仰多神开始，以后转向单神教、一神教、一元论、梵我论、唯物论、实在论、顺世论、宿命论、不可知论、常见论、断见论，但都思想纷繁而无一能消除现实人生的迷妄。佛教的成功，主要因为佛陀能针对时弊，一方面在义理上补救了传统及新兴思想的偏蔽，另一方面用实际行动否定不合理的种姓制度，从而受到中下层的拥护，使它成为当时最大的沙门团体之一。佛教思想在民间广为流传，影响很大。广大的劳动人民把精神寄托于佛教，佛教的道德准则也就自然成为他们的行为规范和准则，成为他们情感满足、心理平衡的支撑点，使他们苦难而平凡的一生得以安宁度过。

佛教是以反婆罗门教的姿态登上历史舞台的。为了反对婆罗门教关于有万能的造物主（大梵天）和不死的精神主体（神我）等说教，破除古代印度社会实行的种姓制度的神学基础，释迦牟尼创立的佛教以“缘起”和“无我”作为其全部思想学说的理论基础，通过否定神意和神创说而大力倡导“众生平等观”。虽然佛教主要是从解脱论的角度提出问题的，强调的是在解脱面前的人人平等，但其中体现的人人平等的精神，在古代印度社会发挥了积极作用，具有积极意义。

佛教传入我国后，佛教平等思想在我国历史上特别是近代发挥了不可忽视的重要作用。在中国伦理思想史上，没有哪家哪派像佛教这样明确地、大张旗鼓地宣传平等思想，尽管儒家有着悠久的民本思想，但是从根本上来说，儒家开展不出人人平等的观念。相比之下，佛教倡导的“众生平等”可以说是第一次在中国历史上确定了平等的社会观念。尽管佛教只是一种入世与出世的宗教，但是由于佛教进入到中国的世俗生活后必然影响到中国的社会政治，因此，佛教的平等思想是中国历史上最彻底的社会平等观念，它打破了中国传统的宗法等级制，也直接影响了近代思想家们的社会改革观念。

正如学者许颖所言：“佛教的平等观在近代中国成为先进人物启发民智、激发民气、改变等级社会传统造成的国民奴性人格的思想武器。”[①] 近代以来，中国社会开始了推翻专制统治建设民主社会的历程，在反对专制的斗争中，维新派与改良派都不约而同地吸取了佛教平等观念作为自己的

① 许颖：《论佛学对康有为、章太炎和太虚平等思想的影响》，《中州学刊》2007 年第 5 期。

思想武器。麻天祥教授也这样说道："近代思想家从理论到实践基本上全盘接受了佛家平等观念。他们普遍认为平等之说，起自浮屠，而'以天纲人，世法平等'、'破我执'、'复平等之礼'则是采用佛家的思辨方式，对平等的逻辑阐释。"① 例如，杨仁山提出"转七识为平等性智"，使"天下人无不同仁"。谭嗣同继其后，利用法相唯识的学说，结合近代科学知识，详细论述了识浪流转之义，进一步证明人我相通、平等互爱完全是自然法则，把其政治哲学的平等内涵纳入了宗教哲学的范畴。他接着分析说，正是佛说平等和20世纪民主意识的认同，形成了康有为人相我相众生相皆为幻相，故人我一体，众生一体的平等观，以及章太炎在肯定众生平等的基础上，进一步强调一切"情界""器界"万物平等的齐物观，大大丰富了民主的思想内容。康有为认为"兼爱无弊"，要求"既爱我又爱人"，断言"百年之后，必变三者，君不专，臣不卑，男女轻重同，良贱齐一。呜呼！是佛氏平等之学矣"。谭嗣同针对三纲之祸，提出"相忘则平等"的思想，章太炎"齐文野"的普遍平等观念，以及蔡元培"无君民权"的佛教护国论，杨度"本来无我的平等之心"，都是思想家利用佛门平等之教，同当时宰制天下的纲常名教、封建统治的罗网，乃至"志存兼并""怀着兽心的强国"进行抗争的理论武器。②

（二）佛教平等观的理论贡献

一方面，佛教平等观立足于道德的立场和观点讨论平等问题。平等问题是西方政治哲学的关注重心，而西方政治哲学的平等观念的历史表明，"以道德的尺度衡量社会的平等与否，已经成为西方社会平等思想演衍的内在规定和主导原则。或者说，脱离或超越道德的立场和观点去讨论平等问题，已经很难获得和达成广泛的社会认同和社会共识。"③ 西方政治哲学家罗尔斯认为，平等作为一种社会制度，不能只从政治的和经济的方面去考虑，而且必须从道德方面去考量，即看它是否正义。而从道德的立场和观点出发思考和讨论平等问题，正是佛教的优势和特长，从此意义上说，佛教平等观思想有可能为人类平等思想的深入拓展作出独特贡献。

另一方面，佛教平等观拓展了平等对象的范围，实现了最大限度的平

① 麻天祥：《20世纪中国佛学问题》，武汉大学出版社2007年版，第20页。

② 麻天祥：《20世纪中国佛学问题》，武汉大学出版社2007年版，第21页。

③ 王利耀、余秉颐主编：《宗教平等思想及其社会功能研究》，安徽大学出版社2006年版，第50~51页。

等，从此意义上讲，佛教平等观是最彻底的平等思想。在前面的论述中已经指出，佛教的平等观所讲平等包括四个方面内容，即人与人之间的平等、众生平等、众生与佛平等、众生与无情平等。世俗社会中所讲的平等主要是人与人之间的平等，无论是权利平等、机会平等、精神平等、社会平等，都不出人类范围。

“众生与佛的平等”则使得佛教区别于所有其他宗教平等观，无论是基督教、伊斯兰教都主张人之外有一个至高的神存在着，它们所强调的平等是在造物神前提下的平等，在造物神与被造的人之间是永远没有平等可言的，相反，在神与人的关系问题上，神是人的主人，神是人的中心，因此，人要绝对服从神。只有佛教否认主宰神的存在而成为真正意义上的无神宗教，强调众生与佛平等不二，认为佛不过是觉悟了的人，且佛教所讲的觉悟是人自己的觉悟，是人修行的结果，不是来源于神灵的启示。众生与佛平等充分体现出佛教以人为本的平等理念。这种平等“取消了世俗等级观念在天国的反映，所以佛教之神有许多，天道、色界、无色界诸天都是神，但没有一个最高的能创造万物的主宰神，三界诸神均为平等众生，既无创世之功，也无救世主的能耐，更不能左右人的命运。即便部派佛教的部分教派和大乘佛教对佛祖释迦牟尼作了神化，但他仍非救世主，仍不能赐给人幸福。”①

“众生平等”特别是“众生与无情平等”使得佛教平等所惠及的对象突破了一切限制，体现出佛教平等观的巨大包容精神。世俗平等理论把平等仅仅局限于人与人之间，从而导致了现代人类处于一系列灾难性关系之中，尤其是人与自然万物之间。从伦理关系角度看，世俗平等观念把伦理关系局限于人类之间，而佛教平等观所指涉的伦理关系则更广，涵盖了一切生命之间的关系，这种平等精神是一种美德，更是一种生命智慧。佛教平等观的这种美德和生命智慧，对于生态环境日益恶化、物种日趋减少、人类因利益而争端不断、战争阴影笼罩的今天显然极具思想价值。

二、佛教平等观的消极性

从历史上看，在剥削阶级统治的社会里，佛教思想的消极作用是显而易见的。佛教宣扬一切皆空、超脱尘世、因果报应、天堂地狱、容忍调和

---

① 祁志祥：《佛学与中国文化》，学林出版社 2000 年版，第 7 页。

等，就是直接或间接地麻痹人民的革命意识，逃避现实，放弃斗争，从而维护封建专制统治制度。佛教平等观作为佛教的根本教义之一也不例外。

佛教平等观所追求的平等的实质决定了它的局限性。

（一）佛教平等观的实质

佛教的平等就是“无差别”的意思，佛教认为，差别只是万有的“自相”，只是现象界的特征，是由众生不同“业力”造成的幻象，是不真实的，万有在“缘起”的本质上都是平等的。因而，佛教平等观所追求的实质上是一种超越现实的精神层面的平等，这种特征使其不能不带有浓重的虚幻不实的色彩，往往易于脱离尘世的社会生活，脱离现实的经济、政治、思想实际而陷入玄虚。它所追求的平等难以落实。虽然佛教平等观强调“生死与涅槃不二”“世间与出世间不二”等，表明它并不绝对地排斥入世，甚至实际上起到了沟通佛教的出世理想与现实人生的联系，但是这些终究不过是为其最终出世目的服务的手段，是“俗谛”而非“真谛”。也就是说，佛教平等思想从根本上说关注的不是“现世”生活中的平等，而是“彼岸”世界的平等，它并不将平等诉求在现实世界、现实人生中的实现作为自己的最终追求，超越现实、皈依彼岸才是佛教平等观的终极价值取向。

杜继文、魏道儒在《中国禅宗通史》一书中评价禅宗时有这样一段话：“禅宗之禅的基本趋向，在于摆脱世事的烦恼，求取精神上的谧静、安适。不论其表现为淡泊或炽热，往往带有内省式的深邃和轻淡的消沉，充塞着悲凉的超脱，给人一种难以言说而颇耐寻味的意象。因此，它的本性是向内的，不容向外；只许以静态的心理驾驭生活，不允许外在环境制约自己的认识和情绪。……它在理性主义和功利主义垄断全部精神世界的社会条件下，在调节心理，唤醒某些被窒息欲死的情感和情操方面，不无积极意义。但说到底，禅宗追求的解脱，仅限于精神领域；它的自由，只是自我的主观感受，对于羁绊人的实际枷锁和物质条件，毫无触动。因此，它只教人顺应环境，而不是改变环境；只教人安于生活，而不是创造生活。……它的长处和短处，都可以从‘忍’中发掘出来。”① 我以为，这个评价同样适合佛教的平等观思想。

佛教提倡一切众生悉皆平等，反对等级制度，有助于唤醒人们建立合

① 杜继文、魏道儒：《中国禅宗通史》，江苏古籍出版社 1995 年版，第 17～18 页。

理的人际关系的自觉性，然而，它所说的平等并非现实社会生活中的平等，不是对社会政治、经济、法律等各方面平等的追求，而是对万有因缘和合而有的“空”“无自性”的彻悟。“实际上，它没有也不会给现实不平等的社会造成任何真正的危害，更不提倡以实际行动去改变不平等的现实。相反，它在中国社会发展传播的千余年历史中，始终起着维护现存的不平等的社会制度的作用。”①

（二）佛教平等观的局限性

佛教平等观的局限性主要表现为三个方面：最终价值取向的虚幻性；平等实现方式的软弱性；理论前提的抽象性。

首先，佛教平等观最终价值取向的虚幻性。

佛教平等观以追求出世解脱为最高理想，因而佛教追求的实质是一种超人间的平等理想，其本质特征是在精神上、信仰上追求平等，不是在现实社会生活中、在人们的权益方面追求平等，因而从根本上说佛教的平等只能是一种虚幻的平等。佛教平等观将终极关怀投注在神圣的“涅槃彼岸”，这就决定了对现实生活的轻视、回避乃至否定。佛教虽然强调“人身难得”，从一定意义上肯定了现实人生，但其肯定现实人生的理由仅仅在于生而为人更有利于佛法的修习。也就是说，在佛教看来，现实世界不过是人们通过修行而进入彼岸世界的桥梁，世间的现实生活对于人来说，只具有过程的意义，而没有终极意义。不仅如此，而且在佛教教义看来，人们对现实生活的祈盼、执著和追求甚至是净化灵魂、回归净土或往生极乐世界的障碍和羁绊。

释迦牟尼正是基于社会的不平等和人民生活的困苦创立了宣扬平等的佛教。但是，佛教解决人生问题的方式是否定性的，不是以人为中心，而是以佛为导向，对现实问题的解决采取了超现实的方式。这就决定了佛教平等观的最终价值取向的超人间性：涅槃成佛。佛教所说的涅槃，指的是一种精神绝对自由，是与现实人生截然不同的一种没有任何痛苦和烦恼的神秘境界。也就是说佛教平等观的终极追求是具有超越性的解脱上的平等，这种平等只能在彼岸世界，无论是印度佛教还是中国化的佛教都不例外。

其次，平等实现方式的软弱性。

---

① 张怀承：《涅槃与无我——佛教伦理道德精粹》，湖南大学出版社1999年版，第204页。

最终价值取向的出世解脱也就决定了其平等实现方式的软弱性和对现实不平等的漠视和屈服。

佛教平等以涅槃解脱境界为其终极目标，怎样实现这一目标、得到最终的解脱呢？佛教给出的唯一途径是：自治其心、自净其意。绝对自由平等的境界——涅槃解脱境界是通过个人的内心体验而获得的一种终极觉悟。认为个体通过自治其心、自净其心，断除烦恼，提高精神境界，自塑完美人格，从而达到精神的绝对自由状态，也就成就了佛果。佛教的修行体系，从归依、发心到戒定慧三学、三十七道品、大乘菩萨行的六度、密法瑜伽等，都是为治理自心实现涅槃解脱境界而设计的。佛教平等观通过“三世轮回”、“因果报应”来解释人类现实的不平等，要求信仰者通过净心（禁欲）、修持（苦行）来解脱现世痛苦，以换取来世“极乐世界”。这种思路虽然可以给信仰者以莫大的精神安慰，使之得到似是而非的满足，但其实对社会无疑有其消极作用。对于现实不平等的变革是软弱的、无能为力的。

正是这种实现平等方式的软弱性，因而佛教平等观能够得到统治阶级的支持并被统治阶级利用。正如方立天先生所说，在历史上，佛教“深受历代统治阶级的兴佛或灭佛的政策和措施的制约。——凡获得统治阶级的支持，佛教就繁荣，反之，就衰竭。”[①] 统治阶级所以会支持佛教，是因为佛教能用自己的教义、教规、哲学、伦理为其服务。在为统治阶级服务上，佛教比基督教要隐蔽且文雅得多，它似乎不关心政治，更不使用也没有宗教法庭，而是通过真心实意地规劝被压迫生灵慈、善、容、忍、让，甚至要难忍能忍，忍辱无诤，不要进行反抗，更不能开杀戒、动刀枪。这表明，佛教平等观也具有“鸦片”性能，麻醉作用。

这种通过自心觉悟到达平等目标的平等观表现在现实社会生活中，对待现实问题和社会改革必然是消极忍让。

第三，平等理论论证的抽象性。

佛教论证平等的理论无论是缘起论、业力果报论都具有脱离社会现实的抽象性。佛教缘起论指出，世间万有皆由因缘和合而成，是各种条件、要素的聚集，因而不存在任何实体，万有皆为无“我”之“空”，因而诸法平等、无有差别。业力果报论认为，世间一切事物、现象的存在都是由

① 方立天：《佛教哲学》，中国人民大学出版社 1986 年版，第 235 页。

因果关系支配的，众生的存在状态的差别是由自身所造“业力”决定的，业力不可改变，业的转化是公平的，善有乐报，恶有苦报，众生的一切都是自作自受。从这种脱离社会现实的抽象前提出发解释社会现象，必然得出荒谬的结论。

对现实不平等解释的荒谬性。佛教认为人际关系的种种不平等，根源不在于社会制度，而在于主体自身。由于主体不明缘起性空而妄执我见，以自身为真实实体，才有人我、物我的种种分别，执著于我，就必然产生贪、嗔、痴三毒，因而在人际交往中以自己喜好为转移，带有主观偏好，从而造成人际关系的紧张甚至对立，造成种种不公的现象。显然这种解释没有找到问题的根本。相反，企图完全抹杀个体的个人利益追求是违背自然规律的。

业力果报论解释人类现实的贫富贵贱等不平等现象为：因缘果报、自作自受。这种主张往前展开，显然是荒谬而反动的：剥削阶级的享受、富有、显贵，是因为他们前世“积德行善”，是一种善报；受苦受难的被压迫阶级的痛苦、贫穷、低贱，是因为他们前世“使坏作恶”，是一种恶报。显而易见，佛教的善恶报应、轮回转世学说立刻就变成了统治者和剥削阶级欺压劳苦大众、为自己歌功颂德的精美的精神武器。因为按照上述逻辑，统治阶级对劳苦大众的欺压和对权力、财产的占有也可以理解为从前世带到今世的“平等”。由此也可以说明，为什么佛教能“成为中国封建社会上层建筑的一部分”。①

对于罪恶的软弱无能。在人类社会中，存在着大量的、各种各样的罪恶的事物和现象，它们造成了人生的痛苦，妨碍了人生的幸福。要获得人生的幸福，就必须从根本上消除这些罪恶的事物和现象。无疑，佛教的善恶报应论对于那些虔诚而善良的信徒具有很大的约束作用，影响着他们的行为活动。但是，对于那些不信宗教、无法无天的为恶之徒，则不具约束力量。然而，人类社会生活中的绝大多数罪恶正是由这些为恶之徒造成的。所以，要制止和消除人类社会生活中存在的罪恶事物和现象，宗教的力量是十分弱小的，必须依赖正义而善良的人们通过现实的社会活动，运用客观的物质力量。②

---

① 任继愈主编：《中国佛教史》第1卷，中国社会科学出版社1985年版，第2页。

② 尚九玉：《宗教人生哲学思想研究》，北京师范大学出版社2000年版，第228～229页。

业力果报说强调个人作“业”的作用，强调一切都是自作自受，客观上对人们的行为有一定的劝诫和约束作用。但是，应该看到，在阶级社会里，个人的命运主要是决定于阶级地位。荣华富贵是剥削阶级的特权，卑下贫贱则是被剥削阶级的命运，这种格局是很难改变的。在阶级社会里，行善者蒙祸，行恶者获福，是司空见惯的现象。所以方立天说：“佛教在伦理道德上笼统地宣传善恶祸福一致论，善得善报，恶得恶报，至多只是对个人良心的安慰。佛教把现世的祸福归结于前世所作的业，而现世所作的善业恶业死后由神明裁判，赏善罚恶，丝毫不爽，这种神学虚构实际上也等于承认现实中的善恶与祸福是不一致的。”①

从这种抽象的理论前提出发必然提倡无原则的忍让与顺从。佛教把现实人生的苦难和罪恶，视为由人性的不完满所招致的，要人们忍耐和顺从，以善报恶，以博爱的精神对待恶人，以宽容的胸怀对待恶事，并把忍耐和顺从视为重要的德行和善行。从现实生活的角度看，这种忍耐和顺从是无原则的，在一定意义上是对人类罪恶和恶人的纵容，客观上起了为虎作伥的作用，影响和妨碍了人类幸福的获得和社会的发展。按照马克思主义的观点，人生苦难的根源主要在于不合理的社会制度，以及人类不合理的欲望与错误行为。所以，要消灭人类社会的罪恶和人生的苦难，人们必须积极投身于现实社会的改造，努力变革不合理的社会制度，而不是消极地忍耐和顺从。

三、马克思主义的平等观

佛教作为中华民族优秀文化遗产的一个部分，佛教的平等精神已经深入到民族性中，完全能够在现代社会中发挥其伦理指导作用，为塑造中华民族健康的积极向上的价值观，为抵御与现代化相伴而行的物质主义做出贡献。虽然佛教平等观凸显出在现代社会仍须倚重的伦理价值，但不可忽略的是，对这种伦理价值的借助不可能是直接的，还需把其从宗教形态中剥离出来，加以改造和整理，才能真正发挥其现世伦理价值和意义。要实现这种宗教剥离，就必须有马克思主义的科学平等理论作为思想指导。

在《共产党宣言》《哲学的贫困》《哥达纲领批判》《反杜林论》及《家庭、私有制和国家的起源》等一系列著作中，马克思和恩格斯扬弃了

① 方立天：《佛教哲学》，中国人民大学出版社1986年版，第75页。

人类的平等思想，克服其历史片面性，从而在人类历史上确立了科学的平等观。

“宗教里的苦难既是现实苦难的表现，又是对这种现实苦难的抗议。宗教是被压迫生灵的叹息，是无情世界的心境，正像它是无精神活力的制度的精神一样。宗教是人民的鸦片。”① 马克思的此名言被列宁誉为“马克思主义在宗教问题上的全部世界观的基石”。这个观点包含三层意思：其一，宗教的产生有个人主观的虚幻感觉和神秘体验因素；其二，形成宗教的理论基础是唯心主义的世界观；其三，宗教的社会功能在于麻痹人们对社会制度的思考。② 这是马克思对宗教的基本观点，这个观点同样适用于佛教和其平等观理论。正是在对历史上一切平等思想包括宗教平等思想的分析批判中，马恩建立了科学的平等观理论。

首先，马克思、恩格斯反对把平等要求抽象为一种“永恒的真理”或“公理式的正义”。强调平等只是历史的发展所提出的有实际经济内容、阶级内容的具体要求。恩格斯曾简单地将经济平等归结为消灭阶级，后来马克思又作了重要补充，那就是还要——消灭分工。认为平等是不以人的意志为转移的客观历史过程。以往剥削阶级思想家从唯心主义出发，认为不平等是永恒的，从而为剥削阶级的特权等级制度辩护。马克思主义认为，平等和不平等都是随着人类社会的发展而发展的。在生产力极其低下、私有制没有产生以前，人类处于一种原始平等状态。但是随着生产力的发展，社会发生了分裂，阶级压迫、性别压迫、种族压迫、宗教压迫等逐渐形成。不平等的形式、种类、程度也都在随着社会形态的更替而变化。“文明每前进一步，不平等也同时前进一步。随着文明而产生的社会为自己所建立的一切机构，都转变为它们原来的目的反面。”③恩格斯在《反杜林论》中明确阐述：“平等的观念，无论以资产阶级的形式出现，还是以无产阶级的形式出现，本身都是一种历史的产物，这一观念的形成，需要一定的历史条件，而这种历史条件本身又以长期的以往的历史为前提。所以这样的平等观念说它什么都行，就不能说是永恒的真理。”④其实，不仅

① 马克思：《〈黑格尔法哲学批判〉导言》，《马克思恩格斯选集》第1卷，人民出版社1995年版，第2页。

② 单纯：《宗教哲学》，中国社会科学出版社2003年版，第7页。

③ 《马克思恩格斯选集》第3卷，人民出版社1995年版，第482页。

④ 《马克思恩格斯选集》第3卷，人民出版社1995年版，第448页。

平等观念的形成需要一定的历史条件，平等观念的实现更需要一定的历史条件，脱离这些历史条件来谈平等，只能是空谈。

其次，马克思主义认为社会主义社会只能实现形式上的平等。在《哥达纲领批判》一文中，马克思指出："平等在共产主义社会的第一阶段只能是形式上的平等"，而实质上"这个平等的权利还仍然被限制在一个资产阶级的框框里"①。在无产阶级在夺取胜利后，平等并未立刻得到彻底实现，我们只有随着社会生产力的不断发展，去逐渐实现无产阶级的平等。无产阶级平等的实质是要消灭阶级，从而达到真正意义上的平等。社会主义社会实现了"各尽所能，按劳分配"的原则，第一次以人的劳动而不是特权或资本作为分配的标准，是一个巨大的历史进步，但它仍有其历史的局限性。就其用"劳动"代替资本作为分配标准而言是平等的，但就其把劳动这同一个标准运用在不同情况的人身上而言又是不平等的。一方面，它默认"劳动者的不同等的个人天赋，从而不同等的工作能力，是天然特权"，因而导致劳动能力不同的人们之间在收入分配上的差距；另一方面，它撇开了人的社会生活的丰富性，只把人当作"劳动者"看待，而没有把劳动者的家庭负担等方面的需要考虑进去。因此，"按劳分配"原则在某种意义上还是商品等价交换的原则。② 所以马克思认为它所体现的平等权利"还是被限制在一个资产阶级的框框里"。马克思主义的上述观点，坚持了平等观的历史唯物主义方向，第一次从历史唯物主义的角度阐述了"平等"。

第三，马克思主义认为平等是一个类的范畴。剥削阶级思想家从为剥削和特权辩护的立场出发，认为人的能力有大小，出身有贵贱，体质有强弱，因此，人生来就是不平等的。但马克思主义所讲的人的平等不是就人类个体的具体特性而言，而是从人作为宇宙万物中的一类来讲的。"一切人，作为人来说，都有某些共同点，在这些共同点所及的范围内，他们是平等的。""现代的平等要求……更应当是从人的这种共同特性中，从人就他们是人而言的这种平等中引申出这样的要求：一切人，或至少是一个国家的一切公民，或一个社会的一切成员，都应当有平等的政治地位和社会

---

① 《马克思恩格斯选集》第3卷，人民出版社1995年版，第304页。

② 马克思主义理论研究和建设工程重点教材编写组编：《马克思主要基本原理概论》，高等教育出版社2007年版，第229页。

地位。"[①] 正是从类的层面上，马克思主义提出人类最终的理想社会"将是这样一个联合体，在那里，每个人的自由发展是一切人的自由发展的条件"[②]。在这个联合体中，自由、平等将是每个社会成员的基本特征。马克思主义认为平等是每一个人的基本权利，在这里，人已不再是某一阶级、某一阶层、某一集团的人，而是"一切人"。

马克思和恩格斯强调，不平等是分工和私有制的产物，搬运夫和哲学家之间的差别要比家犬和猎犬的差别小得多，他们之间的鸿沟是分工掘成的，而"分工和私有制是两个同义语，讲的是同一件事情，一个是就活动而言，另一个是就活动的产品而言"[③]。这就是说，马克思主义认为，只有消灭阶级和阶级差别，才能真正实现实质上的平等。恩格斯指出："无产阶级平等要求的实际内容都是消灭阶级的要求。任何超出这个范围的平等要求，都必然要流于荒谬。"[④]

最后，马克思和恩格斯的平等理念认为只有到共产主义社会才能实现真正的平等。虽然人类千百年来一直在不停地追求真正的平等，而真正的平等只有在共产主义社会才能实现。

共产主义社会是马克思主义的最终目标，马克思主义平等观的一个突出特点也表现在共产主义的平等理想上。当然，在表达自己的共产主义理论时，马克思恩格斯并没有过多地明确使用平等的字眼，但平等的理想毫无疑问地包含在里面。这一点我们从马克思对共产主义特征的描述中可以清楚地看出来："在共产主义社会的高级阶段上，在迫使人们奴隶般地服从分工的情形已经消失，从而脑力劳动和体力劳动的对立也随之消灭之后；在随着个人的全面发展生产力也增长起来，而集体财富的一切源泉都充分涌流之后，——只有在那个时候，才能完全超出资产法权的狭隘眼界，社会才能在自己的旗帜写上：各尽所能，按需分配！"[⑤] "各尽所能，按需分配"体现出马克思主义所追求的实质的平等。在这个平等的自由人共同体内，自由人的义务既是平等的——都要"尽"己所能，又是不平等的——"能"不必一样大；自由人的权利既是平等的——都可取己所

① 《马克思恩格斯选集》第3卷，人民出版社1995年版，第444页。
② 《马克思恩格斯选集》第1卷，人民出版社1995年版，第294页。
③ 《马克思恩格斯选集》第1卷，人民出版社1995年版，第124页。
④ 《马克思恩格斯选集》第3卷，人民出版社1995年版，第146页。
⑤ 《马克思恩格斯选集》第3卷，人民出版社1995年版，第305页。

“需”，又是不平等的——“需”不限一样大。这种权利和义务的平等又不平等，就达到了最大的实质平等。马恩指出这种实质平等的实现，要满足以下五个条件：第一，分工消失；第二，脑、体力劳动对立消失；第三，劳动成为第一需要；第四，人的全面发展；第五，生产力使集体财富充分涌流。社会发展到此，就实现了最大的平等。①

综合马克思主义中关于从必然王国向自由王国飞跃的理论，我们可以看出，共产主义的平等观点包含了自由与平等的同一的观点。在共产主义社会，有限的按劳分配被无限的按需分配所取代，个人之间天赋的和后天发展所造成的差别也被降低到最低限度。这无疑构建了一个自由的、平等的社会。马克思主义平等观既是无产阶级争取平等权利的理论总结，同时又是批判地继承和发展人类有史以来平等要求的创新成果，在人类历史上具有划时代的意义。当然，平等的概念不是永恒的公理，马克思主义的平等观也是随着时代的发展而不断地发展的。随着马克思主义与中国革命，尤其是与中国社会主义实践相结合，马克思主义平等观得到了不断的探讨和发展，而邓小平共同富裕理论的提出，更是对马克思主义平等观进行了历史性的发展和突破，并对中国的社会主义建设起到了无与伦比的促进作用。②

---

① 周全华：《马克思价值体系中的最大平等与终极自由》，《学术研究》2006 年第 12 期，第 13～18 页。

② 郝爽：《平等之路》，西南政法大学硕士论文，2007 年。

参考文献

一、著作

（一）经典著作

[1] 马克思：《〈黑格尔法哲学批判〉导言》，北京：人民出版社，1972 年版。

[2] 恩格斯：《反杜林论》，《马克思恩格斯选集》第 3 卷，北京：人民出版社，1972 年版。

[3]《马克思恩格斯选集》第 1 卷，北京：人民出版社，1995 年版。

[4]《马克思恩格斯选集》第 2 卷，北京：人民出版社，1995 年版。

[5]《马克思恩格斯选集》第 3 卷，北京：人民出版社，1995 年版。

[6]《马克思恩格斯选集》第 4 卷，北京：人民出版社，1995 年版。

[7]《建设社会主义核心价值体系》，北京：学习出版社，2007 年版。

[8]《孙中山选集》，北京：人民出版社，1956 年版。

（二）中文专著

[1] 陈兵：《生与死——佛教轮回说》，呼和浩特：内蒙古人民出版社，1994 年版。

[2] 陈兵：《佛陀的智慧》，上海：上海古籍出版社，2006 年版。

[3] 陈兵：《自净其心——重读释迦牟尼》，成都：四川人民出版社，1998 年版。

[4] 陈兵：《佛法在世间》，北京：中国时代经济出版社，2008 年版。

[5] 陈坚：《论佛的教育思想》，《觉群·学术论文集》，北京：商务印书馆，2002 年版。

[6] 陈世珍：《众神的起源》，北京：东方出版社，2001 年版。

[7] 陈桓：《中国佛教史籍概论》，上海：上海世纪出版集团，2005 年版。

[8] 陈寅恪：《陈寅恪史学论文选集》，上海：上海古籍出版社，1992年版。

[9] 陈泽环、朱林：《天才博士与非洲丛林——诺贝尔和平奖获得者阿尔贝特·施韦泽传》，南昌：江西人民出版社，1971年版。

[10]《大正藏》，第1、2、8、9、10、19、30、45卷。

[11]《大正新修大藏经》，CBETA版电子佛典集成，feb，2004。

[12]《大正藏》，第46卷。

[13] 敦煌本《六祖坛经》。

[14] 东方桥：《坛经现代读》，上海：上海书店出版社，2002年版。

[15] 东方桥：《金刚经现代读》，上海：上海书店出版社，2002年版。

[16] 邓子美：《传统佛教与中国近代化》，上海：华东师范大学出版社，1994年版。

[17] 邓子美：《超越与顺应——现代宗教社会学观照下的佛教》，北京：中国社会科学出版社，2004年版。

[18] 达照：《饬终——佛教临终关怀的思想和方法》，杭州：浙江大学出版社，2005年版。

[19] 董 群：《禅宗伦理》，杭州：浙江人民出版社，2000年版。

[20] 董小川：《儒家文化与美国基督新教文化》，北京：商务印书馆，2002年版。

[21] 单纯：《宗教哲学》，北京：中国社会科学出版社，2003年版。

[22] 杜继文、魏道儒：《中国禅宗通史》，南京：江苏古籍出版社，1993年版。

[23] 方立天：《佛教哲学》，北京：中国人民大学出版社，1986年版。

[24] 方立天：《中国佛教哲学要义》（上、下卷），北京：中国人民大学出版社，2002年版。

[25] 冯友兰：《中国哲学简史》，北京：北京大学出版社，1985年版。

[26] 高长江：《宗教的阐释》，北京：中国社会科学出版社，2002年版，第101页。

[27] 郭朋校译：《坛经校释》，北京：中华书局，1983年版。

［28］郭朋等：《中国近代佛学思想史稿》，成都：巴蜀书社，1989年版。

［29］高振农：《佛教文化与近代中国》，上海：上海社会科学院出版社，1992年版。

［30］贺麟：《文化与人生》，北京：商务印书馆，1996年版。

［31］何建明：《佛法观念的近代调适》，广州：广东人民出版社，1998年版。

［32］汉斯·昆等编，何光沪译：《全球伦理》，成都：四川人民出版社，1997年版。

［33］霍韬晦：《现代佛学》，北京：中国社会科学出版社，2003年版。

［34］洪修平：《中国禅学思想史纲》，南京：南京大学出版社，1996年版。

［35］洪修平：《中国佛教文化历程》，南京：江苏教育出版社，1995年版。

［36］拉特客里希南：《印度哲学》，英国麦克米伦公司，1951年版。

［37］冯学成：《心灵锁钥——佛教心理学》，成都：四川人民出版社，1995年版。

［38］黄念祖：《大乘无量寿经白话解》，上海：上海佛学书局，1994年版。

［39］济群：《佛教的环保思想》，《济群法师谈人生系列丛书（上）》上海：上海古籍出版社，2006年版。

［40］济群：《生命的回归》，《济群法师谈人生系列丛书（上）》上海：上海古籍出版社，2006年版。

［41］觉真：《和谐人生——佛教伦理观》，北京：宗教文化出版社，2006年版。

［42］康有为：《大同书》，沈阳：辽宁人民出版社，1990年版。

［43］《论语·季氏》。

［44］梁启超：《哲学思想论文选》，北京：北京大学出版社，1984年版。

［45］梁漱溟：《东西文化及其哲学》，北京：商务印书馆，2003年版。

［46］刘湘溶：《生态文明论》，长沙：湖南教育出版社，1999 年版。
［47］吕大吉：《宗教学通论》，北京：中国社会科学出版社，1989 年版。
［48］吕大吉：《人道与神道——宗教伦理学导论》，上海：上海人民出版社，1993 年版。
［49］林国良：《佛典选读》，南宁：广西师范大学出版社，2006 年版。
［50］龙树：《中论·观涅槃品》。
［51］吕澄：《吕澄佛学论著选集》，1～5 卷，济南：齐鲁书社，1991 年版。
［52］吕澄：《佛教研究法》，广陵：江苏广陵古籍刻印社，1991 年版。
［53］吕澄：《中国佛教源流略讲》，北京：中华书局，1979 年版。
［54］刘元春：《网络时代的中国传统文化伦理》，佛源主编：《大乘佛教与当代社会》，北京：东方出版社，2003 年版。
［55］麻天祥：《佛学与人生》，郑州：中州古籍出版社，1993 年版。
［56］麻天祥：《晚清佛学与近代社会思潮》，台湾：文津出版社，1992 年版。
［57］麻天祥：《20 世纪中国佛学问题》，武汉：武汉大学出版社，2007 年版。
［58］祁志祥：《佛学与中国文化》，上海：学林出版社，2001 年版。
［59］祁志祥：《中国人学史》，上海：上海大学出版社，2002 年版。
［60］任继愈主编：《中国佛教史》1～3 卷，北京：中国社会科学出版社，1985 年、1988 年版。
［61］任继愈、杜继文主编：《佛教史》，北京：中国社会科学出版社，1991 年版。
［62］石峻等编：《中国佛教思想资料选编》，1～3 卷，9 册，北京：中华书局，1991 年版。
［63］尚九玉：《宗教人生哲学思想研究》，北京：北京师范大学出版社，2000 年版。
［64］孙尚杨：《基督教与明末儒学》，北京：东方出版社，1994 年版。

［65］汤一介：《佛教与中国文化》，北京：宗教文化出版社，1999年版。

［66］《汤用彤全集》第一卷，石家庄：河北人民出版社，2000年版。

［67］释永明：《佛教的女性观》，台湾：佛光出版社，1991年版。

［68］《释氏十三经》，北京：书目文献出版社1989年版。

［69］太虚：《人生佛教》，上海：上海《海潮音》月刊社，1946年版。

［70］太虚：《佛学入门》，杭州：浙江古籍出版社，1990年版。

［71］汤用彤：《理学·佛学·玄学》，北京：北京大学出版社，1991年版。

［72］汤用彤：《印度哲学史略》，北京：中华书局，1992年版。

［73］汤用彤：《汉魏两晋南北朝佛教史》，北京：中华书局，1983年版。

［74］唐凯麟、张怀承：《成人与成圣——儒家伦理道德精粹》，长沙：湖南大学出版社，1999年版。

［75］唐凯麟、王泽应：《20世纪中国伦理思潮》，北京：高等教育出版社，2003年版。

［76］唐凯麟、曹刚：《重释传统——儒家思想的现代价值评估》，上海：华东师范大学出版社，2000年版。

［77］唐中毛：《月印万川——佛教平等观》，北京：宗教文化出版社，2003年版。

［78］王月清：《中国佛教伦理研究》，南京：南京大学出版社，1999年版。

［79］王利耀、余秉颐主编：《宗教平等思想及其社会功能研究》，合肥：安徽大学出版社，2006年版。

［80］王海明：《公正 平等 人道——社会治理的道德原则体系》，北京：北京大学出版社，2000年版。

［81］吴汝钧：《佛教大辞典》，北京：商务印书馆国际有限公司，1994年版。

［82］王治心：《中国宗教思想史大纲》，上海：上海三联书店，1988年版。

［83］熊十力：《佛家名相通释》，北京：中国大百科全书出版社，

1985 年版。

［84］徐文明：《轮回的流转》，北京：北京语言文化大学出版社，2001 年版。

［85］薛克翘：《佛教与中国文化》，北京：昆仑出版社，2006 年版。

［86］辛世俊：《人圆佛成——佛教人生观》，北京：宗教文化出版社，2006 年版。

［87］萧萐父、吕有祥、蔡兆华点校《古尊宿语录》（上、下），北京：中华书局，1994 年版。

［88］刑 莉：《观音：神圣与世俗》，北京：学苑出版社，2001 年版。

［89］袁贵仁：《价值学引论》，北京：北京师范大学出版社，1991 年版。

［90］业露华：《中国佛教伦理思想》，上海：上海社会科学院出版社，2000 年版。

［91］杨曾文：《唐五代禅宗史》，北京：中国社会科学出版社，1995 年版。

［92］印顺：《中国禅宗史》，上海：上海书店，1992 年版。

［93］印顺：《佛法概论》，中国佛教文化研究所，1990 年版。

［94］尤智表：《一个科学者研究佛经的报告》，上海：上海佛学书局，1995 年版。

［95］尤智表：《佛教科学观》，上海：上海佛学书局，1995 年版。

［96］张怀承：《无我与涅槃——佛家伦理道德精粹》，长沙：湖南大学出版社，1999 年版。

［97］张志刚：《宗教哲学研究——当代观念、关键环节及其方法论批判》，北京：中国人民大学出版社，2003 年版。

［98］郑天星编：《马克思恩格斯论无神论、宗教和教会》，北京：华文出版社，1991 年版。

［99］周仲秋：《平等观念的历程》，海口：海南出版社，2002 年版。

（三）中文译著

［1］［日］木村清孝：《中国华严思想史》，李惠英译，台湾：东大图书股份有限公司，1996 年版。

［2］［日］阿部正雄：《禅与西方思想》，王雷泉、张汝沦译，上海：上海译文出版社，1989 年版。

[3] [日] 末木文美士：《日本佛教史——思想史的探索》，涂玉盏译，商周出版。

[4] [日] 池田大作：《我的天台观》，卞立强译，成都：四川人民出版社，2001 年版。

[5] [日] 池田大作：《我的释尊观》，潘桂明译，成都：四川人民出版社，2001 年版。

[6] [日] 池田大作：《我的佛教观》，潘桂明、业露华译，成都：四川人民出版社，2001 年版。

[7] [日] 菅野博史：《法华经——永远的菩萨道》，释孝顺（池丽梅）译，台湾：财团法人灵鹫山般若文教基金会附设出版社，2005 年版。

[8] [日] 阿部正雄：《禅与西方思想》，王雷泉等译，上海：上海译文出版社，1989 年版。

[9] [英] 汤因比、[日] 池田大作：《展望 21 世纪》，荀春生等译，北京：中国国际文化出版公司，1885 年版。

[10] 阿尔贝特 · 史怀泽：《敬畏生命》，上海：上海社会科学院出版社，1995 年版。

[11] 威廉 · 葛德文：《政治正义论》，北京：商务印书馆，1980 年版。

[12] 约翰 · 罗尔斯：《正义论》，何怀宏等译，北京：中国社会科学出版社，1990 年版。

[13] 摩狄曼 · J. 阿德勒：《六大观念：真、善、美、自由、平等、正义》，陈珠泉、杨建国译，北京：团结出版社，1989 年版。

[14] [英] 麦克斯 · 缪勒：《宗教学导论》，成都：四川人民出版社，1989 年版。

[15] [英] 哈玛拉瓦 · 萨达提沙：《佛教伦理学》，姚治华、王晓红译，上海：上海世纪出版集团，2007 年版。

[16] [美] 杨庆堃：《中国社会中的宗教——宗教的现代社会功能与其历史因素之研究》，范丽珠等译，上海：世纪出版集团、上海人民出版社，2007 年版。

[17] [美] J. 利文斯顿：《现代基督教思想》（上、下卷），何光沪译，成都：四川人民出版社，1999 年版。

[18] [法] 狄德罗：《百科全书》，梁从诫译，沈阳：辽宁人民出版

社，1992 年版。

［19］［法］皮埃尔·勒鲁：《论平等》，北京：商务印书馆，1988 年中译本。

［20］亚里士多德：《政治学》，吴寿彭译，北京：商务印书馆，1965 年版。

［21］马克斯·韦伯：《新教伦理与资本主义精神》，于晓等译，北京：三联书店，1987 年版。

［22］罗纳德·德沃金：《至上的美德——平等的理论与实践》，冯克利译，南京：江苏人民出版社，2003 年版。

（四）英文著作

［1］Hammalawa Saddhatissa. The Buddha' s way，Long：Allen & Unwin，1971.

［2］Hammalawa Saddhatissa. Buddhist Ethics，Chennai：Wisdom Publications，Inc. 1970.

［3］John Rawls. A Theory of Justice，Cambridge，Massachusetts：The Belknap Press of Harward University Press，1971.

［4］K·J·Saunders. Buddhism in the Modern World，London：Nabu Press，2010.

［5］H. Welch. The Buddhitst revival in China，Cambridge，Massachusetts：Harvard University Press，1968.

［6］Dr. Satchidananda Dhar. Transformation and trend of Buddhism in the 20 th century，Colcutta Firma. KLM：1986.

［7］Ronald Dworkin. Sovereign Virtue，Cambridge，Massachuseets：Harvard University Press ，2000.

二、期刊论文

［1］蔡海榕、杨廷忠、黄丽：《佛教文化化解中年知识分子心理压力情况的调查与分析》，《宗教学研究》，2005 年第 3 期。

［2］曹晓虎：《佛教空观的理论发展——从原始佛教“空”观到中观般若学空观》，《宗教学研究》，2004 年第 2 期。

［3］陈红兵：《佛教生态观研究现状述评》，《五台山研究》，2008 年第 2 期。

[4] 邓纯余:《探寻我国佛教生命伦理的当代价值》,《宿州教育学院学报》, 2007 年第 6 期。

[5] 董群:《佛教戒律的伦理诠释》,《东南大学学报》(社会科学版), 1999 年第 8 期。

[6] 段玉明:《佛教劝善理念研究》,《云南社会科学》, 2005 年第 5 期。

[7] 龚晓康:《“无情有性”与“众生平等”——佛教与当代生态伦理学的比较研究》,《自然辩证法研究》, 2003 年第 8 期。

[8] 顾平、尹生良:《史怀泽敬畏生命的启示》,《湖北经济学院学报》(社会科学版), 2008 年第 10 期。

[9] 韩焕忠:《佛性论与儒家人性论比较》,《宗教学研究》, 1999 年第 1 期。

[10] 江丽丽:《论西方平等思想的发展轨迹》,《通化师范学院学报》, 2007 年第 3 期。

[11] 李远杰:《佛教的伦理价值》,《宗教学研究》, 1999 年第 1 期。

[12] 林伟:《佛教众生概念及其生态伦理意义》,《学术研究》, 2007 年第 12 期。

[13] 吕有祥:《佛教自利利他思想及其现代价值》,《中华文化论坛》, 2003 年第 2 期。

[14] 方立天:《佛教平等理念对和平与发展的启导意义》,《中国宗教》, 2004 年第 1 期。

[15] 方立天:《佛教伦理中国化的方式与特色》,《哲学研究》, 1996 年第 6 期。

[16] 陆树程、朱晨静:《敬畏生命与生命价值观》,《社会科学》, 2008 年第 2 期。

[17] 罗尔斯顿:《尊重生命:禅宗能帮助我们建立一门环境伦理学吗》,《哲学译丛》, 1994 年第 5 期。

[18] 李怀春:《佛教的平等观》,《世界宗教文化》, 2005 年第 4 期。

[19] 李振纲、赵敏:《隋唐佛教四大宗派佛学论析》,《河北大学成人教育学院学报》, 2003 年第 3 期。

[20] 刘美玲:《关于德沃金的平等思想的解读》,《山西大学学报》(哲社会版), 2007 年第 5 期。

［21］刘亚明：《佛教圆融思想的和谐道德智慧》，《井冈山学院学报》，2007 年第 7 期。

［22］刘亚明、胡敏燕：《佛教圆融思想的和谐生态智慧》，《江西社会科学》，2008 年第 5 期。

［23］圣凯：《佛教伦理：一种全球伦理资源的意义》，《北京行政学院学报》，2004 年第 3 期。

［24］孙锐：《试论宗教的人生价值观》，《学术探索》，2003 年第 6 期。

［25］谭苑芳：《佛教经济伦理思想探论》，《求索》，2005 年第 6 期。

［26］唐忠毛：《佛教平等思想的现代意义》，《法音》，2006 年第 4 期。

［27］王雪梅：《宗教生态关怀的三个基本向度》，《中国宗教》，2008 年第 8 ~9 期。

［28］王秋梅：《罗尔斯与德沃金的平等思想比较》，《合肥工业大学学报》，2008 年第 4 期。

［29］汪华岳、臧乐源《关于全球道德的几个问题》，《齐鲁学刊》，1998 年第 6 期。

［30］魏先斌：《佛教伦理准则及其现实意义》，《安徽电子信息职业技术学院学报》，2005 年第 2 期。

［31］魏德东：《佛教的生态理念和实践》，《中国宗教》，1999 年第 2 期。

［32］谢惠媛：《从忠孝之辩看儒家思想对佛教忠孝观的影响》，《船山学刊》，2003 年第 4 期。

［33］徐文明：《出世之教与治世之道——试论儒佛的根本分际》，《北京师范大学学报》，1997 年第 3 期。

［34］姚卫群：《佛教的伦理思想与现代社会》，《北京大学学报》（哲学社科版），1999 年第 3 期。

［35］业露华：《中国佛教伦理思想概述》，《佛学研究》，2000 年第 1 期。

［36］叶小文：《“以戒为师”与中国佛教的未来》，《中国宗教》，2007 年第 1 期。

[37] 张怀承：《佛教的生命价值论》，《株洲工学院学报》，2003 年第 6 期。

[38] 张成权：《试论隋唐时期佛学的主要特点》，《合肥学院学报》（社科版），2004 年第 1 期。

[39] 张国刚：《〈佛说诸德福田经〉与中古佛教的慈善事业》，《史学集刊》，2003 年第 2 期。

[40] 张彬：《佛教在东土扎根之秘再探》，《青海社会科学》，2000 年第 3 期。

[41] 张建新、周险峰：《佛教德育思想初探》，《湘潭师范学院学报》（社科版），2003 年第 6 期。

[42] 朱维群：《佛教与构建和谐社会》，《人权》，2005 年第 5 期。

[43] 周仲秋：《马克思恩格斯的平等思想》，《学习时报》，2008 年第 4 期。

[44] [台湾] 释昭慧：《有关"自然律"与"自然道德律"之佛法观点》，台湾：《哲学与文化》，2006 年第 33 卷第 3 期。

[45] [台湾] 杜潔祥：《从"罪福"探索佛教的生命观》，台湾：《生命学报》，2006 年第 1 期。

[46] Dr. Ang Beng Choo：The Agenda of Buddhism in 21st Century，载《南洋佛教》1999 年，第 4 期。

三、学位论文

[1] 陈士军：《自由与平等视角下的中国特色社会主义》，天津师范大学博士论文，2008 年。

[2] 党斌：《中古时期佛教平等观念的传播》，陕西师范大学硕士论文，2007 年。

[3] 李冬俐：《社会主义本质与社会平等》，天津师范大学博士论文，2006 年。

[4] 丰向日：《"教育平等"观念在中国》，华东师范大学博士论文，2008 年。

[5] 刘宏斌：《认真对待平等——德沃金政治哲学思想探要》，复旦大学博士论文，2004 年。

[6] 王立：《平等的范式》，吉林大学博士论文，2006 年。

[7]（越）武氏莉—释心美，《〈法华经〉中“平等思想”之研究》，福建师范大学硕士学位论文，2006 年。

[8] 温丽萍：《伦理学视野下的平等》，东南大学硕士论文，2005 年。

[9] 赵立研：《“空”与慈悲的结合——对印顺法师佛教出世与入世理论的讨论》，北京大学硕士论文，2005 年。

后 记

本书是我的博士论文。论文已经完成了多年，但是写作期间的点点滴滴仍历历在目。在此我想把我博士论文后附的“致谢”依然放在本书的后记中。内容如下：

博士论文算是完成了。对我而言，可谓来之不易。其间有自己付出的辛苦和努力，更有他人许多的功劳，在此，只能借用苍白的语言表达我真诚的谢意！

首先要感谢我的导师张怀承教授！感谢导师一直以来为我的工作和学业付出的操劳！感谢导师在我论文写作过程中对我的鞭策和鼓励！

其次要感谢学术前辈们！所有给我授课及没授课的哲学系教授们都不同程度地给了我学术上的帮助和启迪，我真心地感谢他们！我的论文参考了大量的文献，真诚地感谢这些学术成果的作者们！另外，虽然参考的文献有的以脚注的形式注明了，有的以参考文献的形式陈列于后，但仍恐有遗漏，在此，谨向可能遗漏的作者们致谢并致歉！

也要感谢我的家人！古稀之年的父亲和母亲在我论文写作期间给我提供饭来张口、衣来伸手的生活照顾，让我能够全身心投入论文写作之中。丈夫长期以来不断地激励我上进，使充满惰性的我能够有所努力，完成学业。还有懂事的女儿，无论学习和生活都极少让我操心。亲人的关爱是我学习的精神支柱。

几年过去了，最大的变化是我的老父亲已经离我而去，生老病死，自然规律，人必须接受，我懂。但是我依然相信父亲的在天之灵能感受到一切，谨以此书献给我的父亲！

欧顺军

2012 年 9 月于阳光 100